Consórcio de Empregadores Urbanos

João Alves de Almeida Neto

Juiz Federal do Trabalho do TRT da 11ª Região. Mestre em Direito Privado e Econômico e Especialista em Direito Material e Processual do Trabalho pela UFBA. Professor-Assistente do Departamento de Direito Privado da UFBA. Professor das Pós-Graduações em Direito e Processo do Trabalho da Fundação Faculdade de Direito da UFBA, do JusPodivm e da UCSAL.

Consórcio de Empregadores Urbanos

EDITORA LTDA.
© Todos os direitos reservados

Rua Jaguaribe, 571
CEP 01224-001
São Paulo, SP – Brasil
Fone: (11) 2167-1101
www.ltr.com.br

Produção Gráfica e Editoração Eletrônica: Peter Fritz Strotbek
Projeto de Capa: Fabio Giglio
Impressão: Cometa Gráfica e Editora

LTr 4922.4
Outubro, 2014

Dados Internacionais de Catalogação na Publicação (CIP)
(Câmara Brasileira do Livro, SP, Brasil)

Almeida Neto, João Alves de
  Consórcio de empregadores urbanos / João Alves de Almeida Neto.
— São Paulo : LTr, 2014.

  Bibliografia.
  ISBN 978-85-361-3143-6

  1.Contratos de trabalho 2. Contratos de trabalho — Brasil 3. Empregadores — Consórcios 4. Empregadores — Consórcios — Brasil I. Título.

14-10286   CDU-34:331.15

Índices para catálogo sistemático:

1. Consórcios de empregadores urbanos : Direito
             do trabalho   34:331.15
       2. Empregadores urbanos : Consórcios :
          Direito do trabalho   34:331.15

*Dedico este livro
a Deus, pelo seu refrigério e pela sua consolação,
que nos abraça nos momentos solitários,
e à memória de Paulo César Ferreira Cunha,
cujas lições em vida se perpetuarão como um norte a ser seguido.*

Sumário

Prefácio 9

Nota do Autor 11

Capítulo I — Visão Pós-Moderna do Direito 21
1.1. Apresentação do capítulo... 21
1.2. Princípios como elementos integrantes do sistema jurídico 21
    1.2.1. Distinção entre normas e princípios 26
        1.2.1.1. Princípios, valores e postulados 29
        1.2.1.2. Funções dos princípios 32
    1.2.2. Direitos fundamentais e princípios 34
        1.2.2.1. Direitos fundamentais como regras e/ou princípios .. 38
        1.2.2.2. Perspectivas dos direitos fundamentais..................... 39
        1.2.2.3. Eficácia dos direitos fundamentais............................ 42

Capítulo II – Relação de Emprego 54
2.1. Apresentação do capítulo... 54
2.2. Relação jurídica de emprego.. 54
    2.2.1. Origem e evolução da relação de trabalho 54
    2.2.2. Distinção entre relação de trabalho e relação de emprego ... 57
    2.2.3. Elementos caracterizadores 58
    2.2.4. Natureza da relação de emprego 59
    2.2.5. Sujeitos da relação de emprego 63
        2.2.5.1. Empregado 63
        2.2.5.2. Empregador 75
            2.2.5.2.1. Grupo empregador e pluralidade de empregadores .. 80
            2.2.5.2.2. Solidariedade 83

Capítulo III — Consórcio de Empregadores... 86
3.1. Apresentação do capítulo... 86
3.2. Contextualização das relações laborais.. 86
    3.2.1. Surgimento de uma nova forma de contratação: consórcio de empregadores 87

3.2.2. Definição 105

3.2.3. Figuras jurídicas semelhantes: similitudes e diferenças dessas figuras e o consórcio de empregadores 108

3.2.4. Denominações 118

3.2.5. Natureza jurídica 118

Capítulo IV — Aplicação do Consórcio de Empregadores no Âmbito Urbano 123

4.1. Apresentação do capítulo 123

4.2. Necessidade de aplicação do consórcio de empregadores no âmbito urbano ... 123

    4.2.1. Hipóteses da aplicação do consórcio de empregadores no âmbito urbano . 126

4.3. Possibilidade de aplicação imediata sem norma-regra específica 133

    4.3.1. Fundamentos 134

    4.3.2. Benefícios da aplicação do consórcio de empregadores urbanos 148

    4.3.3. Críticas à aplicação imediata 156

    4.3.4. Responsabilidade dos consorciados 162

4.4. Benefícios de uma regulamentação específica 167

Conclusões 171

Referências Bibliográficas 177

Prefácio

Acompanho a carreira do Prof. **João Alves de Almeida Neto** há anos.

Foi ele meu aluno na graduação em Direito da Universidade Salvador (Unifacs), em uma das primeiras turmas do curso, tendo eu a honra de avaliá-lo na banca examinadora de seu trabalho de conclusão.

Hoje, tenho o privilégio de ser triplamente colega do autor, que é professor do Departamento de Direito Privado da Universidade Federal da Bahia (UFBA) e do curso de Direito da Unifacs, além de ser meu companheiro no Curso de Pós-Graduação em Direito e Processo do Trabalho do JusPodivm — Instituto de Ensino Jurídico e Concursos Públicos.

Como se não bastasse, João é Juiz do Trabalho da 11ª Região, especialista em Direito Material e Processual do Trabalho e Professor de vários outros cursos de pós-graduações em Direito e Processo do Trabalho, como, a título meramente exemplificativo, da Fundação Faculdade de Direito da UFBA e da Universidade Católica de Salvador (UCSAL).

Acompanhei sua evolução ao ingressar nos estudos avançados de mestrado no Programa de Pós-Graduação em Direito da Universidade Federal da Bahia, em que ele veio a se tornar meu orientando.

E é o trabalho de conclusão desse curso que vem a lume, agora, sob a forma de livro, para conhecimento de toda a comunidade jurídica brasileira.

Trata-se, com os aperfeiçoamentos naturais decorrentes da defesa pública, do trabalho com que o autor obteve, com méritos, o título de Mestre em Direito pela Universidade Federal da Bahia, sob a minha orientação, em banca composta, como examinador externo, pelo Prof. Nelson Mannrich, da USP, e pelo Professor Washington Luiz da Trindade, na condição de segundo avaliador do Programa de Pós-Graduação em Direito da UFBA.

Neste preciso trabalho, enfrenta o autor o problema do "Consórcio de Trabalhadores Urbanos", partindo de uma visão pós-moderna do Direito. Respaldo suas premissas teóricas na compreensão da relação de emprego e da inserção da previsão normativa do consórcio de trabalhadores na atividade rural, admitindo sua aplicabilidade para as relações urbanas, com a demonstração de todos os seus benefícios e responsabilidades.

Por isso, com um carinho e orgulho paternal, recomendo a leitura desta obra na certeza de que se tornará parte das referências indispensáveis para a compreensão da matéria no Brasil.

Salvador, 21 de janeiro de 2013.

Rodolfo Pamplona Filho
Juiz Titular da 1ª Vara do Trabalho de Salvador/BA
(Tribunal Regional do Trabalho da Quinta Região).
Professor Titular de Direito Civil e Direito Processual
do Trabalho da Universidade Salvador – Unifacs.
Professor Adjunto da Graduação e Pós-Graduação
em Direito (Mestrado e Doutorado) da Faculdade
de Direito da Universidade Federal da Bahia – UFBA.
Coordenador do Curso de Especialização em
Direito e Processo do Trabalho do JusPodivm/BA.
Mestre e Doutor em Direito do Trabalho pela
Pontifícia Universidade Católica de São Paulo.
Especialista em Direito Civil pela Fundação
Faculdade de Direito da Bahia.
Membro da Academia Nacional de Direito do
Trabalho e da Academia de Letras Jurídicas da Bahia.

Nota do Autor

1. Introdução

O tema da presente obra é o "Consórcio de empregadores urbanos", instituto visto como uma das possíveis soluções para o momento crítico vivenciado pela sociedade urbana hodierna.

Tal momento é fruto das diversas crises[1] que acometeram o Estado, o Direito e a Ciência.

A crise do Estado tem origem no fenômeno da globalização e na adoção da ideologia neoliberal. Essa globalização compreende um intenso processo de internacionalização das relações econômicas, sociais, científicas e culturais, no qual os limites geográficos são derrubados, formando um mercado único.

A formação de um mercado único atribui às empresas multinacionais poderes políticos maiores que os de muitos países. Estes, devido ao seu patrimônio, são capazes de ditar políticas estatais.

Assim como as multinacionais, é significativo o poder dos organismos internacionais no mundo globalizado, uma vez que são responsáveis pelas políticas econômicas e estabelecem as diretrizes financeiras a ser adotadas pelos Estados nacionais. A soberania dos Estados nacionais foi, então, enfraquecida.

Percebe-se, portanto, que a diminuição da soberania estatal em favor do fortalecimento e a concentração dos poderes político e econômico nas empresas multinacionais e nos organismos internacionais são reflexos da globalização.

Por conta da globalização, associada ao avanço tecnológico e ao incremento da concorrência, houve aumentodo desemprego — em especial do desemprego estrutural —, do trabalho informal e da precarização dos direitos dos trabalhadores.

Aliado ao avanço tecnológico e ao aumento da concorrência, o processo de globalização impôs às empresas a redução dos custos e o aumento da produtividade. Para isso, estas tiveram de reestruturar seus processos produtivos, adotando o modelo toyotista.

As empresas deixaram de estruturar-se verticalmente, concentrando todas as suas atividades em um mesmo espaço, sendo tais atividades realizadas por trabalhadores com o mesmo estatuto, para se organizar de forma piramidal. Passaram a concentrar-se, horizontalmente, atendo-se à sua atividade-fim (*core business*) e repassando às outras empresas suas atividades acessórias[2].

---

(1) Etimologicamente, o termo "crise" significa conflito, tensão, modificação brusca e intensa.
(2) CARELLI, Rodrigo de Lacerda. *Formas atípicas de trabalho*. São Paulo: LTr, 2004. p. 15.

A utilização desse modelo pós-fordista, associada à automação, implicou o incremento do desemprego estrutural, ou seja, a "eliminação de postos ou mesmo de funções no processo de produção, que foram extirpadas ou substituídas pelas máquinas"[3], e do trabalho informal, precarizando os direitos trabalhistas dos obreiros.

Nesse sentido, conclui-se que o processo de globalização, além de enfraquecer a soberania dos Estados nacionais, está produzindo muito mais miséria e desigualdade.

Na década de 1980, alguns governos passaram a aplicar diretrizes neoliberais promovendo a redução da intervenção estatal por meio do controle fiscal e inflacionário, da privatização de empresas públicas, da redução dos investimentos estatais nas áreas sociais e dos direitos trabalhistas, além das políticas de juros altos.

Ao discorrer sobre o discurso neoliberal, Francisco Meton Marques de Lima explica que este:

> [...] assenta suas bases na liberalização das relações econômicas, não só nos limites nacionais, mas a nível global. E essa liberalização implica no fim da intervenção estatal na economia, salvo quando se trata de prestar auxílio à iniciativa privada. Dentro dessa filosofia, o Estado deve amenizar e simplificar as cobranças de impostos, sair da exploração econômica, entregando ao setor privado as suas empresas, minimizar a fiscalização em todos os sentidos e confiar tudo aos atores sociais.[4]

A transição do Estado intervencionista para o Estado mínimo agravou os problemas sociais gerados pela globalização. Com fundamentos voltados para a redução dos custos e para a maior fluidez da economia, a política neoliberal passou a defender a limitação da atividade e a interferência estatal na economia, permitindo que esta se autorregule, uma vez que considera a intervenção estatal prejudicial ao desenvolvimento do capitalismo.

No entanto, a autorregulamentação, baseada na oferta e na procura, intensifica a exploração humana. A condição humana do trabalhador é preterida em função do lucro, repetindo a barbárie do capitalismo monopolista[5] José Martins Catharino denuncia tais efeitos, ao arrematar que:

> Os efeitos práticos do "neoliberalismo" demonstram ser mais parecidos com o seu avô — o liberalismo ortodoxo ou típico, sem preocupação direita com o ser humano, "de carne e osso", como é o trabalhador. Esses efeitos provam o anti-humanismo do neoliberalismo econômico, principalmente, e o "custo social" que acarreta. Esses efeitos nefastos somente os cegos e os que para eles fecham os olhos não enxergam, ou, o que é pior, deles conhecem e consideram

---

(3) OLIVEIRA, Murilo Sampaio Carvalho. *Repensando o princípio da proteção na contemporaneidade*. 2006. 200 f. Dissertação (Mestrado em Direito) – Faculdade de Direito, Universidade Federal da Bahia, Salvador. 2006. p. 25.

(4) LIMA, Francisco Meton Marques de. Os princípios do direito do trabalho diante da reforma neoliberal. *In: Revista LTr*, São Paulo: maio 1997, p. 623.

(5) OLIVEIRA, Murilo Sampaio Carvalho. *Repensando o princípio da proteção na contemporaneidade*. 2006. 200 f. Dissertação (Mestrado em Direito) — Faculdade de Direito, Universidade Federal da Bahia, Salvador. 2006. p. 27.

secundários e irrelevantes, por serem o "preço" do progresso econômico, servido pela tecnologia.[6]

Os fatos geradores da crise do Estado também influenciaram na crise do Direito, uma vez que o Direito está intimamente ligado ao Estado. No Direito do Trabalho, a globalização e o neoliberalismo trazem, como consequência, a proposta de desregulamentação e de flexibilização[7], com vistas a diminuir a capacidade regulatória estatal[8].

A crise na Ciência decorre da transição do paradigma moderno para o pós-moderno. Na era moderna, defendia-se que a atividade racional e científica era capaz de solucionar todos os problemas sociais, uma vez que se obtinha a verdade de caráter global[9] e totalitário[10] apenas por meio do conhecimento científico. Esse paradigma, apesar de reafirmado pelo positivismo, restou superado ao se perceber que há limites na ciência e que o saber científico não produz verdades absolutas e neutras.

Formou-se um novo paradigma. Este, crítico e transitório, e justamente por não se enquadrar nos conceitos modernos e clássicos, tem sido cunhado de pós-moderno. Eliminou-se o cientificismo, mas não a ciência, assumindo que a subjetividade, a política, a economia e a cultura interferem na produção do conhecimento, sendo este caracterizado pela "inter-trans-multi-disciplinaridade". As verdades produzidas nesse paradigma são aproximadas e provisórias, válidas exclusivamente para o âmbito científico.

A crise na Ciência, mais precisamente a transição entre a racionalidade moderna e a pós-moderna, "promove profícuos questionamentos aos limites e ao próprio papel da Ciência. O Direito, considerado como Ciência Social, sofre, por derivação, consequências gravosas, particularmente a crítica severa ao positivismo jurídico e à cultura jurídica moderna"[11].

Com a pós-modernidade, foi superada a concepção formal, positivista, individualista e patrimonialista de Direito, a qual considerava que esta ciência era composta apenas por proposições legais, abstratas e coercitivas, formuladas pelo monopólio de um Poder Público centralizado (o Estado), interpretadas e aplicadas por órgãos (o Judiciário) e por funcionários estatais (os juízes).

---

(6) CATHARINO, José Martins. *Neoliberalismo e sequela*. São Paulo: LTr, 1997. p. 19.

(7) De acordo com Américo Plá Rodrigues, "a globalização gera a competitividade e esta conduz à flexibilidade trabalhista" (RODRIGUEZ, Américo Plá. *Princípios do direito do trabalho*. 3. ed. São Paulo: LTr, 2000. p. 72).

(8) Segundo Arnaldo Süssekind, "os liberais pregam a omissão do Estado, desregulamentando, tanto quanto possível, o Direito do Trabalho, a fim de que as condições de emprego sejam ditadas, basicamente, pelas leis de mercado. Já os defensores do Estado social, esteados na doutrina da Igreja ou na filosofia trabalhista, advogam a intervenção estatal nas relações de trabalho, na medida necessária à efetivação dos princípios da justiça social e à preservação da dignidade humana" (SÜSSEKIND, Arnaldo. *História e perspectiva do Direito do Trabalho*. São Paulo: LTr, 2002. p. 55).

(9) Global porque sustenta que o conhecimento, sendo neutro axiologicamente, independe da cultura de que se origina, bem como dos aspectos sociais, políticos e econômicos.

(10) Totalitário na medida em que nega o caráter racional a todas as formas de conhecimento que não se pautarem pelos seus princípios epistemológicos e pelas suas regras metodológicas.

(11) OLIVEIRA, Murilo Sampaio Carvalho. *Repensando o princípio da proteção na contemporaneidade*. 2006. 200 f. Dissertação (Mestrado em Direito) – Faculdade de Direito, Universidade Federal da Bahia, Salvador, 2006. p. 28-31.

Sob a concepção pós-moderna de Direito, os valores passaram a fazer parte do ordenamento, normatizando e oferecendo parâmetros de resolução dos conflitos existentes na sociedade atual, para os quais as regras existentes já não conseguiam. Essa mudança do paradigma[12] será explanada, de forma mais detida, no próximo capítulo.

A clássica relação de emprego também está em crise. Com a adoção do sistema pós-fordista de produção, as relações de emprego recrudesceram, enquanto o desemprego, a informalidade e as formas atípicas de trabalho cresceram.

O século XX foi marcado pelos modelos taylorista e fordista de organização e produção das mercadorias, ou seja, por um processo produtivo em massa, de produtos homogêneos, operado por meio de grandes linhas de montagem.

Do taylorismo, legou o controle do tempo e dos movimentos dos operários, o que permitia extrair destes maior rendimento. Isso só foi possível com a separação e fragmentação das atividades de planejamento das de execução. Cada trabalhador era treinado para realizar uma tarefa em um determinado tempo, mecanizando e precarizando o trabalho humano.

Do modelo fordista, herdou-se a noção de produção em série fundada na organização concentrada e vertical das empresas, as quais deveriam ocupar-se de todo o ciclo produtivo[13]. A produção era implementada por um processo mecânico (esteira ou linha de montagem) que fragmentava as funções desenvolvidas pelos trabalhadores, os quais eram encarregados individualmente de simples e repetitivas atividades[14].

Assim como a ciência moderna, o fordismo pautava-se na generalização e na homogeneização, necessitando de grande quantidade de obreiros para realizar atividades repetitivas e simples, tornando irrelevantes para o processo produtivo a técnica e a especialidade dos trabalhadores.

O Estatal Social do Direito favorecia a utilização do modelo fordista/taylorista não só fornecendo infraestrutura, com obras de todos os tipos, como garantindo o consumo, com políticas de bem-estar[15]. Boaventura de Souza Santos chega a sustentar que o consumismo

---

(12) De acordo com Antônio Carlos Wolkmer, a superação do paradigma moderno de Direito teve fundamento na crise da legalidade estatal (WOLKMER, Antônio Carlos. *Pluralismo Jurídico:* fundamentos de uma nova cultura no direito. 2. ed. São Paulo: Alfa-Ômega, 1997. p. 62). Murilo Sampaio acrescenta como fundamento da superação mencionada: as crises do acesso à justiça e da efetividade do Direito, os avanços tecnológicos e a busca pela igualdade material (OLIVEIRA, Murilo Sampaio Carvalho. *Repensando o princípio da proteção na contemporaneidade.* 2006. 200 f. Dissertação (Mestrado em Direito) – Faculdade de Direito, Universidade Federal da Bahia, Salvador, 2006. p. 31-34).

(13) "Foi para se assegurar dos riscos do mercado que a Ford verticalizou sua empresa, dominando, passo a passo, todo o ciclo produtivo (...). Foi também para isso que acentuou os métodos tayloristas de divisão do trabalho, garantindo não só altas taxas de produtividade, mas sobretudo o controle da resistência operária" (VIANA, Márcio Túlio. A proteção social do trabalhador no mundo globalizado. O direito do trabalho no limiar do século XXI. *Revista LTr*, São Paulo, v. 63, n. 7, jun. 1999, p. 885).

(14) Essa forma produtiva gera uma imensa economia com a redução dos custos, o aumento da produtividade, e também com a diminuição da resistência do trabalhador em face do tempo imposto pela máquina e pela forma organizativa da produção.

(15) VIANA, Márcio Túlio. A proteção social do trabalhador no mundo globalizado. O direito do trabalho no limiar do século XXI. *Revista LTr*, São Paulo, v. 63, n. 7, jun.1999, p. 885.

incentivado pelo "Estado Provedor" é extensão do referido processo produtivo. Para ele, o fordismo e o taylorismo são fundamentos de uma sociedade de massa com padrões homogeneizantes, que tem como características o consumismo[16].

O fordismo/taylorismo teve seu desenvolvimento associado à expansão capitalista no mundo, com grande ascensão durante o Estado do Bem-Estar Social. No entanto, em face das crises de 1960/1970, da inserção de avançada tecnologia nos processos produtivos e da adoção da política neoliberal, o modelo produtivo prevalecente até o momento foi substituído por formas produtivas mais flexíveis, individualizadas e desregulamentadas. Passou a ser utilizado o sistema toyotista, mais adequado ao contexto pós-moderno.

O modelo toyotista é caracterizado pela vinculação da produção à demanda, com desenvolvimento de produtos diferenciados, adequados aos interesses e às necessidades do adquirente, resultado de uma ação em equipe de técnicos com multifunções e especialidades. Aduz, ainda, Ricardo Antunes, que o referido modelo horizontaliza de processo produtivo restringe a empresa apenas ao desenvolvimento de sua atividade-fim, delegando as demais atividades da cadeia produtiva a terceiros[17].

A reestruturação produtiva, com utilização do modelo toyotista, vem trazendo consequência para a massa proletariada. O fim do parcelamento do trabalho em linhas de montagens fordistas, com a implementação do trabalho realizado por equipes compostas por operários multifuncionais aptos a confeccionar produtos diferenciados e individualizados, mudou o perfil dos trabalhadores.

Na pós-modernidade, a polivalência é exigida dos empregados, os quais devem ser capazes de realizar atividades distintas e manusear máquinas automatizadas, sem deixar de ter relativa especialização e conhecimento técnico em múltiplas funções.

A horizontalização do processo produtivo, associada à utilização de avançada tecnologia e com a concentração na atividade principal e a externalização das atividades secundárias, vem aumentando o índice de desemprego, em particular o estrutural, além de precarizar as condições de trabalho e os direitos laborais.

Com o desemprego estrutural, os postos de trabalho e as funções são eliminados da cadeia produtiva, sendo substituídos por máquinas automatizadas, as quais diminuem o trabalho produtivo e aumentam o trabalho imaterial[18].

---

(16) SANTOS, Boaventura de Souza. *Pela mão de Alice:* o social e político na pós-modernidade. 6. ed. São Paulo: Cortez, 1999. p. 290-291.

(17) "Tendo como princípio o *just in time*, o melhor aproveitamento possível do tempo de produção e funciona segundo o sistema kanban, placas ou senhas de comando para reposição de peças e de estoque que, no toyotismo, devem ser mínimos. Enquanto na fábrica fordista cerca de 75% era produzido no seu interior, na fábrica toyotista somente cerca de 25% é produzido no seu interior. Ela horizontaliza o processo produtivo e transfere a terceiros grande parte do que anteriormente era produzido dentro dela" (ANTUNES, Ricardo. *Adeus ao trabalho?* São Paulo: Cortez/ Universidade Estadual de Campinas, 2003. p. 181-182).

(18) De acordo com Murilo Sampaio, o trabalho produtivo é considerado "aquele dispendioso de energia humana"; já o imaterial é compreendido como "aquele inserto no campo intelectual e comunicativo, destinado à produção, armazenagem e organização do conhecimento e informações e relativo ao setor terciário de serviço" (OLIVEIRA, Murilo Sampaio Carvalho. *Repensando o princípio da proteção na contemporaneidade*. 2006. 200 f. Dissertação (Mestrado em Direito) — Faculdade de Direito, Universidade Federal da Bahia. Salvador, 2006. p. 42).

A grande maioria dos trabalhadores passa a possuir o *status* de desempregado ou é forçada a laborar na informalidade, sem proteção trabalhista. Quando muito, eles são contratados por uma empresa terceirizada, de trabalho temporário, por prazo determinado ou por intermédio de contratos atípicos de trabalho. Tais formas de contratação, na maioria das vezes, precarizam os direitos e as garantias trabalhistas.

No entanto, deve-se ressaltar que apesar de o toyotismo ser modelo produtivo mais adequado à sociedade pós-moderna, ele não reina absoluto no Brasil. O modelo fordista/taylorista ainda não foi superado por completo na sociedade brasileira, dividindo espaço com o sistema produtivo toyotista.

A crise do Direito do Trabalho é fruto das três crises anteriormente explanadas (crise do Estado, crise do Direito, crise do trabalho), uma vez que estas atingem os pilares desse "ramo" jurídico, quais sejam: o Estado, o Direito e o trabalho.

Podem ser apontados como reflexos desse momento crítico a tendência à flexibilização das normas laborais, a precarização das condições e dos direitos trabalhistas e a heterogeneidade das formas de trabalho associada à utilização de formas atípicas de contrato de trabalho.

Em tempo de globalização e de políticas neoliberais, a concorrência pelo mercado mundial impõe redução dos custos e aumento de produtividade. Para isso, as empresas vêm utilizando-se de tecnologia de ponta e de novas técnicas produtivas, externalizando as atividades secundárias por meio da subcontratação, principalmente a terceirização.

Além de não serem suficientes para alcançar os objetivos desejados, as medidas adotadas vêm aumentando os índices de desemprego e de trabalho informal. Mesmo diante dessa situação precária, há discursos neoliberais que pleiteiam a flexibilização[19] das normas laborais, pois para os seus defensores os direitos conquistados importam em custos[20], o que não só inviabiliza o sucesso das empresas brasileiras no mercado mundial como dificulta o desenvolvimento de tais empresas no âmbito nacional[21].

Os adeptos da flexibilização reclamam por maior liberdade e autonomia dos entes coletivos, a fim de que estes possam negociar modificações e adaptações na legislação trabalhista.

---

(19) Segundo Amauri Mascaro Nascimento, alguns autores evitam a utilização da palavra "flexibilização", pois nela identificam uma ideologia liberal que condenam, preferindo o vocábulo "modernização" do Direito do Trabalho (NASCIMENTO, Amauri Mascaro. *Curso de direito do trabalho:* história e teoria geral do direito do trabalho: relações individuais e coletivas do trabalho. 20. ed. São Paulo: Saraiva, 2005. p. 146).

(20) "Afinal, a empresa exige redução de custos, em dos seus custos é o próprio direito" (VIANA, Márcio Túlio. A proteção social do trabalhador no mundo globalizado. In: PIMENTA, José Roberto Freire *et al.* (Coords.). *Direito do trabalho — evolução, crise, perspectivas.* São Paulo: LTr, p. 169).

(21) "[...] a flexibilização das normas de Direito do Trabalho se traduz pela atenuação da rigidez que supostamente conteriam, e que impediria alterações contratuais exigidas pela nova realidade econômica. Em consequência sustentam os prosélitos do modelo neoliberal de Estado e de Economia que o fim dessa rigidez normativa será mais um mecanismo imprescindível para a geração de empregos" (LEDUR, José Felipe. *A realização do direito ao trabalho.* Porto Alegre: Sergio Antônio Fabris Editor, 1998. p. 139).

Os opositores à corrente flexibilizante alegam que a legislação trabalhista nacional apenas garante o mínimo existencial para os empregados; que a atribuição de amplos poderes aos entes sindicais brasileiros levaria, certamente, à diminuição de direitos sociais garantidos constitucionalmente, uma vez que estes não possuem força e experiência em conquistas de direitos, sucumbindo ao forte poder econômico dos empregadores.

Desmistificam, também, as alegações de que a legislação laboral impede novas contratações; que o custo para manter um empregado é excessivamente alto; e que, para o desenvolvimento das empresas brasileiras e sua participação no mercado mundial, é necessário flexibilizar as regras trabalhistas.

De acordo com Arnaldo Süssekind, o custo do empregado brasileiro é baixo se comparado com o de países como Japão, Alemanha, Itália, Espanha, França, Dinamarca, Holanda e outros da América Latina[22]. Ademais, as experiências de práticas flexibilizantes não demonstraram que trazem vantagens para os obreiros, tampouco geram ou asseguraram empregos, pelo contrário, agravaram a exploração sofrida pelo trabalhador, bem como aumentaram os índices de desemprego[23].

No entanto, apesar de falaciosos os argumentos apresentados pelos adeptos da flexibilização, é necessário que o Direito, em especial o Direito do Trabalho, como "ramo" vanguardista que é, reflita e adapte-se à realidade contemporânea. Para isso, é inevitável aceitar a flexibilização das normas laborais dentro de certos limites, garantindo para o trabalhador o patamar civilizatório mínimo[24]. Além do mais, como muito bem lembrado por José Augusto Rodrigues Pinto, é imperioso que seja precedida ou acompanhada pelo "aperfeiçoamento das instituições de amparo previdencial do trabalhador e da cultura da consciência coletiva de que são depositárias as associações sindicais que o representam"[25]. A flexibilização, praticada sem a prudência necessária, pode desaguar na desregulamentação[26].

---

(22) SÜSSEKIND, Arnaldo. *História e perspectiva do direito do trabalho.* São Paulo: LTr, 2002. p. 59.

(23) OLIVEIRA, Murilo Sampaio Carvalho. *Repensando o princípio da proteção na contemporaneidade.* 2006. 200 f. Dissertação (Mestrado em Direito) — Faculdade de Direito, Universidade Federal da Bahia. Salvador, 2006. p. 44.

(24) Conforme Arnaldo Süssekind, a flexibilização deve observar as peculiaridades regionais, profissionais e empresariais; a implementação de novas tecnologias e técnicas produtivas; a preservação da saúde econômica da empresa, sempre respeitando a participação dos entes sindicais e os direitos indisponíveis (SÜSSEKIND, Arnaldo. *História e perspectiva do direito do trabalho.* São Paulo: LTr, 2002. p. 55). Nesse mesmo sentido, Amauri Mascaro: "a intervenção básica do Estado no Brasil é indispensável, como em toda parte do mundo, para a fixação de patamares mínimos de defesa do trabalhador, ao lado de ampliação das negociações coletivas como fonte complementar de direitos e deveres" (NASCIMENTO, Amauri Mascaro. *Curso de direito do trabalho:* história e teoria geral do direito do trabalho: relações individuais e coletivas do trabalho. 20. ed. São Paulo: Saraiva. p. 151-152).

(25) PINTO, José Augusto Rodrigues. *Curso de direito individual do trabalho.* São Paulo: LTr, 2004. p. 72-73.

(26) De acordo com José Martins Catharino, os adeptos da desregulamentação defendem a necessidade de se "reduzir ao máximo as regras ditadas pelo Estado e aumentar a privatização normativa. Diminuir a caudal legiferante pública por assoreamento de origem privada" (CATHARINO, José Martins. *Neoliberalismo e sequela.* São Paulo: LTr, 1997, p. 42). Carlos Eduardo Freitas prefere denominar esse fenômeno de precarização, pois, para o autor, a precarização é a eliminação do Direito do Trabalho, uma vez que "torna o contrato e as condições de trabalho mais frágeis [...] tornam as empresas mais livres para contratar e dispensar empregados [...] retiram do Estado atribuições relacionadas a proteção trabalhista e/ou previdenciária" (FREITAS, Carlos Eduardo. *Precarização e leis do trabalho na era FHC.* São Paulo: CUT, 2001. p. 6).

A desregulamentação consiste em "afastar a normatização estatal das relações de trabalho" subordinado, "transferindo às representações sindicais e aos próprios protagonistas das relações individuais a responsabilidade de submetê-las a regras de sua conveniência"[27], o que, sem dúvida, levaria o Direito do Trabalho a um enorme retrocesso.

É válido ressaltar que a flexibilização trabalhista é um fenômeno prismático, e, portanto, possui várias dimensões[28]. Não se limita a reduzir e/ou adaptar o conteúdo contratual, e atinge, também, os aspectos externos do contrato de trabalho.

Em nome da manutenção dos postos de trabalhos e redução dos custos operacionais, diversas formas atípicas de contrato de trabalho foram criadas, adequando-se ao modelo produtivo toyotista e à política neoliberal. Figuras como a terceirização, o contrato de trabalho temporário, as cooperativas e o contrato a tempo parcial fazem parte desse cenário heterogêneo.

A heterogeneização das formas de labor implica a formação de uma classe trabalhadora diferenciada, multifacetada, difusa e mais complexa, típica da sociedade pós-moderna[29].

Ademais, a adoção dessas novas formas contratuais, reflexos da flexibilização externa, tem significado a redução ou eliminação da proteção trabalhista estabelecida na legislação laboral.

Como exceção à regra apresentada, surge o consórcio de empregadores, figura flexibilizante que, sem contrariar as políticas neoliberais e pós-fordistas, consegue ser benéfica para todos os atores sociais vinculados à relação de emprego [empregado, empregador, Instituto Nacional de Seguro Social (INSS), Ministério Público do Trabalho (MPT), Ministério do Trabalho e Emprego (MTE), sociedade e Estado].

As críticas atribuídas aos institutos flexibilizantes não se aplicam ao consórcio de empregadores[30], haja vista que a sua aplicação no âmbito rural não só manteve os

---

(27) PINTO, José Augusto Rodrigues; PAMPLONA FILHO, Rodolfo. *Repertório de conceitos trabalhistas*: direito individual. São Paulo: LTr, 2000. v. 1, p. 191. Apenas a título de diferenciação, enquanto a flexibilização busca abrandar a rigidez dos fundamentos do Direito do Trabalho, sem despojá-lo inteiramente do seu núcleo tutelar, realizando a redução e/ou adaptação das condições e direitos laborais, a desregulamentação atua no âmbito externo ao contrato, perseguindo uma radical autorregulação pelos grupos e indivíduos envolvidos, uma vez que afasta toda a regulamentação estatal protetiva do trabalhador.

(28) De acordo com Amauri Mascaro Nascimento, a flexibilização pode ser classificada de diversas formas: quanto à finalidade, quanto ao conteúdo, quanto às formas de contratação, quanto aos direitos do trabalhador, quanto às funções do Direito do Trabalho, bem como em interna e externa (NASCIMENTO, Amauri Mascaro. *Curso de direito do trabalho:* história e teoria geral do direito do trabalho: relações individuais e coletivas do trabalho. 20. ed. São Paulo: Saraiva, 2005. p. 151-152).

(29) Possuem o mesmo entendimento Ricardo Antunes (ANTUNES, Ricardo. *Adeus ao trabalho?* São Paulo: Cortez/ Universidade Estadual de Campinas, 2003. p. 184) e Rodrigo Carelli (CARELLI, Rodrigo de Lacerda. *Formas atípicas de trabalho*. São Paulo: LTr, 2004, p. 17.), podendo ser comprovado pelo quadro de ocupações do DIEESE (Fonte DIESSE/BA, 21.1.2004) apresentado por Murilo Sampaio (OLIVEIRA, Murilo Sampaio Carvalho. *Repensando o princípio da proteção na contemporaneidade*. 2006. 200 f. Dissertação (Mestrado em Direito) — Faculdade de Direito, Universidade Federal da Bahia. Salvador, 2006. p. 56).

(30) "Flexibilizar os tipos de contrato individual de trabalho é uma decorrência da transformação do cenário do trabalho na sociedade contemporânea, ampliando as formas de contratação, além do padrão tradicional [...] uma tipologia moderna mais adequada à realidade atual, apesar dos críticos da renovação dos tipos contratuais, que a vêem como

postos de trabalho existentes como também diminuiu os índices de desemprego e de trabalho informal, sem reduzir as garantias e os direitos laborais estabelecidos na legislação trabalhista.

No campo, foi responsável por viabilizar a formação de relações de emprego mais duradouras, entre consorciados e empregados dos mais diversos tipos, tanto os especializados e multifuncionais, suprindo o déficit de mão de obra apta a trabalhar com tecnologia avançada, quanto os desqualificados, atendendo a necessidade de trabalho braçal[31].

Já há normas de natureza previdenciária regulando a aplicação do consórcio na seara campesina. No entanto, apesar da necessidade da utilização desse instituto no âmbito urbano, ainda não há legislação específica dispondo acerca da aplicação desse instituto nas grandes cidades.

Em face da inexistência de legislação específica, pergunta-se o seguinte: é possível a utilização imediata do consórcio de empregadores no âmbito urbano? A busca por essa resposta será o objetivo desta obra.

Para isso, serão identificadas as normas que fundamentam a aplicação imediata do consórcio de empregadores no âmbito urbano, os benefícios da aplicação desse instituto, demonstrando que o consórcio de empregadores urbanos é capaz de atenuar o desemprego e o índice de trabalhadores informais.

Serão indetificadas as possíveis dificuldades da utilização do consórcio de empregadores no âmbito urbano, assim como as soluções, quando existentes, aos problemas na aplicação do referido instituto, como, por exemplo, a responsabilidade de cada consorciado quanto aos créditos trabalhistas.

A fim de cumprir tais objetivos, o presente trabalho será dividido em quatro capítulos, assim intitulados: I – Visão pós-moderna do Direito; II – Relação de emprego; III – Consórcio de empregadores; IV – Aplicação do consórcio de empregadores no âmbito urbano.

No primeiro capítulo, será exposta uma visão pós-moderna do Direito, com a finalidade de municiar a defesa da existência de uma base normativa, de natureza jusfundamental, que autoriza o uso do consórcio de empregadores nas grandes cidades, independentemente de legislação específica.

Para alcançar tal desiderato, apresentar-se-á uma concepção pós-positivista dos princípios, realçando a sua função normativa. Os direitos fundamentais serão estudados, em especial, os direitos sociais, explanando-se acerca da sua caracterização, das suas dimensões e da sua eficácia. Ainda, será demonstrada a possibilidade do enquadramento de alguns princípios laborais como direitos fundamentais e, consequentemente, da produção dos efeitos típicos dessa categoria jurídica.

---

uma forma de precarização do emprego" (NASCIMENTO, Amauri Mascaro. *Curso de direito do trabalho:* história e teoria geral do direito do trabalho: relações individuais e coletivas do trabalho. 20. ed. São Paulo: Saraiva, 2005. p. 156-157).
(31) Estando o mundo de trabalho dividido em dois grandes grupos de trabalhadores, os profissionais especializados e os não especializados, o consórcio de empregadores pode ser considerado benéfico para todos os tipos de empregado.

Em seguida, no segundo capítulo, será analisada a relação jurídica de emprego e seus pressupostos, dando destaque à análise dos seus sujeitos: empregado e empregador. Ao tratar do empregador, serão estudadas as figuras do grupo empregador e da pluralidade de empregadores, inserindo-se, nesta última, o consórcio de empregadores.

Os dois primeiros capítulos serão utilizados de alicerce, permitindo que nos seguintes adentre-se no estudo do consórcio de empregadores e da sua aplicação no âmbito urbano.

No terceiro capítulo, será exposto o contexto socioeconômico no qual o consórcio de empregadores surgiu. Apresentar-se-ão as formas contratuais existentes no âmbito campesino e as razões da sua inaptidão para solucionar os problemas inerentes à sociedade moderna, em especial a rural.

Serão estudadas as necessidades que levaram à criação do consórcio de empregadores e os benefícios sentidos com a aplicação desse instituto no âmbito rural. Ainda nesse capítulo, apresentar-se-ão o conceito, a denominação, a natureza jurídica e as figuras assemelhadas ao consórcio de empregadores.

Já no quarto capítulo, será demonstrada a possibilidade de aplicar imediatamente o consórcio de empregadores, independentemente de regulamentação específica. Para alcançar tal objetivo, iniciar-se-á pela apresentação da realidade vivenciada nas grandes cidades, demonstrando a necessidade de sua utilização no ambiente urbano.

Posteriormente, serão expostas algumas situações urbanas nas quais essa nova forma negocial mostra-se como uma alternativa benéfica para entes envolvidos, e apresentar-se-ão os fundamentos que autorizam a sua utilização imediata.

Logo em seguida, serão identificados os benefícios que o instituto em questão oferece aos atores sociais, demonstrando a capacidade deste em reduzir os índices de desemprego e de trabalho informal no âmbito urbano.

Nesse capítulo, ainda, serão apontadas não só as críticas apresentadas ao uso do consórcio de empregadores urbanos como as suas soluções. Por fim, mesmo não defendendo a necessidade de regulamentação específica do consórcio de empregadores no âmbito urbano, serão expostas as suas vantagens.

Vale justificar que a presente obra limitar-se-á a abordar o consórcio de empregadores no seu aspecto material, sem adentrar nos reflexos processuais, uma vez que a análise da sua atuação em juízo ultrapassaria o recorte metodológico dado a este trabalho.

Capítulo I
Visão Pós-Moderna do Direito

1.1. Apresentação do capítulo

O presente capítulo tem como escopo apresentar a visão pós-moderna do Direito. Para isso, faz-se necessário expor os múltiplos entendimentos acerca da composição do sistema jurídico, seguindo um itinerário lógico, partindo da visão jusnaturalista, perpassando pela positivista, até chegar à concepção pós-positivista.

Com base no paradigma pós-positivista, serão apresentados os critérios distintivos entre regra, valor, postulado e princípio; em seguida, as funções deste último, mormente a normativa.

Os direitos fundamentais também serão estudados neste capítulo, em especial os direitos sociais, explanando-se acerca da caracterização (aspectos formal e material), das dimensões (objetiva e subjetiva) e da eficácia (vertical, horizontal, imediata, dentre outras) dos direitos fundamentais.

Será, ainda, demonstrada a possibilidade do enquadramento de alguns princípios laborais como direitos fundamentais e, consequentemente, da produção dos efeitos típicos dessa categoria jurídica.

1.2. Princípios como elementos integrantes do sistema jurídico

Para a dogmática jurídica contemporânea, o ordenamento jurídico é composto por regras e princípios, sendo ambos espécies do gênero norma. No entanto, nem sempre os princípios possuíram juridicidade. O desenvolvimento desta qualidade não foi linear, podendo ser dividido em três fases: jusnaturalismo, positivismo e pós-positivismo.

Na primeira delas, os princípios eram concebidos como entes metafísicos e abstratos, a partir dos quais poderiam ser deduzidas as regras do ordenamento. Não eram caracterizados como normas jurídicas, mas, sim, como *verdades* que se situavam acima delas, exercendo sobre estas "uma função corretiva e prioritária"[32], prevalecendo sobre as regras que os contrariassem. "Faziam parte de um direito metapositivo, não estando situados no ordenamento positivo, mas, sim, constituindo a fundamentação exterior das normas do ordenamento jurídico"[33].

---
(32) NASCIMENTO, Amauri Mascaro. *Curso de direito do trabalho:* história e teoria geral do direito do trabalho: relações individuais e coletivas do trabalho. 15.ed. São Paulo: Saraiva, 1998. p. 287.
(33) GOMES, Ana Virgínia Moreira. *A aplicação do princípio protetor no direito do trabalho.* São Paulo: LTr, 2001. p. 26.

Muito pouco de eficácia se reconhecia aos princípios, pois sua normatividade era "basicamente nula e duvidosa, contrastava com o reconhecimento de sua dimensão ético--valorativa de ideia que inspira os postulados de justiça"[34].

Com o advento do positivismo, passou-se a reconhecer aos princípios uma tímida função normativa, exercendo o papel de fonte subsidiária, integrando as lacunas do direito positivo.

O modelo positivista baseava-se na crença da completude, na coerência entre as normas existentes e na qualificação da regra como única fonte imediata do Direito. Para tornar coerentes os referidos dogmas, a doutrina positivista passou a situar os princípios no ordenamento jurídico, e não mais como postulados prévios ou superiores às regras, que estariam em uma dimensão metapositiva.

Com a inserção dos princípios no ordenamento jurídico, atribuiu-se a estes a natureza normativa. Afirmavam que tanto as regras quanto os princípios poderiam ser utilizados para regular os casos concretos. No entanto, enquanto as regras exerciam a função de fonte normativa imediata, os princípios serviam como fonte normativa supletiva. Argumentavam, ainda, que os princípios poderiam ser extraídos do conjunto de regras e, por esse motivo, não poderiam possuir outra natureza que não a mesma da sua fonte. Nesse mesmo sentido, assevera Norberto Bobbio:

> [...] A palavra princípio leva a engano, tanto que é velha a questão entre os juristas se os princípios gerais do direito são normas. Para mim não há dúvida: os princípios gerais são normas como todas as outras. E esta é também a tese sustentada por Crisafulli. Para sustentar que os princípios gerais são normas, os argumentos são dois, e ambos válidos: antes de mais nada, se são normas aquelas das quais os princípios gerais são extraídos, através de um procedimento de generalização sucessiva, não se vê por que não devam ser normas também eles: se abstraio da espécie animal obtenho sempre mais animais, e não flores ou estrelas. Em segundo lugar, a função para qual são extraídos e empregados é a mesma cumprida por todas as normas, isto é, a função de regular um caso. [...] E porque não deveriam ser normas?[35]

Apesar de estarem inseridos no ordenamento jurídico, os princípios não se encontravam no mesmo patamar das regras. Estavam plasmados nos dispositivos legais, sendo descobertos de modo indutivo, partindo das regras para chegar às normas mais gerais e abstratas.

Em razão de serem materialmente mais abstratos, não eram aplicados ao caso concreto imediata e diretamente[36]. Cumpriam a função de fonte supletiva, sendo utilizados de

---

(34) BONAVIDES, Paulo. *Curso de direito constitucional.* 13. ed. 2. tir. São Paulo: Malheiros, 2003. p. 259.
(35) BOBBIO, Norberto. *Teoria do ordenamento jurídico.* 10. ed. Brasília: Editora Universitária de Brasília, 1999. p. 158.
(36) "Há nisso uma patente contradição. Se os princípios eram *gerais*, como se poderia admitir sua caracterização como mera fonte subsidiária? A resposta é simples: para a concepção então vigente, a primazia era do direito positivo. Os princípios, que eram *gerais* por serem obtidos com recurso ao método indutivo (aplicado a todo o ordenamento), e não por seu primado axiológico. Eram de emprego meramente residual, um 'soldado de reserva' a ser acionado

forma subsidiária, integrando as lacunas existentes no sistema jurídico. Viabilizava-se, portanto, que o ordenamento continuasse completo, coerente e possuidor da regra como sua única fonte imediata do Direito.

Esse paradigma estrito, que confinava os princípios à função meramente supletiva do direito positivo, foi consolidado em diversos microssistemas nacionais e ordenamentos jurídicos estrangeiros[37]. Contudo, essa concepção já não era partilhada por alguns juristas daquela época. Orlando Gomes, por exemplo, já caracterizava os princípios gerais do Direito como "diretrizes ou forças propulsoras do desenvolvimento da ordem jurídica"[38], ao tempo que distinguia, com apoio em Ferrara Senior, os princípios que funcionavam como mera fonte subsidiária da aplicação da lei daqueles que serviam como indicativos das forças animadoras da vida do Estado, em certo momento histórico.[39]

Havia falhas tanto no jusnaturalismo quanto no positivismo, em razão do seu extremismo. Enquanto o primeiro tinha como inconveniente a insegurança jurídica, em face da inexistência de valores absolutos, o positivismo, na busca pela segurança jurídica, suprimia os valores do âmbito jurídico, os quais são indispensáveis para a ordem jurídica.

Na tentativa de superar tais limitações, surgiu o modelo pós-positivista, que, nas palavras de Willis Santiago, é a "superação dialética da antítese entre o positivismo e o jusnaturalismo"[40]. A teoria pós-positivista

> [...] traz valores ao âmbito do conhecimento jurídico — excluindo-se, pois, a visão meramente formal do Direito — mas não sob a forma de normas naturais, universais e abstratas e, sim, de normas jurídicas, afastando-se a incerteza e a insegurança nas relações jurídicas, na medida do possível, porque a certeza e a segurança também são valores e, como tais, nunca serão absolutos.[41]

---

quando faltava a regra posta"(NEVES, André Luiz Batista. *A interpretação conforme a Constituição e seus limites*. 2007. 170 f. Dissertação (Mestrado em Direito) — Faculdade de Direito, Universidade Federal da Bahia. Salvador. 2007.

(37) A lei de Introdução às Normas do Direito Brasileiro, no seu art. 4º, dispõe: "Quando a lei for omissa, o juiz decidirá o caso de acordo com a analogia, os costumes e os *princípios gerais do direito*". A Consolidação das Leis do Trabalho, no seu art. 8º, dispõe: "As autoridades administrativas e a Justiça do Trabalho, na falta de disposições legais ou contratuais, decidirão, conforme o caso, pela jurisprudência, por analogia, por equidade e outros princípios e normas gerais de direito, principalmente do direito do trabalho, e, ainda, de acordo com os usos e costumes, o direito comparado, mas sempre de maneira que nenhum interesse de classe ou particular prevaleça sobre o interesse público". Bem assim, o art. 16 do Código Civil argentino: "Se não se puder resolver uma questão civil nem pelas palavras, nem pelo espírito da lei, atender-se-á aos princípios das leis análogas e se a questão permanecer duvidosa, aos princípios gerais de direito, tendo-se em conta as circunstâncias do caso"; e o art. 12 do Código Civil italiano: "[...] se uma controvérsia não pode ser decidida segundo uma disposição [legal], ter-se-ão em conta as disposições que regulam os casos semelhantes ou as matérias análogas; persistindo a dúvida, decidir-se-á segundo os princípios gerais do ordenamento jurídico do Estado" Os dispositivos citados, bem como as respectivas traduções, foram extraídos da obra de Vicente Rao. (RAO, Vicente. *O Direito e a vida dos direitos*. 5. ed. São Paulo: Revista dos Tribunais, 1999, p. 274).

(38) GOMES, Orlando. *Introdução ao direito civil*. 15. ed. Rio de Janeiro: Forense, 2000. p. 50.

(39) FERRARA SENIOR *apud* GOMES, Orlando. *Introdução ao direito civil*. 15. ed. Rio de Janeiro: Forense, 2000. p. 50.

(40) GUERRA FILHO, Willis Santiago. *Processo constitucional e direitos fundamentais*. São Paulo: Celso Bastos Editor, Instituto Brasileiro de Direito Constitucional, 1999. p. 51-52.

(41) GOMES, Ana Virgínia Moreira. *A aplicação do princípio protetor no direito do trabalho*. São Paulo: LTr, 2001. p. 28-29.

Percebeu-se que o Direito não se resume a um sistema fechado de dispositivos legais, mas, sim, que a ordem jurídica é um sistema plural, dinâmico e aberto aos fatos e valores sociais.

No campo teórico pós-positivista, é possível apontar dois pilares básicos: a proposta de uma nova grade de compreensão das relações entre Direito, moral e política; e o desenvolvimento de uma crítica contundente à concepção formalista do positivismo jurídico. Em relação a esse segundo aspecto, interessa frisar a necessidade de um modelo de compreensão principiológica, que confere aos princípios jurídicos uma condição central na estruturação do raciocínio do jurista, com reflexos diretos na interpretação e aplicação do direito[42].

Dentre os grandes defensores do pensamento jurídico pós-positivista, sem embargo de outras referências importantes, destacam-se, pelo relevo de suas contribuições, expoentes como Chaïm Perelman, Ronald Dworkin e Robert Alexy. Realçaram a importância teórico-prática dos princípios, oferecendo um "instrumental metodológico mais compatível com o funcionamento dos sistemas jurídicos contemporâneos, a fim de conciliar legalidade com legitimidade e restaurar os laços éticos privilegiados entre direito e a moralidade social"[43].

Insurgindo-se contra as consequências de uma abordagem positivista no campo da argumentação, Perelman ressalta a importância da retórica no âmbito do conhecimento jurídico, o que vai de encontro a algumas premissas básicas do positivismo lógico, tais como a rígida separação entre Direito e a moral, com a consequente negação da normatividade dos princípios jurídicos[44].

Assevera que grande parte dos juristas vem recorrendo o uso dos princípios gerais do direito e que o simples fato de serem reconhecidos, explícita ou implicitamente, pelos tribunais, mesmo que não proclamados pelo Poder Legislativo, demonstra a insuficiência da construção positivista que averigua a validade das regras jurídicas em face de sua integração num sistema hierarquizado de normas[45]. Lembra ainda que os princípios jurídicos figuram-se como *topoi* (lugares-comuns), aos quais o magistrado pode recorrer como premissas, compartilhadas pela comunidade jurídica, para a justificação racional de um ato decisório. A utilização da argumentação tópica remete à "necessidade de uma escolha valorativa do hermeneuta, que se orienta pelo potencial justificador e racionalizador para a tomada de uma decisão"[46].

---

(42) SOARES, Ricardo Maurício Freire. Reflexos sobre o princípio constitucional da dignidade da pessoa humana. *In:* ALMEIDA NETO, João Alves de (Coord). *As novas faces do direito do trabalho:* estudos em memória de Gilberto Gomes. Salvador: Quarteto, 2006. p. 351.

(43) SOARES, Ricardo Maurício Freire. Reflexos sobre o princípio constitucional da dignidade da pessoa humana. *In:* ALMEIDA NETO, João Alves de (Coord). *As novas faces do direito do trabalho:* estudos em memória de Gilberto Gomes. Salvador: Quarteto, 2006. p. 359.

(44) SOARES, Ricardo Maurício Freire. Reflexos sobre o princípio constitucional da dignidade da pessoa humana. *In:* ALMEIDA NETO, João Alves de (Coord). *As novas faces do direito do trabalho:* estudos em memória de Gilberto Gomes. Salvador: Quarteto, 2006. p. 353.

(45) PERELMAN, Chaïm. *Ética e direito*. Tradução de Maria Ermantina Galvão. São Paulo: Martins Fontes, 1999. p. 395-396.

(46) SOARES, Ricardo Maurício Freire. Reflexos sobre o princípio constitucional da dignidade da pessoa humana. *In:* ALMEIDA NETO, João Alves de (Coord). *As novas faces do direito do trabalho:* estudos em memória de Gilberto Gomes. Salvador: Quarteto, 2006. p. 353.

Para Perelman, não basta ter princípios gerais como ponto inicial de uma argumentação, sendo necessário escolhê-los de um modo tal que sejam aceitos pelo auditório, bem como formulá-los e interpretá-los a fim de poder adaptá-los ao caso de aplicação pertinente. O que importa é causar adesão do auditório composto pela comunidade jurídica, por meio do uso dos *topoi* mais persuasivos para o deslinde do caso concreto, com o auxílio da força dos melhores argumentos, o que se potencializa com uso da principiologia jurídica.

A relevância dos princípios para o ordenamento jurídico também é ressaltada por Ronald Dworkin. Como crítica à visão positivista de sistema jurídico, defende que o Direito não é composto apenas por regras, mas também por princípios e políticas. Que o magistrado, nos *hard cases*, não estaria agindo discricionariamente, preenchendo lacunas, mas, sim, aplicando os princípios, ou seja, utilizando a norma jurídica existente.

Pondera que, uma vez abandonada a doutrina positivista e tratando o princípio como parte integrante do sistema jurídico, é possível afirmar que uma obrigação pode ser imposta tanto por uma constelação de princípios como por uma regra[47]. Aduz, ainda, que o intérprete e o aplicador do Direito passam a possuir a função de reconstrutores da ordem jurídica vigente, com base nos referenciais axiológicos indicados pelos princípios fundamentais que lhe dão sentido[48].

Outro autor que merece destaque é Robert Alexy, em face do realce dado à função normativa dos princípios. Para esse doutrinador alemão, o direito é composto por regra, procedimento e princípio, sendo este último norma que ordena a realização de algo na maior medida possível, relativamente às realidades jurídica e fática. "As normas principiológicas figuram, por conseguinte, como mandados de otimização, podendo ser cumpridos em diversos graus. A forma característica de aplicação dos princípios é, portanto, a ponderação".[49]

A consciência acerca do papel normativo dos princípios vem crescendo entre os estudiosos do Direito. Os princípios adquiriram enorme importância no cenário atual, reclamando dos juristas todo o esforço para garantir a sua aplicabilidade e efetividade, bem como despertando o interesse em estabelecer critérios distintivos entre regras e princípios.

---

(47) DWORKIN, Ronald. *Levando os direitos a sério*. Tradução de Nelson Boeira. São Paulo: Martins Fontes, 2002. p. 100.

(48) DWORKIN, Ronald. *Uma questão de princípio*. Tradução de Luís Carlos Borges. São Paulo: Martins Fontes, 1999. p. 238-240. Nesse mesmo diapasão, Ricardo Maurício assevera que "Rompe-se, assim, com a dicotomia hermenêutica clássica que contrapõe a descoberta (cognição passiva) e a invenção (vontade ativa), na busca dos significados jurídicos. O hermeneuta, diante de um caso concreto, não estaria, assim, criando direito novo, mas racionalizando o material normativo existente. O que se trata é de buscar identificar os princípios que podem dar coerência e justificar a ordem jurídica, bem como as instituições políticas vigentes. Cabe ao intérprete orientar-se pelo substrato ético-social, promovendo, historicamente, a reconstrução do direito, com base nos referenciais axiológicos indicados pelos princípios" (SOARES, Ricardo Maurício Freire. Reflexos sobre o princípio constitucional da dignidade da pessoa humana. *In:* ALMEIDA NETO, João Alves de (Coord). *As novas faces do direito do trabalho:* estudos em memória de Gilberto Gomes. Salvador: Quarteto, 2006. p. 355).

(49) SOARES, Ricardo Maurício Freire. Reflexos sobre o princípio constitucional da dignidade da pessoa humana. *In:* ALMEIDA NETO, João Alves de (Coord). *As novas faces do direito do trabalho:* estudos em memória de Gilberto Gomes. Salvador: Quarteto, 2006. p. 357.

1.2.1. Distinção entre normas e princípios

O modelo pós-positivista parte do pressuposto de que tanto as regras como os princípios são espécies do mesmo gênero norma. Ambos veiculam o dever-ser em expressões deônticas básicas de *mandato, permissão e proibição*[50].

Na pretensão de superar o positivismo jurídico defendido por Herbert Hart[51], Ronald Dworkin estabeleceu algumas distinções entre regras e princípios.

Para tanto, cunhou uma acepção genérica para o signo *princípio*, a englobar tanto as *políticas*, padrões que estabelecem um objetivo a ser alcançado, quanto os *princípios propriamente ditos*, padrões que devem ser observados não porque promovam ou configurem uma situação desejável, mas por serem "uma exigência de justiça ou equidade ou alguma outra dimensão de moralidade"[52].

Apresenta, também, como critério distintivo, o mecanismo de solução das colisões. As regras, para o mencionado jusfilósofo, são aplicáveis à maneira do tudo ou nada (*"all-or-nothing"*); em caso de colisão entre elas, uma ou outra necessariamente deverá ceder por completo.

Já os princípios possuem "uma dimensão que as regras não têm — a dimensão de peso ou importância"[53]. Em caso de conflito, nenhum deles deixa de ter aplicabilidade. Os seus pesos (*"dimensions of weight"*), porém, serão distintos no caso a decidir, e isso indicará qual deles deve prevalecer.

Essas ideias tiveram amplíssima repercussão, mesmo em sistemas jurídicos de matriz europeia continental, como o brasileiro. Isso se deu em boa parte pelo fato de terem elas sido aproveitadas e aperfeiçoadas pela rica tradição jurídica alemã, que já há algum tempo se ocupava dos princípios[54], como se vê, por exemplo, em Larenz[55].

---

(50) ALEXY, Robert. *Teoría de los derechos fundamentales*. Tradução de Ernesto Garzón Valdés. 1. ed. 3.reimpr. Madrid: Centro de Estudios Políticos y Constitucionales, 2002. p. 83.

(51) Que não é, todavia, tão estritamente vinculado à noção de exclusividade das regras. No decorrer de sua obra mais conhecida, *O conceito de direito*, ele menciona "os princípios de legalidade e justiça", chegando até mesmo a emitir juízo de valor — o que certamente não seria de se esperar de um positivista estrito — a respeito do que seria um bom sistema jurídico. Veja-se, por exemplo, o trecho: "Pode-se dizer que a distinção entre um bom sistema jurídico, que se conforma em certos pontos com a moral e a justiça, e um sistema jurídico que não o faz é falaciosa, isto porque é necessariamente realizado um mínimo de justiça sempre que o comportamento humano é controlado por regras gerais anunciadas publicamente e aplicadas por via judicial" (HART, Herbert L. A. *O conceito de direito*. Tradução de A. Ribeiro Mendes. 4. ed. Lisboa: Fundação Calouste Gulbenkian, 2005. p. 222).

(52) DWORKIN, Ronald. *Levando os direitos a sério*. Tradução de Nelson Boeira. São Paulo: Martins Fontes, 2002. p. 36. Murilo Sampaio defende, em sua dissertação de mestrado, que não obstante a supracitada diferenciação entre princípio e políticas feita por Ronald Dworkin, existem casos em que os princípios e as políticas se confundem, como, por exemplo, nas hipóteses dos princípios com objetivos sociais (princípios trabalhistas) (OLIVEIRA, Murilo Sampaio Carvalho. *Repensando o princípio da proteção na contemporaneidade*. 2006. 200 f. Dissertação (Mestrado em Direito) — Faculdade de Direito, Universidade Federal da Bahia. Salvador, 2006. p. 167).

(53) DWORKIN, Ronald. *Levando os direitos a sério*. Tradução de Nelson Boeira. São Paulo: Martins Fontes, 2002. p. 42.

(54) NEVES, André Luiz Batista. *A interpretação conforme a Constituição e seus limites*. 2007. 170 f. Dissertação (Mestrado em Direito) — Faculdade de Direito, Universidade Federal da Bahia. Salvador, 2007.

(55) Karl Larenz distinguia os "princípios abertos", ideias jurídicas diretivas das quais não se poderia obter diretamente a resolução de um caso particular, "mas só em virtude da sua concretização na lei ou pela jurisprudência dos

O jusfilósofo Robert Alexy também apresentou as suas considerações sobre os critérios distintivos entre regra e princípios. Para ele, critério decisivo é qualitativo, e não de grau[56]. Os princípios são *mandados de otimização*, ou seja, normas a ordenar que determinadas condutas sejam concretizadas na maior medida possível, sopesando as possibilidades jurídicas e reais existentes[57]; enquanto as regras são normas portadoras de *determinações* no âmbito do fático e juridicamente possível, podendo, apenas, ser cumpridas ou não.

Continua lecionando que o conflito entre regras somente pode ser solvido com a introdução de uma cláusula de exceção em uma delas ou com a declaração da invalidade de uma das normas em questão. Os choques entre regras ocorrem, portanto, no plano da validez. Já a colisão entre princípios resolve-se no âmbito da dimensão de peso, tendo cada um deles sua realização normativa limitada reciprocamente[58].

Por tudo isso, os princípios são razões (ou enunciados) *prima facie*. Há necessidade, para que se chegue ao juízo de dever-ser concretamente considerado, de se estabelecer uma relação de preferência, considerando todos os princípios porventura colidentes[59]. Já as regras estabelecem diretamente o juízo de dever-ser concreto[60].

Segundo Luiz Roberto Barroso, as normas distinguem-se com base em três critérios: conteúdo, estrutura normativa e aplicação.

Quanto ao conteúdo, os princípios são normas que traduzem valores a ser preservados ou fins a ser alcançados; já as regras limitam-se a traçar a conduta. No que concerne à estrutura normativa, os princípios indicam fins, estados ideais a ser alcançados, não ocorrendo o detalhamento da conduta a ser adotada em cada caso específico. As regras, por outro lado, costumam ser mais detalhadas, apresentando ao jurista a moldura da conduta pretendida para o caso concreto. No que diz respeito à aplicação, as regras devem ser adotadas mediante o método da subsunção, enquanto os princípios utilizam a ponderação[61].

---

tribunais", dos "princípios com forma de proposição jurídica", condensados numa regra imediatamente aplicável (*e.g.*, *nulla poena sine lege*, *ne bis in idem*, princípio da independência dos juízes etc.) (LARENZ, Karl. *Metodologia da ciência do direito*. 4. ed. Tradução de José Lamego. Lisboa: Calouste Gulbenkian, 2005. p. 682-683).

(56) ALEXY, Robert. *Teoría de los derechos fundamentales*. Tradução de Ernesto Garzón Valdés. 1. ed. 3. reimpr. Madrid: Centro de Estudios Políticos y Constitucionales, 2002. p. 83.

(57) ALEXY, Robert. *Teoría de los derechos fundamentales*. Tradução de Ernesto Garzón Valdés. 1. ed. 3. reimpr. Madrid: Centro de Estudios Políticos y Constitucionales, 2002. p. 86.

(58) ÁVILA, Humberto. *Teoria dos princípios:* da definição à aplicação dos princípios jurídicos. 2. ed. São Paulo: Malheiros, 2003. p. 30.

(59) Nisso Robert Alexy se aproxima bastante de Canaris, o qual afirmara que: "[...]os princípios necessitam, para a sua realização, da concretização através de subprincípios e de valorações singulares com conteúdo material próprio" (CANARIS, Claus-Wilhelm. *Pensamento sistemático e conceito de sistema na ciência do direito*. Introdução e tradução de A. Menezes Cordeiro. 2. ed. Lisboa: Fundação Calouste Gulbenkian, 1996. p. 96).

(60) ALEXY, Robert. *Teoría de los derechos fundamentales*. Tradução de Ernesto Garzón Valdés. 1. ed. 3. reimpr. Madrid: Centro de Estudios Políticos y Constitucionales, 2002.p. 103.

(61) BARROSO, Luís Roberto. *A nova interpretação constitucional*. Ponderação, direitos fundamentais e relações privadas. Rio de Janeiro/São Paulo: Renovar, 2003. p. 340-344.

De forma similar, Ruy Espíndola[62] apresenta a diferenciação entre essas espécies normativas, com base nos seguintes critérios:

i) grau de abstração: os princípios são normas com um grau de abstração relativamente elevado[63]; de modo diverso, as regras possuem uma abstração relativamente reduzida;

ii) grau de determinabilidade na aplicação do caso concreto: os princípios, por serem vagos e indeterminados, carecem de mediações concretizadoras (do legislador, julgador ou administrador), enquanto as regras são susceptíveis de aplicação direta;

iii) caráter de fundamentalidade no sistema das fontes do Direito: os princípios são normas de natureza ou com um papel fundamental no ordenamento jurídico devido à sua posição hierárquica no sistema das fontes (ex.: princípios constitucionais) ou à sua importância estruturante dentro do sistema jurídico (ex.: princípio do Estado de Direito);

iv) proximidade da ideia de Direito: os princípios são *standards* juridicamente vinculantes radicados nas exigências de justiça (Dworkin) ou na ideia de Direito (Larenz); as regras podem ser vinculantes com um conteúdo meramente formal;

v) natureza normogenética: os princípios são fundamentos das regras, isto é, são normas que estão na base ou constituem a *ratio* das regras jurídicas, desempenhando, por isso, uma função normogenética fundamentante.

Nesse sentido, as normas jurídicas que regulam uma situação jurídica específica — determinando, proibindo ou facultando uma ação humana —, devem ser tratadas como regras, enquanto as normas que expressam uma diretriz, prescrevendo uma conduta humana em conformidade com os valores jurídicos, sem a determinação de uma hipótese de incidência específica, devem ser caracterizadas como princípios.

Essa distinção apresenta-se de forma mais clara quando há conflito entre regras ou entre princípios[64]. Havendo conflito de regras, sua solução perpassa pela inserção,

---

(62) ESPÍNDOLA, Ruy Samuel. *Conceitos de princípios constitucionais* — Elementos para uma dogmática constitucional adequada. São Paulo: Revista dos Tribunais, 1999. p. 65.

(63) Nesse mesmo sentido, assevera Walter Claudius Rothenburg; "[...] os princípios são dotados de um elevado grau de abstração, o que não significa impossibilidade de determinação – e, consequentemente, de baixa densidade semântico-normativa (mas podendo ser integrado por meio de interpretação/aplicação, através de outras normas e até mesmo em relação a situações específicas, como decisões judiciais e administrativas), ao passo que as demais normas (regras) possuem menor grau de abstração e mais alta densidade normativa"(ROTHENBURG, Walter Claudius. *Princípios constitucionais*. Porto Alegre: Sergio Antonio Fabris Editor, 2003. p.16-17).

(64) De acordo com Murilo Sampaio, com base nas lições de Edvaldo de Souza Santos, há distinção entre regras e princípios, apesar de inexistir prevalência absoluta do princípio sobre a regra nas hipóteses de colisões. Nesse sentido dispõe: "A prevalência dos princípios sobre as regras é relativa, uma vez que a maior abstração da diretiva dos princípios em relação às regras poderia ensejar a plenitude da insegurança e incerteza quanto às possibilidades interpretativas. A relatividade decorre do caráter não absoluto dos princípios e da flexibilidade na solução dos princípios, não há como se qualificar a prevalência como indefectível, em atenção à diretriz da incompletude, historicidade e limitação da própria ciência. Além disso, nas situações de conflitos de normas jurídicas (princípios x princípios; regras x princípios), a eleição da norma subjacente é resultado da ponderação de pesos e valores do intérprete, considerando o contexto real (social, político, econômico) e o momento histórico. Desta forma, a interpretação, que *a priori* baseia-se na prevalência dos princípios, não segue um curso linear, pode acolher a regra

em uma delas, de uma cláusula de exceção; ou, quando isso não é possível, impõe-se a declaração de invalidade de pelo menos uma das regras, com a sua consequente exclusão do ordenamento jurídico. A decisão acerca da validez da regra pode apoiar-se em critérios clássicos de resolução de antinomias (hierárquico, cronológico e de especialidade), que importarão na eleição de uma delas para reger o caso, em detrimento da outra[65].

Já a colisão de princípios resolve-se pela dimensão dos valores em choque, ou seja, leva-se em consideração o peso que cada princípio assume no caso concreto, realizando uma ponderação a fim de se precisar em que medida cada um cederá espaço ao outro[66]. Assim, inexiste hierarquia abstrata entre dois princípios, sendo conferido o peso de cada princípio em colisão em face das especificidades do caso concreto[67].

Apresentados os critérios distintivos entre princípios e regras, faz-se necessário discorrer, em breves linhas, sobre valores e postulados, diferenciando-os dos princípios.

1.2.1.1. Princípios, valores e postulados

Toda essa discussão sobre os critérios distintivos entre regras e princípios obscurece um aspecto essencial: o conteúdo dos princípios, ou seja, a relação destes com os valores fundamentais de determinada ordem jurídica.

Apesar de a relação entre princípios e valores ser muito estreita, a ponto de Robert Alexy afirmar que a colisão de princípios é também uma colisão de valores, não se pode confundi-los.Esboçar uma noção de *valor* é das mais árduas tarefas que podem ser postas a um cientista do Direito.

De acordo com Von Wright, existe uma diferença conceitual significativa entre conceitos *deontológicos*, típicos do dever-ser, e os *axiológicos*, aos quais é inerente a ideia de "bom", ou seja, de valoração. Os deontológicos, alusivos às normas, utilizam-se do discurso prescritivo, enquanto aos axiológicos correspondem as assertivas valorativas[68].

Lançando mão justamente das lições de Von Wright, Robert Alexy assevera que os princípios são mandados de otimização pertencentes ao plano deontológico, enquanto os valores atinam ao plano axiológico[69]. No entanto, vale ressaltar que, por portarem valores, os princípios, mesmo figurando no plano deontológico, não deixam de ter carga axiológica.

---

jurídica em detrimento da norma-princípio, em atenção ao contexto e à historicidade" (OLIVEIRA, Murilo Sampaio Carvalho. *Repensando o princípio da proteção na contemporaneidade.* 2006. 200 f. Dissertação (Mestrado em Direito) — Faculdade de Direito, Universidade Federal da Bahia. Salvador, 2006. p. 168-169).

(65) ZOLLINGER, Márcia Brandão. *Proteção processual aos direitos fundamentais.* Salvador: JusPodivm, 2006. p. 104.
(66) ZOLLINGER, Márcia Brandão. *Proteção processual aos direitos fundamentais.* Salvador: JusPodivm, 2006. p. 105.
(67) Paulo Bonavides resume o exposto: "As regras vigem, os princípios valem; o valor que nele se insere se exprime em graus distintos. Os princípios, enquanto valores fundamentais, governam a Constituição, o regime, a ordem jurídica. Não são apenas a lei, mas o Direito em toda a sua extensão, substancialidade, plenitude e abrangência" (BONAVIDES, Paulo. *Curso de direito constitucional.* 13. ed. 2. tir. São Paulo: Malheiros, 2003. p. 260).
(68) WRIGHT, Georg Henrik von. *Normas, verdad y lógica.* Prólogo e tradução de Carlos Alarcón Cabrera. 2. ed. México, DF: Fontamara, 2001. p. 30-40.
(69) ALEXY, Robert. *Teoría de los derechos fundamentales.* Tradução de Ernesto Garzón Valdés. 1. ed. 3. reimpr. Madrid: Centro de Estudios Políticos y Constitucionales, 2002. p. 141.

Nesse sentido, embora os princípio *portem* valores, não podem ser confundidos com estes. Os valores contidos nos princípios são realizados de forma indireta; já os não absorvidos pela norma jurídica, nem por princípios nem por regras, não são aplicados ao caso concreto, uma vez que necessitam de um veículo normativo para a sua realização. Já no processo interpretativo, os princípios prevalecem sobre os valores por serem mais concretos[70].

Apesar da necessidade de um mecanismo normativo para a sua aplicação ao caso concreto, não se pode negar a indispensabilidade dos valores para o sistema jurídico.

A dimensão axiológica do Direito sofreu severas contestações no período em que o positivismo normativista predominava. No entanto, foi demonstrado que, mesmo no paradigma positivista, a referida dimensão deveria ser reconhecida. Argumenta Luis Recaséns Siches que:

> Creo haber encontrado una base *inexpugnable* para justificar la axiología jurídica, base *inmune a toda objeción*.
>
> El análisis del sentido esencial del Derecho demuestra que la negación positivista contiene un absurdo. El Derecho positivo es una pauta de conducta de carácter normativo. Ahora bien, una forma normativa, una norma, significa que entre las varias posibilidades fácticas de comportamiento hay algunas *elegidas*, y, por lo tanto, hay otras *rechazadas*. Las posibilidades de conducta *elegidas* lo son porque resultan *preferidas* a otras. *Esta preferencia se funda sobre una valoración*. Es decir, aunque las normas del Derecho positivo emanen del mandato del poder político, ellas no pueden ser de ningún modo entendidas como meros hechos de poder. En todo caso, son hechos humanos, y, en tanto que tales, tienen esencialmente un *sentido*, una significación. Ahora bien, *este sentido consiste fundamentalmente en la referencia a valores*. O expresando lo mismo de otro modo, la normatividad del Derecho positivo *carecería en absoluto de sentido si no estuviese referida a un juicio de valor, que es precisamente lo que la inspira*. La conducta social está regulada de determinado modo, porque se cree que esta manera *es mejor que otras posibles regulaciones*.[71]

---

(70) José Felipe Ledur entende no mesmo sentido: "Princípio e valor diferem, pois, na medida em que o primeiro indica o que é devido, o segundo aponta para o que é referência, por ser melhor. Nem sempre o devido coincide com o que é referência, situação em que evidentemente, o princípio prevalecerá sobre o valor" (LEDUR, José Felipe. *A realização do direito do trabalho*. Porto Alegre: Sérgio Antônio Fabris Editor, 1998. p. 47).

(71) Em português: Creio haver encontrado uma base inexpugnável para justificar a axiologia jurídica, base *imune a toda objeção*. A análise do sentido essencial do Direito demonstra que a negação positivista contém um absurdo. O Direito positivo é uma pauta de conduta de caráter normativo. Agora, uma forma normativa, uma norma, significa que entre várias possibilidades fáticas de comportamento há algumas que são *eleitas*, e, portanto, há outras *rechaçadas*. As possibilidades de conduta *eleitas* o são porque resultam *preferidas* a outras. *Essa preferência se funda numa valoração*. Quer dizer, ainda que as normas de direito positivo emanem do mandato do poder político, elas não podem ser de nenhum modo entendidas como meros fatos do poder. Em todo caso, são fatos humanos, e, como tais, têm essencialmente um *sentido*, uma significação. Agora, *esse sentido consiste fundamentalmente na referência a valores*. Ou, dizendo o mesmo de outra forma, a normatividade do direito positivo *careceria absolutamente de sentido se não estivesse referida a um juízo de valor, que é precisamente o que a inspira*. A conduta social está regulada de determinado modo porque se crê que esta maneira *é melhor que outras possíveis regulações* (SICHES, Luis Recaséns. *Introducción al estudio del derecho*. 13. ed. México, DF: Porrúa, 2000. p. 279).

Para Recaséns Siches, os valores contidos no ordenamento jurídico são objetivos. Não dependem de um subjetivismo de cariz psicologista. Essa objetividade é imanente ao contexto da existência humana: o homem não cria valores, mas tem de reconhecê-los como tais[72].

A objetividade dos valores é essencial ao Direito, uma vez que o seu norte axiológico não deve estar sujeito às mutantes e incertas considerações individuais[73].

Apresentadas as considerações acerca dos valores, diferenciando-os de regras e princípios, passar-se-á à análise dos postulados normativos aplicativos[74].

Critica Humberto Ávila a dicotomia entre *princípios* e *regras*, sustentando a existência também de *metanormas* ou *normas de segundo grau*, as quais são também denominadas de *postulados normativos aplicativos*.

Esses postulados são deveres estruturantes da aplicação de outras normas, cujo funcionamento difere em muito daqueles dos princípios e regras. Segundo Humberto Ávila:

> [...] Os princípios são definidos como normas imediatamente finalísticas, isto é, normas que impõem a promoção de um estado ideal de coisas por meio da prescrição indireta de comportamentos cujos efeitos são havidos como necessários àquela promoção. Diversamente, os postulados, de um lado, não impõem a promoção de um fim, mas, em vez disso, estruturam a aplicação do dever de promover um fim; de outro, não prescrevem diretamente comportamentos, mas modos de raciocínio e de argumentação relativamente a normas que indiretamente prescrevem comportamentos. Rigorosamente, portanto, não se podem confundir princípios com postulados. As regras, a seu turno, são normas imediatamente descritivas de comportamentos devidos ou atributivas de poder. Distintamente, os postulados não descrevem comportamentos, mas estruturam a aplicação de normas que o fazem. [75]

Os postulados normativos aplicativos, a exemplo da *ponderação de bens*, da *concordância prática* e da *proibição de excesso*, são normas que atuam no ordenamento jurídico regendo a aplicação de outras normas (princípios e regras). E como têm função diversa da desempenhada pelos princípios e regras, nada mais adequado que lhe outorgue, para sua designação, uma denominação própria. Correspondem, portanto, às *diretivas interpretativas de segundo nível* (de *procedimento* e de *preferência*)[76].

---

(72) SICHES, Luis Recaséns. *Introducción al estudio del derecho*. 13. ed. México, DF: Porrúa, 2000. p. 289. Em contexto totalmente diverso, mas com teor surpreendentemente similar, Sartre afirma que a essência precede a existência (SARTRE, Jean-Paul. *L'existentialisme est un humanisme*. Saint-Armand: Gallimard, 1996. p. 27).

(73) Mas mesmo assim os considerando, importa estabilizá-los, mediante a aplicação de um *meta valor* totalizante e unificador (NEVES, André Luiz Batista. *A interpretação conforme a Constituição e seus limites*. 2007. 170 f. Dissertação (Mestrado em Direito) — Faculdade de Direito, Universidade Federal da Bahia. Salvador, 2007).

(74) Ao tratar dos postulados normativos, o adotará como referencial teórico a obra de Humberto Ávila. (ÁVILA, Humberto. *Teoria dos princípios:* da definição à aplicação dos princípios jurídicos. 2. ed. São Paulo: Malheiros, 2003).

(75) ÁVILA, Humberto. *Teoria dos princípios:* da definição à aplicação dos princípios jurídicos. 2. ed. São Paulo: Malheiros, 2003. p. 81.

(76) Esta categoria normativa já tinha sido descrita por Jerzy Wróblewski. O citado magistrado polonês leciona que: "Distingo [...] dois níveis nas diretivas [interpretativas] em questão: as diretivas de primeiro nível DI^1 determinam o modo em que o intérprete deveria atribuir significado a uma regra geral, tendo em conta os contextos relevantes da regra, a saber, contextos linguístico, sistêmico e funcional. As diretivas de segundo nível DI^2 determinam como deveriam

Resumindo, os postulados normativos regem a aplicação das regras e dos princípios, os quais são mecanismos de realização dos valores fundamentais objetivamente aceitos pela sociedade, em um determinado momento histórico.

Conhecendo os critérios distintivos entre princípios e as supramencionadas espécies normativas e sabendo identificá-los, já é possível apresentar suas principais funções.

1.2.1.2. Funções dos princípios

Os princípios possuem múltiplas funções. Baseados em um paradigma positivista, doutrinadores apontavam uma tríplice missão da espécie normativa. Nessa esteira, Américo Plá Rodriguez indica como funções dos princípios: "a) informadora: inspiram o legislador, servindo de fundamento para o ordenamento jurídico; b) normativa: atuam como fonte supletiva, no caso de ausência de lei. São meios de integração de direito; c) interpretadora: operam como critério orientador do juiz ou do intérprete"[77].

A variedade de funções demonstra a importância dos princípios, principalmente os de Direito do Trabalho, devendo ser utilizados pelos juristas, tanto na fase pré-jurídica como na jurídica.

Na fase pré-jurídica, também denominada de política, os princípios "atuam como verdadeiras fontes materiais do Direito, na medida em que postam como fatores que influenciam na produção da ordem jurídica"[78]. Exercem a função informadora, orientando e influenciando os legisladores no processo de construção das regras[79].

---

ser utilizadas as DI¹ (DI² de procedimento) e a maneira de escolher entre os diferentes resultados de uma aplicação das DI¹ (DI² de preferência)". "Distingo [...] dos niveles en las directivas [interpretativas] en cuestión: las directivas del primer nivel DI¹ determinan el modo en que el intérprete debería atribuir significado a una regla legal teniendo en cuenta los contextos relevantes de la regla, a saber, contextos linguístico, sistémico y funcional. Las directivas de segundo nivel DI² determinan cómo deberían utilizarse las DI¹ (DI² de procedimiento) y la manera de elegir entre los diferentes resultados de una aplicación de las DI¹ (DI² de preferencia)" (WRÓBLEWSKI, Jerzy. *Constitución y teoría general de la interpretación jurídica*. Tradução de Arantxa Azurza. 1. ed. reimp. Madrid: Civitas, 2001. p. 36).

(77) Américo Plá Rodriguez apresenta tais funções, tomando como base os ensinamentos de Frederico de Castro (RODRIGUEZ, Américo Plá. *Princípios de direito do trabalho*. Tradução de Wagner D. Giglio. São Paulo: LTr, 1978. p.18). O espanhol Manuel Ramón Alarcón Caracuel apresenta quatro funções principiológicas: "a) Función directiva general de todo el proceso de creacióndel Derecho, condicionando el contenido que haya de darse a lãs normas jurídicas em trace de elaboración; b) Función interpretativa, según la cual los principios sirven para precisar el significado de las normas escritas y su sentido o finalidad, así como ampliar o reducir su âmbito de vigencia o incluso para excluir su aplicación; c) Función integradora de lãs lagunas del sistema normativo [...]que permite al Juez resolver em Derecho los conflictos que se plantean en ausência total de norma escrita (y de costumbre, allí donde ésta es aplicable); d) Función constructiva, limitada al puro âmbito doctrinal, pero no por ello menos importante. Em este plano, los princípios actúan como estructuras mentales que permiten la sistematización de la matéria jurídica" (ALARCÓN CARACUEL, Manuel Ramón. La vigencia del principio "pro operário". *In*: MELGAR, Alfredo Montaya *et al*. *Cuestiones actuales de derecho del trabajo*. Estúdios ofrecidos por los catedráticos españoles de Derecho del Trabajo al profesor Manuel Afonso Olea. Madrid: Centro de Publicaciones Ministério de Trabajo y Seguridad Social, 1990. p. 863).

(78) DELGADO, Mauricio Godinho. *Curso de direito do trabalho*. São Paulo: LTr, 2005. p. 187. Ricardo Maurício denomina esta função de fundamentadora: "[...] no desempenho de sua função fundamentadora, os princípios são ideias básicas que servem de embasamento ao direito positivo, exprimindo as finalidades e as estimativas que inspiram a criação do ordenamento jurídico" (SOARES, Ricardo Maurício Freire. Reflexos sobre o princípio constitucional da dignidade da pessoa humana. *In*: ALMEIDA NETO, João Alves de (Coord). *As novas faces do direito do trabalho*: estudos em memória de Gilberto Gomes. Salvador: Quarteto, 2006. p. 362).

(79) Murilo Sampaio, utilizando-se de uma linguagem arquitetônica, assevera que: "Nesse momento, ao orientar o prumo do ordenamento a ser levantado, os princípios configuram-se como alicerces ou fundações do edifício

Já na fase jurídica[80], após a elaboração das regras, os princípios desempenham as funções normativa e interpretadora. Além de atuar como proposições ideais que viabilizam uma direção coerente na interpretação da regra e dos institutos jurídicos, iluminando a compreensão dos mesmos (função interpretadora), atuam como fonte normativa aplicável ao caso concreto (normativa)[81].

Todavia, não é mais possível entender essa função como no período positivista, quando os princípios serviam como elemento integrador[82]. Com o modelo pós-positivista, tornaram-se fonte primária de normatividade, corporificando os valores da ordem jurídica. Perderam o caráter supletivo, passando a ser utilizados como fonte imediata do Direito e aplicados a diversos casos concretos[83].

A premissa dessa nova visão da função normativa reside na afirmação de que os princípios têm "natureza de norma jurídica efetiva, e não simples enunciado programático não vinculante"[84], reconhecendo que estes possuem a mesma eficácia das regras.

A função normativa ganha maior relevo quando observada pelo viés hermenêutico. Nos processos de interpretação e aplicação da norma, os princípios jurídicos funcionam

---

jurídico em construção. Situam-se na fundação, localizados abaixo (e implicitamente) da estrutura do edifício que se apresenta, agregando a solidez e a perenidade necessária à obra que se levanta. E a sua implicitude, ou a não visualização, é considerada pela doutrina como atuação de fonte material do direito, e nessa qualidade, não vincula os operadores jurídicos, [...] pois as fontes materiais limitam-se a induzir os substratos econômicos, políticos e sociais que compõe a massa que forma o alicerce, o princípio, sem, contudo, integrar o próprio ordenamento" (OLIVEIRA, Murilo Sampaio Carvalho. *Repensando o princípio da proteção na contemporaneidade*. 2006. 200 f. Dissertação (Mestrado em Direito) — Faculdade de Direito, Universidade Federal da Bahia. Salvador, 2006. p. 112).

(80) A função informativa, apesar de encontrar-se, cronologicamente, inserida na fase pré-jurídica, ou seja, na fase de elaboração das normas-regras, não deixa produzir efeitos jurídicos. Por esse motivo, é preferível acrescentar a expressão *propriamente dita* à denominação *fase jurídica* (*fase jurídica propriamente dita*).

(81) Murilo Sampaio, por intermédio de uma linguagem metafórica, explana as funções em tela: "A atuação dos princípios, na segunda fase, não se liga à finalidade de fundamentar (estabelecer bases e alicerce) o ordenamento jurídico, pois esse já existe. Sua atuação dirige a aplicação do direito, com vistas a manter a coerência do manejo do sistema jurídico em relação à sua fundação principiológica. Numa linguagem arquitetônica, trata-se de garantir o alinhamento do edifício jurídico em expansão com o alicerce que lhe deu origem, impedindo que a utilização do prédio (aplicação e interpretação) ocorra para além da diretriz do princípio, o que importaria sua ruína, por ausência de fundação [...]" (OLIVEIRA, Murilo Sampaio Carvalho. *Repensando o princípio da proteção na contemporaneidade*. 2006. 200 f. Dissertação (Mestrado em Direito) — Faculdade de Direito, Universidade Federal da Bahia. Salvador, 2006. p. 112).

(82) Vale ressaltar que "a função normativa integrativa exige a existência de uma omissão legal e a recorrência a uma norma supletória. Essa função tem fundamento no princípio do *non liquet*, ou seja, na obrigação do magistrado decidir mesmo perante a inexistência de lei, mediante a utilização dos meios de integração do direito" (FERRAZ JÚNIOR, Tercio. *Introdução ao estudo do direito*. Técnica, decisão e dominação. 3. ed. São Paulo: Atlas, 2001. p. 264).

(83) Nesse sentido, Américo Plá Rodriguez, ao afirmar que "se os princípios do Direito do Trabalho podem ser considerados fontes do direito [...] a única função de caráter normativo que exercem é operar como fonte supletiva em caso de lacuna da lei. E essa função é exercida não por serem princípios, mas por constituir uma expressão da doutrina" (RODRIGUEZ, Américo Plá. *Princípios de direito do trabalho*. Tradução de Wagner D. Giglio. São Paulo: LTr, 1978. p. 47), incorre em dois equívocos. O primeiro por negar a natureza de fonte imediata dos princípios. Sendo este compreensível, uma vez que o paradigma predominante ao seu tempo era o positivista. Equivoca-se pela segunda vez, por entender que a função normativa supletiva só é exercida em razão da opinião da doutrina e da disposição expressa em lei, pois, com base no modelo positivista, a referida função é típica dos princípios, não por existir dispositivo legal atribuindo essa função ou por a doutrina defender esse entendimento, mas, sim, por sua posição no ordenamento jurídico. Serviam como base sobre a qual eram dispostas as regras, e nos espaços (lacunas) entres os dispositivos legais, eram visualizados, aplicando-os de forma supletiva.

(84) DELGADO, Mauricio Godinho. *Curso de direito do trabalho*. São Paulo: LTr, 2005. p. 18.

como padrões de legitimidade para a decisão do magistrado, conferindo maior força de convencimento. "Quanto mais o operador do direito procurar utilizá-los, no deslinde dos conflitos de interesses, mais legítima tenderá a ser a interpretação e a posterior decisão."[85]

Deve-se, ainda, observar que, apesar da pluralidade de funções, os princípios normalmente as exercem de forma cumulada. Um único princípio pode ser utilizado tanto na fase pré-jurídica como na jurídica propriamente dita, influenciando os legisladores na elaboração das leis, servindo como norte interpretativo e como norma contida no ordenamento apta a ser aplicada ao caso concreto.

1.2.2. Direitos fundamentais e princípios

Ao abordar o tema "direitos fundamentais", faz-se necessária a delimitação terminológica. Diversas são as expressões utilizadas indistintamente pela doutrina e pelos legisladores para representar tais direitos, quais sejam: direitos humanos, direitos fundamentais, direitos naturais, liberdades públicas, direitos públicos subjetivos, direitos morais etc. A presente obra limitar-se-á a apresentar a distinção conceitual entre as duas primeiras em face da relevância que elas assumem para este trabalho.

O âmbito de positivação dos direitos é utilizado como critério diferenciador das categorias supracitadas. Enquanto os direitos humanos são expressos nas declarações e tratados internacionais, os direitos fundamentais são positivados no ordenamento jurídico de um determinado Estado, especialmente na Constituição[86].

É interessante notar que a supradita distinção é restritiva por dois motivos. Primeiro, por enfatizar só o aspecto formal dos direitos fundamentais; segundo, por estar atrelada ao paradigma positivista.

De acordo com Robert Alexy, os direitos fundamentais são posições tão importantes que a sua garantia ou denegação não pode ficar nas mãos da simples maioria parlamentar ou do legislador ordinário, devendo estar inserido na Constituição. Todavia, a adoção do critério formal torna estreito o conceito de direitos fundamentais, limitando-os aos inseridos na Constituição de cada país[87].

---

(85) SOARES, Ricardo Maurício Freire. Reflexos sobre o princípio constitucional da dignidade da pessoa humana. *In:* ALMEIDA NETO, João Alves de (Coord). *As novas faces do direito do trabalho:* estudos em memória de Gilberto Gomes. Salvador: Quarteto, 2006. p. 363.

(86) "Nesse contexto enquadra-se a distinção conceitual formulada por Pérez Luño que adota como critério distintivo o 'diferente grau de concretização positiva'. Assim, o conceito de direitos humanos teria contorno mais amplo, abarcando numa significação descritiva os direitos reconhecidos nas declarações internacionais e, numa análise prescritiva, as exigências que num dado momento histórico referem-se aos valores da dignidade, liberdade e igualdade humanas, ainda que não positivados. Os direitos fundamentais, por outro lado, poderiam ser definidos de forma mais precisa e delimitada espacial e temporariamente, englobando apenas aqueles direitos garantidos pelo ordenamento jurídico positivo do estado, em especial pela constituição" (ZOLLINGER, Márcia Brandão. *Proteção processual aos direitos fundamentais.* Salvador: JusPodivm, 2006. p. 20).

(87) Ferrajoli também advoga uma definição formal de direitos fundamentais embasada única e exclusivamente no critério da titularidade universal, prescindindo da natureza dos interesses e necessidades tutelados, de tal sorte que fundamentais seriam aqueles direitos subjetivos que correspondem universalmente a todos os seres humanos (FERRAJOLI, Luigi. *Derechos y garantias.* La ley del más débil. Madri: Trotta, 1999. p. 37 *et seq).*

No Brasil, a utilização do critério formal levaria ao entendimento de que somente poderiam ser caracterizados como direitos fundamentais os inseridos no Título II da CF/88. No entanto, esse critério não se revela adequado à sistemática dos direitos fundamentais traçada pelo legislador constituinte pátrio no art. 5º, § 2º, da CF/88[88].

Para isso, o art. 5º, § 2º, da CF/88 deve ser entendido como uma "norma de fattispecie aberta"[89], que viabiliza a inserção de outros direitos fundamentais não dispostos diretamente no seu Título II[90]. Com base nessa interpretação, Ingo Wolfgang Sarlet afirma que os referidos direitos podem ser encontrados no Título II da CF/88, nos demais dispositivos constitucionais, nos tratados internacionais, bem como podem constituir direitos não escritos, sejam eles subentendidos nas normas definidoras de direitos e garantias fundamentais, ou decorrentes do regime e dos princípios adotados pela Constituição[91].

A segunda crítica à definição supracitada é a sua vinculação ao paradigma positivista. De acordo com a definição apresentada, apenas seriam direitos fundamentais os traduzidos em dispositivos legais. No entanto, há direitos fundamentais que são implícitos. Essa categoria jurídica, portanto, não se limita aos direitos reconhecidos e positivados no ordenamento jurídico.

O conceito clássico de direitos fundamentais revela-se insuficiente para abarcar os direitos materialmente fundamentais, já que a fundamentalidade não está vinculada apenas à forma, mas, principalmente, à substância.

A adoção da definição material de direitos fundamentais, ao admitir que a Constituição não esgota todas as posições jurídicas indispensáveis à manutenção da dignidade humana, dinamiza o ordenamento e atribui às Cortes Constitucionais competência para estipular novos direitos não escritos — implícitos ou decorrentes —, como também para alargar o conteúdo dos direitos tradicionais, ou, ainda, para atribuir *status* fundamental a direitos constantes das legislações infraconstitucionais[92].

---

(88) Art. 5º, § 2º, da CF/88 – Os direitos e garantias expressos nesta Constituição não excluem outros decorrentes do regime e dos princípios por ela adotados, ou dos tratados internacionais em que a República Federativa do Brasil seja parte.

(89) Termo utilizado por Canotilho ao tratar do art. 16º/1 da Constituição da Republica Portuguesa (CANOTILHO, José Joaquim Gomes. *Direito constitucional e teoria da Constituição*. 6. ed. Coimbra: Almedina, 2002. p. 403).

(90) A adoção de uma abertura constitucional aos direitos fundamentais é uma tradição do direito constitucional republicano brasileiro. Desde a Constituição de 1891 (art. 78), e sem exceções nas Cartas que a sucederam até a Constituição vigente, a tradição foi mantida. Assim, nas Constituições de 1934 (art.114), 1937 (art. 123), 1946 (art.144), 1967 (art. 150, § 35) e na Emenda n. 1 de 1969 (art. 153, § 36). Assim como nas ordens constitucionais mais próximas da brasileira como as Constituições Portuguesa de 1976 (art. 16, n. 1), Argentina (art. 33), do Peru (art. 4º), da Guatemala (art. 44), da Venezuela (art. 50) (SARLET, Ingo Wolfgang. *Eficácia dos direitos fundamentais*. 5. ed. Porto Alegre: Livraria do Advogado, 2003. p. 90-91).

(91) SARLET, Ingo Wolfgang. *Eficácia dos direitos fundamentais*. 3. ed. Porto Alegre: Livraria do Advogado, 2003. p. 86 *et seq*.

(92) A possibilidade de atribuição de *status* jusfundamental a dispositivos infraconstitucionais é controvertida na doutrina, sobretudo em sistemas em que não há autorização expressa na Constituição para isso, como é o caso do Brasil. Nesse sentido, Ingo Sarlet assevera que: "Também a tradição (sem qualquer exceção) do nosso direito constitucional aponta para uma exclusão da legislação infraconstitucional como fonte de direitos materialmente fundamentais,

O sistema de direitos fundamentais seria, então, composto pelas seguintes categorias de direitos: i) formal e materialmente fundamentais; ii) materialmente fundamentais; iii) apenas formalmente fundamentais[93].

Buscando superar a limitação do aspecto formalista e dar concretude ao conceito indeterminado de "direitos fundamentais" — uma vez que este está intimamente ligado a concepções políticas e ideológicas, bem como à noção de direito natural —, foram apresentados alguns critérios para o reconhecimento desta categoria jurídica.

A dignidade da pessoa humana foi apontada como critério de identificação das normas materialmente fundamentais. Tal critério foi adotado pela Alemanha, ampliando a concepção material dos direitos fundamentais[94].

Já José Carlos Vieira de Andrade, apesar de sublinhar a unidade de sentidos conferida pelo princípio da dignidade da pessoa humana ao conjunto dos preceitos relativos aos direitos fundamentais, esboça entendimento restritivo para identificar materialmente tais direitos, apontando três critérios: i) o "radical subjetivo"[95], ou seja, a consagração de posição jurídica subjetiva individual; ii) destinação direta à garantia de bens jurídicos pessoais ou de posições ou relações pessoais; e iii) referência à ideia de homem e à sua dignidade[96].

---

até mesmo pelo fato de nunca ter havido qualquer referência à lei nos dispositivos que consagram a abertura de nosso catálogo de direitos, de tal sorte que nos posicionamos, em princípio pela inadmissibilidade dessa espécie de direitos fundamentais em nossa ordem constitucional. Todavia, a despeito desse entendimento, não nos parece de todo arrazoada uma interpretação de cunho extensivo que venha admitir uma abertura do catálogo dos direitos fundamentais também para posições jurídicas relevadas, expressamente, antes pela legislação infraconstitucional, já que, por vezes, é o legislador ordinário que se pode atribuir o pioneirismo de recolher valores fundamentais para determinada sociedade e assegurá-los juridicamente, antes mesmo de uma constitucionalização" (SARLET, Ingo Wolfgang. *Eficácia dos direitos fundamentais*. 3. ed. Porto Alegre: Livraria do Advogado, 2003. p. 93).

(93) Esta última categoria é extremamente controvertida. Segundo Jorge Miranda, não é possível falar em direitos apenas formalmente fundamentais, porque todo preceito, mesmo quando aparentemente irrelevante, tem importância para a interpretação do sistema, exerce e recebe o influxo de outras disposições e princípios (MIRANDA, Jorge. *Manual de direito constitucional*. 2. ed. Coimbra: Coimbra, 1993. v. IV, p. 9). Em sentido contrário, Viera de Andrade: "[...] poderá haver preceitos incluídos no catálogo que não incluem a matéria de direitos fundamentais, ou seja, numa linguagem simplificada, direitos formalmente fundamentais" (VIEIRA DE ANDRADE, José Carlos. *Os direitos fundamentais na Constituição portuguesa de 1976*. Coimbra: Almedina, 1998. p. 78).

(94) De acordo com Robert Alexy, a Lei Fundamental Alemã adota o referido critério (ALEXY, Robert. *Teoria de los derechos fundamentales*. Tradução de Ernesto Garzón Valdés. 1. ed. 3. reimp. Madrid: Centro de Estudios Políticos y Constitucionales, 2002. p. 69-70).

(95) De acordo com Ingo Sarlet: "Encontramos semelhante posição no direito alemão, onde se aponta para a necessária e íntima conexão entre a norma em exame ('candidata' a ser guindada à posição de direito fundamental) com norma constitucional que consagra direito subjetivo (v. K. Stern, Staatrecht III/1.p.361.),consignando-se aqui o sentido elástico e não o limitado à ideia de direito subjetivo na condição de diretamente justificável. O mesmo autor (ob. cit., p. 367) ainda aponta para a estreita relação entre a maior parte (para não dizer quase que a totalidade) dos direitos fundamentais e a pessoa individual, ressaltando, nesse contexto, a existência de um radical subjetivo no sentido advogado por Viera de Andrade" (SARLET, Ingo Wolfgang. *Eficácia dos direitos fundamentais*. 3. ed. Porto Alegre: Livraria do Advogado, 2003. p. 128).

(96) VIEIRA DE ANDRADE, José Carlos. *Os direitos fundamentais na Constituição portuguesa de 1976*. Coimbra: Almedina, 1998. p. 84. Nesse sentido, também afirma Ana Beatriz Lisboa Pereira, ressaltando que se deve observar que: "a) todos os direitos fundamentais sempre atribuem posições juridicamente subjetivas a todos os indivíduos; b) a função de todos os direitos fundamentais é a proteção de determinados bens jurídicos das pessoas ou de certo

A adoção do "radical subjetivo" como critério distintivo dos direitos materialmente fundamentais sofreu crítica de José Joaquim Gomes Canotilho, por conduzir a resultados constitucionalmente inadequados, uma vez que os direitos fundamentais têm por base não o homem individual, mas o homem inserido em relações sociais, políticas e econômicas e em grupos de diferentes natureza e função, embasando a consagração de direitos fundamentais de associações e organizações (direitos de pessoas coletivas)[97].

Para o referido autor, o critério de José Carlos Vieira de Andrade não é totalmente descabido, devendo apenas ser complementado e adaptado para englobar os direitos sociais e encontrar a devida inserção no contexto global do regime e dos princípios fundamentais constitucionais, além de guardarem relação com as normas contidas no catálogo da Constituição Federal[98].

Nesse sentido, para caracterizarem-se como materialmente fundamentais, os direitos deveriam possuir como fundamento o princípio da dignidade humana, decorrer do regime ou princípios fundamentais constitucionais, ou guardar relação direta com as normas contidas no Título II da CF/88.

Dentre os conceitos apresentados, prefere-se adotar a conceituação formulada por Ingo Sarlet, pois "conjuga a fundamentalidade formal e material sem perder a abertura ao reconhecimento de novas normas de direitos fundamentais"[99].

> Direitos fundamentais são, portanto, todas aquelas posições jurídicas concernentes às pessoas, que, do ponto de vista do direito constitucional positivo, foram por seu conteúdo e importância (fundamentalidade em sentido material), integradas ao texto da Constituição e, portanto, retiradas da esfera de disponibilidade dos poderes constituídos (fundamentalidade formal), bem como as que, por seu conteúdo e significado, possam lhes ser equiparados, agregando-se à Constituição Material, tendo, ou não, assento na Constituição formal (aqui considerada a abertura material do Catálogo).[100]

Em relação à abertura constitucional apresentada, José Carlos Vieira de Andrade adverte para o excessivo reconhecimento de novos direitos e/ou alargamento dos direitos já existentes, recomendando a "contenção dentro dos limites do razoável, para que não provoque o amolecimento e a descaracterização do conceito de direito fundamental"[101].

---

conteúdo das suas posições ou relações na sociedade; c) há, em todos, a intenção específica que se expressa no princípio da dignidade da pessoa humana"(PEREIRA, Ana Beatriz Lisboa. *A interpretação conforme a Constituição e seus limites*. 2007. 170 f. Dissertação (Mestrado em Direito) — Faculdade de Direito, Universidade Federal da Bahia. Salvador, 2007. p. 84).

(97) CANOTILHO, José Joaquim. *Direito constitucional e teoria da Constituição*. 6. ed. Coimbra: Almedina, 2002. p. 406-407.
(98) CANOTILHO, José Joaquim. *Direito constitucional e teoria da Constituição*. 6. ed. Coimbra: Almedina, 2002. p. 406-407.
(99) ZOLLINGER, Márcia Brandão. *Proteção processual aos direitos fundamentais*. Salvador: JusPodivm, 2006. p. 33-35.
(100) SARLET, Ingo Wolfgang. *Dignidade da pessoa humana e direitos fundamentais*. 3. ed. Porto Alegre: Livraria do Advogado, 2003. p. 89.
(101) VIEIRA DE ANDRADE, José Carlos. *Os direitos fundamentais na Constituição portuguesa de 1976*. Coimbra: Almedina, 1998. p. 84.

Uma vez conhecidos os elementos caracterizadores dos direitos fundamentais, tanto no aspecto formal quanto no material, resta demonstrar que os mesmos podem ser veiculados por intermédio de princípios e/ou regras e, consequentemente, produzir os seus efeitos.

1.2.2.1. Direitos fundamentais como regras e/ou princípios

As normas podem ser classificadas em regras e princípios. Os direitos fundamentais também podem apresentar-se por intermédio dessas duas espécies, uma vez que possuem estrutura normativa.

Ao tratar da estrutura normativa dos direitos fundamentais, Robert Alexy, preliminarmente, faz a distinção entre regra e princípios. Acredita que essa distinção é a base da fundamentação jusfundamental e chave para solução de problemas centrais da dogmática dos direitos fundamentais.

O autor explica que os direitos fundamentais devem vir por intermédio de princípios, principalmente aqueles que sejam relevantes para fundamentar decisões jusfundamentais[102]. Continua asseverando que, existindo colisões entre princípios que tragam em seu bojo direitos fundamentais, deve-se aplicar a ponderação como procedimento de solução dos mesmos. Assim, esclarece Cláudia Toledo: "Há uma abertura semântica e estrutural das normas jusfundamentais, especialmente em face de seu *caráter principiológico por excelência*, o que, como dito, implica a necessidade de *ponderações*"[103].

Pelo fato de os direitos fundamentais serem marcados pela historicidade, pela indisponibilidade, por possuírem caráter axiológico, o princípio mostra-se como veículo mais adequado para positivar tais normas, uma vez que este possui maior maleabilidade e facilidade para adaptação ao contexto e aos valores existentes na sociedade. Outro fundamento para a essência principiológica dos direitos fundamentais é a sua dimensão objetiva. Exercem funções típicas de princípios, quando atuam como decisões valorativas de natureza jurídico-objetivas, com eficácia em todo o ordenamento jurídico e fornecendo diretrizes para os órgãos legislativo, judiciário e executivo. Todavia, nada impede que venham por intermédio de regras, como, "por exemplo, por meio de garantias e cláusulas restritivas"[104].

Segundo Robert Alexy, o modelo ideal para a constituição de uma norma de direito fundamental é aquela que vincula um nível de princípios com um nível de regras[105]. A vinculação aos níveis citados surgiria quando, "na formulação da norma de direito fundamental, se inclui uma cláusula restritiva (típica das regras) referente a um princípio

---

(102) ALEXY, Robert. *Teoría de los derechos fundamentales*. Tradução de Ernesto Garzón Valdés. 1. ed. 3. reimpr. Madrid: Centro de Estudios Políticos y Constitucionales, 2002. p. 130.

(103) TOLEDO, Cláudia. A argumentação jusfundamental em Robert Alexy. *In:* MERLE, Jean-Cristophe; MOREIRA, Luiz (Orgs.). *Direito e legitimidade*. São Paulo: Landy, 2003. p. 237.

(104) DELGADO, Gabriela Neves. *Direito fundamental ao trabalho digno*. São Paulo: LTr, 2006. p. 68.

(105) ALEXY, Robert. *Teoría de los derechos fundamentales*. Tradução de Ernesto Garzón Valdés. 1. ed. 3. reimpr. Madrid: Centro de Estudios Políticos y Constitucionales, 2002. p. 130.

e, portanto, sujeita à ponderação (efeito típico dos princípios)"[106]. Conclui, portanto, que as normas jusfundamentais revelam em si caráter duplo, ou seja, exteriorizam-se ao mesmo tempo como regras e princípios[107].

Nesse sentido, tanto os princípios quanto as regras trabalhistas garantidoras do patamar civilizatório mínimo do trabalhador possuem a natureza de norma jusfundamental, produzindo os efeitos típicos desta categoria. Para isso, basta preencher os requisitos formais e materiais dos direitos fundamentais, já expostos em tópico anterior.

Em regra, os princípios trabalhistas preenchem os requisitos em tela, uma vez que, assim como os direitos fundamentais, podem ser encontrados positivados na Constituição, em normas infraconstitucionais, tratados internacionais ou até de forma implícita no sistema (aspecto formal). Também possuem o escopo de garantir o mínimo existencial e a dignidade do trabalhador (aspecto material).

Chegada a essa conclusão, passar-se-á à análise dos efeitos dos direitos fundamentais.

1.2.2.2. Perspectivas dos direitos fundamentais

Antes de abordar acerca da eficácia dos direitos fundamentais, faz-se necessária a exposição sobre a dupla perspectiva revelada pelos direitos fundamentais. Como indica José Carlos Vieira de Andrade:

> [...] quando se fala de direitos fundamentais (numa perspectiva jurídico-constitucional) refere-se, umas vezes, ao conjunto dos preceitos normativos que definem, pelo lado positivo, o estatuto fundamental dos indivíduos e cidadãos na sociedade política; outras vezes, tem-se em mente designar as posições jurídicas subjetivas atribuídas ou reconhecidas aos indivíduos e cidadãos por esses mesmos preceitos normativos[108].

Possuem, portanto, duas dimensões[109]: uma subjetiva e outra objetiva. São ao mesmo tempo direitos subjetivos e elementos objetivos.

Fruto da segunda dimensão dos direitos fundamentais, a perspectiva objetiva[110] é considerada uma das mais relevantes formulações do direito constitucional contemporâneo.

---

(106) "Para justificar o caráter duplo das normas jusfundamentais, cria um exemplo, por meio da seguinte construção lógica: 1) A arte é livre. 2) Estão proibidas as intervenções do Estado em atividades que pertençam ao campo da arte. 3) Estão proibidas as intervenções do Estado em atividades que pertençam ao campo da arte quando não são necessárias para o cumprimento de direitos fundamentais de terceiros ou bens coletivos. Se as intervenções forem necessárias, terão precedência frente ao princípio da liberdade de arte (essa é uma cláusula restritiva). T e não S = R. T= Intervenção estatal no campo artístico. S = Cumprimento de toda cláusula artística. R = Consequência jurídica emanada por meio de uma proibição jusfundamental (Tradução Nossa)". DELGADO, Gabriela Neves. *Direito fundamental ao trabalho digno*. São Paulo: LTr, 2006. p. 68.

(107) ALEXY, Robert. *Teoría de los derechos fundamentales*. Tradução de Ernesto Garzón Valdés. 1. ed. 3. reimpr. Madrid: Centro de Estudios Políticos y Constitucionales, 2002. p. 138.

(108) ANDRADE, José Carlos Vieira de. *Os direitos fundamentais na Constituição portuguesa de 1976*. Coimbra: Almedina, 1998. p.76.

(109) O termo "dimensões" é criticado pela possibilidade de confusão com as gerações dos direitos fundamentais.

(110) São expressões sinônimas ao termo dimensão objetiva dos direitos fundamentais, extraídas da doutrina e da jurisprudência: ordem objetiva de valores, sistema de valores, decisões constitucionais fundamentais, direitos fundamentais como normas objetivas, diretrizes, impulsos e perspectiva objetiva.

Impulsionada com o advento da Lei Fundamental Alemã, a referida perspectiva foi relatada no paradigmático caso Lüth, consignando que os direitos fundamentais não se limitam à função precípua de serem direitos subjetivos de defesa do indivíduo contra atos do Poder Público, mas que, além disso, constituem decisões valorativas de natureza jurídico-objetivas da Constituição, com eficácia em todo o ordenamento jurídico e que fornecem diretrizes para os órgãos legislativo, judiciário e executivo[111]. Corresponde a "um reforço de juridicidade às normas de direitos fundamentais, numa espécie de 'mais valia jurídica'"[112], viabilizando a sua imposição perante os órgãos estatais.

Em face da definição supradita, há dois aspectos distintos e inconfundíveis da dimensão objetiva dos direitos fundamentais: o *axiológico* e o *reforço de jurisdicidade*, denominados por José Carlos Vieira de Andrade de *dimensão valorativa ou funcional* e *dimensão jurídica estrutural*, respectivamente[113].

O aspecto *axiológico* da perspectiva objetiva dos direitos fundamentais representa a ordem de valores fundamentais de uma determinada sociedade. Este aspecto impõe: i) o dever de valorar a eficácia dos direitos fundamentais sob a perspectiva coletiva, e não apenas sob o ponto de vista dos indivíduos — as normas jusfundamentais devem ser valoradas sob a perspectiva da comunidade, uma vez que expressam valores e fins que a sociedade almeja[114]; ii) eficácia dirigente em relação aos órgãos do Legislativo, Executivo e Judiciário para que estes realizem positivamente os direitos fundamentais[115]; e iii) a adoção dos direitos fundamentais como parâmetro para o controle de constitucionalidade[116]. O aspecto *reforço de jurisdicidade* dos direitos fundamentais atribui a eles

---

(111) SARLET, Ingo Wolfgang. *Eficácia dos direitos fundamentais*. 5. ed. Porto Alegre: Livraria do Advogado, 2005. p. 157.

(112) ZOLLINGER, Márcia Brandão. *Proteção processual aos direitos fundamentais*. Salvador: JusPodivm, 2006. p. 37.

(113) VIEIRADE ANDRADE, José Carlos. *Os direitos fundamentais na Constituição portuguesa de 1976*. Coimbra: Almedina, 1998. p. 145.

(114) "Como uma das implicações diretamente associadas à dimensão axiológica da função objetiva dos direitos fundamentais, uma vez que decorrente da ideia de que estes incorporam e expressam determinados valores objetivos fundamentais da comunidade, está a constatação de que os direitos fundamentais (mesmos os clássicos direitos de defesa) devem ter sua eficácia valorada não só sob o ângulo individualista, isto é, com base no ponto de vista da pessoa individual e sua posição perante o Estado, mas também sob o ponto de vista da sociedade, da comunidade na sua totalidade já que se cuida de valores fins que esta deve respeitar e concretizar" (SARLET, Ingo Wolfgang. *Eficácia dos direitos fundamentais*. 3. ed. Porto Alegre: Livraria do Advogado, 2003. p. 160). Nesse mesmo sentido, José Carlos Vieira de Andrade (VIEIRA DE ANDRADE, José Carlos. *Os direitos fundamentais na Constituição portuguesa de 1976*. Coimbra: Almedina, 1998. p. 145).

(115) "Outro desdobramento estreitamente ligado à perspectiva objetivo-valorativa dos direitos fundamentais diz com o que se poderia denominar de eficácia dirigente que estes (inclusive os que precipuamente exercem a função de direitos subjetivos) desencadeiam em relação aos órgãos estatais. Nesse contexto, afirma-se conterem os direitos fundamentais uma ordem dirigida ao Estado no sentido de que a este incumbe a obrigação permanente de concretização e realização dos direitos fundamentais" (SARLET, Ingo Wolfgang. *Eficácia dos direitos fundamentais*. 3. ed. Porto Alegre: Livraria do Advogado, 2003. p. 161).

(116) ZOLLINGER, Márcia Brandão. *Proteção processual aos direitos fundamentais*. Salvador: JusPodivm, 2006. p. 38. "Sem prejuízo das demais funções já referidas, os direitos fundamentais, na condição de normas que incorporam determinados valores e decisões essenciais que caracterizam sua fundamentalidade, servem, na sua qualidade de normas de direito objetivo e independentemente de sua perspectiva subjetiva, como parâmetro para controle de constitucionalidade das leis e demais atos normativos estatais" (SARLET, Ingo Wolfgang. *Eficácia dos direitos fundamentais*. 5. ed. Porto Alegre: Livraria do Advogado, 2005. p. 161). Nesse mesmo sentido, José Carlos Vieira de Andrade (VIEIRA DE ANDRADE, José Carlos. *Os direitos fundamentais na Constituição portuguesa de 1976*. Coimbra: Almedina, 1998. p. 161).

efeitos jurídicos autônomos, para além da perspectiva subjetiva. Com o referido reforço da eficácia normativa, os direitos fundamentais passam a possuir:

i) Eficácia irradiante (*Ausstrahlungswirkung*), permitindo que sirvam de diretrizes de interpretação e aplicação das normas dos demais ramos do Direito[117];

ii) Eficácia horizontal (*Drittwirkung*), ou seja, eficácia dos direitos fundamentais nas relações privadas[118];

iii) A característica de garantias institucionais, no sentido de proteger as instituições do efeito erosivo do legislador;

iv) O dever de proteção, obrigando o Poder Público a adotar medidas que confiram proteção fática e normativa efetiva aos direitos fundamentais contra as agressões e ameaças de terceiros;

v) Predisposição para de servir de parâmetro à criação e estruturação de organizações e procedimentos que auxiliem na efetivação da proteção aos direitos fundamentais[119].

De forma resumida, Paulo Bonavides apresenta as principais consequências para o ordenamento jurídico, da dimensão objetiva dos direitos fundamentais nos seguintes pontos:

i) A constitucionalização dos ramos do direito privado e, consequentemente, a irradiação dos efeitos desses direitos às relações jurídicas privadas, dissolvendo "a exclusividade do confronto subjetivo imediato entre indivíduo e a máquina estatal";

ii) A conversão desses direitos em princípios;

iii) Eficácia vinculante para os três poderes;

---

(117) "Como primeiro desdobramento de uma força jurídica objetiva dos direitos fundamentais, costuma apontar-se para o que a doutrina alemã denominou de eficácia irradiante (*Ausstrahlungswirkung*) dos direitos fundamentais, no sentido de que estes, na sua condição de direitos objetivos, fornecem impulsos e diretrizes para a aplicação e interpretação do direito infraconstitucional, o que, além disso, apontaria para a necessidade de uma interpretação conforme os direitos fundamentais, que, ademais, pode ser considerada — ainda que com restrições — como modalidade semelhante à difundida técnica hermenêutica da interpretação conforme a Constituição" (SARLET, Ingo Wolfgang. *Eficácia dos direitos fundamentais*. 3. ed. Porto Alegre: Livraria do Advogado, 2003. p. 162).

(118) "Associada a esse efeito irradiante dos direitos fundamentais encontra-se a problemática da sua eficácia na esfera privada, também abordada sob a denominação de eficácia horizontal, ou *Drittwirkung* [...] a ideia de os direitos fundamentais irradiarem efeitos também nas relações privadas e não constituírem apenas direitos oponíveis aos poderes públicos vem sendo considerada um dos mais relevantes desdobramentos da perspectiva objetiva dos direitos fundamentais" (SARLET, Ingo Wolfgang. *Eficácia dos direitos fundamentais*. 3. ed. Porto Alegre: Livraria do Advogado, 2003. p. 162-163).

(119) ZOLLINGER, Márcia Brandão. *Proteção processual aos direitos fundamentais*. Salvador: JusPodivm, 2006, p. 38. "Por derradeiro, não poderíamos deixar de mencionar – como último importante desdobramento da perspectiva objetiva – a função outorgada aos direitos fundamentais sob o aspecto de parâmetros para criação e constituição de organizações (ou instituições) estatais e para o procedimento. Nesse sentido, sustenta-se que com base no conteúdo das normas de direitos fundamentais é possível se extrair consequências para a aplicação e interpretação das normas procedimentais, mas também para uma formatação do direito organizacional e procedimental que auxilie na efetivação da proteção aos direitos fundamentais, de modo a se evitarem os riscos de uma redução do significado do conteúdo material deles" (SARLET, Ingo Wolfgang. *Eficácia dos direitos fundamentais*. 3. ed. Porto Alegre: Livraria do Advogado, 2003. p. 165).

iv) Eficácia direta e imediata, com a consequente superação do conceito de norma programática;

v) A consolidação dos direitos fundamentais como ordens de valores;

vi) Aquisição de um duplo caráter: conservam a dimensão subjetiva e recebem uma nova qualidade, qual seja a dimensão objetiva;

vii) A elaboração do conceito de *concretização de grau constitucional*, que legitima a atividade das cortes constitucionais em matéria de direitos fundamentais;

viii) A vinculação dessa atividade de concretização ao princípio da proporcionalidade;

ix) A introdução do conceito de pré-compreensão, "sem o qual não há concretização"[120].

Já na perspectiva subjetiva, os direitos fundamentais representam a possibilidade que tem o seu titular de impor judicialmente seus interesses, porquanto estes passam à órbita dos bens juridicamente tuteláveis. Assim assevera Ingo Sarlet:

> Nesse contexto, quando — no âmbito da assim denominada perspectiva subjetiva — falamos de direitos fundamentais subjetivos, estamo-nos referindo à possibilidade que tem o seu titular (considerando como tal a pessoa individual ou ente coletivo a quem é atribuído) de fazer valer judicialmente os poderes, as liberdades ou mesmo o direito à ação ou às ações negativas ou positivas que lhe foram outorgadas pela norma consagradora do direito fundamental em questão[121].

A referida definição de direitos fundamentais subjetivos toma por base a classificação proposta por Robert Alexy. Para esse autor, é possível distinguir três posições fundamentais integrativas de um direito fundamental subjetivo: a) o direito a ações negativas ou positivas do Estado e/ou de particulares; b) as liberdades, ou seja, a vedação a exigências e proibições que atinjam o campo das liberdades fundamentais; c) os poderes, ou seja, autorizações de agir[122]. Associada a essa dimensão, ainda é possível o reconhecimento da exigibilidade, que significa a possibilidade de fazê-los valer judicialmente.

Apresentadas as distinções e os desdobramentos das dimensões dos direitos fundamentais, faz-se necessário tecer algumas linhas sobre a eficácia dos direitos fundamentais.

1.2.2.3. Eficácia dos direitos fundamentais

Influenciada por outras ordens constitucionais[123], a CF/88 no § 1º do art. 5º [124] atribuiu eficácia imediata aos direitos fundamentais. No entanto, não delimitou a abrangência deste dispositivo.

---

(120) BONAVIDES, Paulo. *Curso de direito constitucional*. 13. ed. 2. tir. São Paulo: Malheiros, 2003. p. 541-542.

(121) SARLET, Ingo Wolfgang. *Eficácia dos direitos fundamentais*. 5. ed. Porto Alegre: Livraria do Advogado, 2005. p. 169.

(122) ALEXY, Robert. *Teoría de los derechos fundamentales*. Tradução de Ernesto Garzón Valdés. 1. ed. 3. reimpr. Madrid: Centro de Estudios Políticos y Constitucionales, 2002. p. 177 e s.

(123) O constituinte brasileiro foi influenciado por outras ordens constitucionais tais como a portuguesa (art. 18/1 da Constituição de Portugal), a Uruguaia (art. 332 da Constituição do Uruguai), e a Alemã (art. 1º, inc. III, da Lei Fundamental da Alemanha).

(124) O art. 5º, § 1º, da CF/88 dispõe que: "As normas definidoras dos direitos e garantias fundamentais têm aplicação imediata".

Em que pese o fato da posição topográfica sugerir a sua aplicação apenas aos direitos individuais e coletivos, sua interpretação literal e teleológica conduz a outro resultado.

O dispositivo em tela adota a expressão "direitos e garantias fundamentais", tal como consignado no Título II da CF/88, o que permite afirmar, com base numa interpretação literal, que a eficácia imediata não se limita aos direitos e garantias contidos no art. 5º.

Convém salientar que, conforme exposto no tópico anterior referente à amplitude do § 2º do art. 5º da CF/88, o rol do Título II é apenas exemplificativo, podendo ser encontrados direitos e garantias fundamentais não só ao longo de toda a Constituição, bem como em tratados internacionais, leis infraconstitucionais e até de forma implícita[125]. Portanto, independentemente da localização e de sua positivação, os direitos fundamentais possuem eficácia imediata.

No entanto, nem toda norma constitucional possui natureza de direito fundamental. Apesar da abertura constitucional do § 2º do art. 5º, deve-se aplicar o § 1º do citado artigo apenas aos direitos fundamentais e não a todas as normas constitucionais[126].

Mesmo o legislador constituinte não distinguindo os direitos fundamentais quanto ao grau de eficácia, levando a crer que todos possuem o mesmo grau eficacial, não é possível adotar essa conclusão simplista.

As normas de direitos fundamentais têm densidades normativas e funções diferenciadas. Para a verificação do grau de eficácia[127], é necessário classificar os direitos fundamentais com base nas funções que eles podem assumir. Entre as mais importantes classificações funcionais estão as apresentadas por Jellinek, Robert Alexy, Canotilho e, no Brasil, por Ingo Sarlet e Pereira de Farias [128].

No primeiro momento, todas as classificações convergem-se, dividindo os direitos fundamentais em direitos de defesa e direitos a prestações. A partir desse momento, passa a existir divergência quanto à subdivisão dos direitos a prestações[129].

---

(125) Reforça esse entendimento o fato de inexistir vedação expressa e a *ratio* da norma que dá amparo ao reconhecimento de direitos fora do catálogo. Os doutrinadores lusitanos, *v.g.* José Joaquim Gomes Canotilho e Vieira de Andrade, também sustentam que (além dos direitos sociais, econômicos, e culturais, por expressamente excluídos do regime) todos os direitos, liberdades e garantias de natureza análoga, ainda que localizados fora do texto da Constituição, constituem normas diretamente aplicáveis.

(126) Nem todas as normas constitucionais cuidam de direitos fundamentais, como exemplo aquela constante do § 2º do art. 242, da CF/88 (Art. 242. O princípio do art. 206, IV, não se aplica às instituições educacionais oficiais criadas por lei estadual ou municipal e existentes na data da promulgação desta Constituição, que não sejam total ou preponderantemente mantidas com recursos públicos. [...] § 2º – O Colégio Pedro II, localizado na cidade do Rio de Janeiro, será mantido na órbita federal).

(127) Para Ingo Sarlet, a questão da eficácia dos direitos fundamentais depende da forma de positivação, do objeto e da função que cada preceito desempenha, reconhecendo, de qualquer sorte, que os referidos direitos encontram-se em posição privilegiada, gozando de uma presunção de eficácia de acordo com o art. 5º, § 1º, da CF/88 (SARLET, Ingo Wolfgang. *Eficácia dos direitos fundamentais*. 5. ed. Porto Alegre: Livraria do Advogado, 2003. p. 265-267).

(128) A proposta classificatória dos direitos fundamentais baseada na função desempenhada por eles foi inicialmente formulada por Jellinek, e posteriormente foi absorvida por Alexy e Canotilho e recepcionada, com as devidas adaptações, na doutrina nacional pelos autores Ingo Sarlet, Pereira de Farias e Suzana de Toledo Barros.

(129) Como a exposição acerca das classificações existentes é apenas instrumental para demonstrar o grau de eficácia existente em cada direito fundamental, bem como o estudo mais aprofundado ensejaria uma abordagem autônoma

Para Ingo Sarlet, os direitos a prestações classificam-se em *direitos a prestações em sentido amplo* e *direitos a prestações em sentido estrito*, sendo que o primeiro subdivide-se em duas categorias: *direitos à proteção e direito à participação na organização e procedimento*.

É válido consignar que a divisão supramencionada não corresponde exatamente às dimensões dos direitos fundamentais. Adota como critério classificatório a carga predominante de cada grupo de direitos fundamentais, sendo que os direitos prestacionais e os de defesa detêm uma parcela de cada característica.

Os direitos de defesa impõem uma obrigação de abstenção por parte dos poderes públicos, implicando para estes um dever de respeito a determinados interesses individuais.

Os direitos fundamentais cumprem a função de direitos de defesa sob dupla perspectiva: i) "constituem, num plano jurídico-objetivo, normas de competência negativa para os poderes públicos, proibindo fundamentalmente as ingerências destes na esfera individual"[130]; ii) "implicam, em um plano jurídico-subjetivo, o poder de exercer positivamente direitos fundamentais (liberdade positiva) e de exigir omissão dos poderes públicos, de forma a evitar agressões lesivas por parte dos mesmos"[131].

A função defensiva dos direitos fundamentais não veda a intervenção estatal no âmbito da liberdade pessoal, mas apenas vincula a ingerência dos Poderes Públicos a determinadas condições e pressupostos de natureza material e procedimental. Não pretende excluir a intervenção do Estado nas relações privadas, mas, sim, garantir a livre manifestação da personalidade, assegurando uma esfera de autodeterminação do indivíduo.

A visão dos direitos fundamentais apenas pelo viés defensivo restou obtusa em face da evolução do Estado de Direito, de matriz liberal-burguesa, para o Estado democrático e social de Direito. Servindo como mecanismo de adequação à evolução mencionada, os direitos a prestações ganharam relevância, impondo a adoção de uma posição ativa do Estado frente aos direitos fundamentais.

---

fora dos propósitos deste estudo, o autor limita-se a apresentar no corpo de texto a classificação do referencial teórico adotado, qual seja Ingo Sarlet. No entanto, não deixará de apresentar sumariamente, na presente nota de rodapé, a classificação de autores. "Em que pese a consensual subdivisão do grupo dos direitos a prestações em dois grupos, verifica-se que para o Prof. Canotilho os direitos a prestação podem ser classificados em direitos ao acesso e utilização de prestações estaduais (por sua vez subdivididos em direitos derivados e direitos originários a prestações) e, por outro lado, em direitos à participação na organização e procedimentos. Já para Alexy, os direitos a prestações abrangem os direitos prestacionais em sentido amplo (direitos à proteção e direitos à organização e ao procedimento), bem como os direitos a prestações *stricto sensu*, que identifica com os direitos sociais de natureza positiva. De acordo com a proposta de Pereira de Farias — e, portanto, dos que notadamente optaram por uma fidelidade maior ao modelo Jellinek (na formulação que lhe foi dada por Vieira de Andrade) —, o grupo dos direitos a prestações encontra-se subdividido nos direitos a prestações jurídicas e nos direitos a prestações materiais. Além disso, Pereira de Farias não inclui os direitos à participação na organização e procedimento no grupo dos direitos prestacionais, preferindo, em vez disso, formar um terceiro grande grupo (ao lado dos direitos de defesa e direitos a prestações), que intitulou de direitos fundamentais de participação, e que, na sua ótica, corresponderia ao *status activus* de Jellinek, abrangendo os direitos políticos" (SARLFT, Ingo Wolfgang. *Eficácia dos direitos fundamentais*. 3. ed. Porto Alegre: Livraria do Advogado, 2003. p. 178).

(130) CANOTILHO, José Joaquim Gomes. *Direito constitucional e teoria da Constituição*. 6. ed. Coimbra: Almedina, 2002.p. 552.

(131) CANOTILHO, José Joaquim Gomes. *Direito constitucional e teoria da Constituição*. 6. ed. Coimbra: Almedina, 2002.p. 552.

Os direitos a prestações vinculam o Estado a uma postura ativa, no sentido de que se encontra obrigado a colocar à disposição dos indivíduos prestações de natureza jurídica e material (fática).

Os direitos fundamentais laborais são, na sua grande maioria, direitos sociais, sendo que estes se enquadram, na sua maior parte, entre os direitos prestacionais. Há autores[132] que chegam a asseverar que os citados direitos constituem espécie do gênero direito a prestações, mesmo tendo certa carga eficacial negativa. Possuem a carga preponderantemente positiva, uma vez que seu principal objetivo é realizar e garantir os pressupostos materiais para uma efetiva fruição das liberdades.

O fato de os direitos fundamentais sociais exigirem prestações positivas para sua efetivação, necessitando da efetiva distribuição e criação de bens materiais, impõe uma análise mais acurada sobre a eficácia dessa categoria.

Enquanto a plena e imediata eficácia dos direitos de defesa não costuma ser questionada, uma vez que estes não dependem de qualquer prestação Estatal, mas, sim, de mera abstenção[133], o mesmo não se pode afirmar com relação aos direitos sociais, ao menos quando considerados na sua dimensão prestacional.

Pelo fato de os direitos sociais prestacionais terem como objeto prestações estatais diretamente vinculadas à destinação, distribuição (e redistribuição), bem como à criação de bens materiais[134], possuem uma dimensão economicamente relevante. Para sua realização, é necessária a alocação de recursos, o que depende, em última análise, da conjuntura econômica, já que aqui está em causa a possibilidade de os órgãos jurisdicionais imporem ao Poder Público a satisfação das prestações reclamadas.

Tendo em vista que o Estado possui recursos limitados, reconhece-se, no mais das vezes, que tais direitos sujeitam-se à *reserva do possível*, a qual deve ser "compreendida no seu sentido amplo, abrangendo tanto a possibilidade quanto o poder de disposição por parte do destinatário da norma"[135].

Limitados pela *reserva do possível*, os direitos sociais prestacionais, normalmente, são positivados de forma aberta, vaga e veiculados por normas de cunho programático[136]. Mesmo nesses casos, os direitos fundamentais sociais possuem eficácia imediata, todavia

---

(132) *V.g.*: Ingo Sarlet (SARLET, Ingo Wolfgang. *Eficácia dos direitos fundamentais*. 3. ed. Porto Alegre: Livraria do Advogado, 2003. p. 279).

(133) "[...] tais direitos são enunciados com normatividade suficiente para eficácia total, sem necessitarem de concretização legislativa, conferindo aos seus titulares um verdadeiro direito subjetivo." CALVET, Otávio Amaral. *Direito ao lazer nas relações de trabalho*. São Paulo: LTr, 2006. p. 44.

(134) Vale ressaltar que os direitos fundamentais de defesa, por também possuírem uma carga positiva para a sua realização pelo Poder Público, demandam a alocação de recursos materiais e humanos para a sua proteção e implementação.

(135) SARLET, Ingo Wolfgang. *Eficácia dos direitos fundamentais*. 3. ed. Porto Alegre: Livraria do Advogado, 2003. p. 289.

(136) Preferimos utilizar o termo "normas de cunho programático" para incluir todas as normas-programas, normas-tarefas, normas-fins, dentre outras que dependem de uma concretização legislativa.

condicionada à medida de sua densidade normativa, reconhecendo a todos, indistintamente, os seguintes efeitos[137]:

i) Não recepção dos atos normativos anteriores e contraditórios ao conteúdo da norma definidora de direitos fundamentais, sem a necessidade da interposição de ação declaratória de inconstitucionalidade.

ii) Imposição do legislador a concretizar os programas, tarefas, fins e ordens, sem se afastar dos parâmetros preestabelecidos nas normas de direitos fundamentais prestacionais.

iii) Imposição da declaração de inconstitucionalidade de todos os atos normativos editados após a vigência da Constituição e contrários às normas de direitos fundamentais prestacionais.

iv) Constituem parâmetro para a interpretação, integração e aplicação das normas jurídicas, já que contêm princípios, diretrizes e fins que condicionam a atividade dos órgãos estatais. Influenciam, portanto, toda a ordem jurídica, resultando no condicionamento da atividade da Administração Pública e do Poder Judiciário na aplicação, interpretação e concretização das normas.

v) Geram sempre uma posição jurídico-subjetiva. Direito subjetivo este que deve ser considerado em sentido amplo, e não no seu sentido restrito, como um direito subjetivo individual à determinada prestação estatal. Toda norma que estabelece um direito fundamental reconhece, no mínimo, um direito subjetivo no sentido negativo, já que sempre possibilita ao indivíduo exigir do Estado que se abstenha de atuar de forma contrária ao conteúdo da norma que consagra o direito fundamental.

vi) Proibição do retrocesso, ou seja, o impedimento de o legislador abolir determinadas posições jurídicas fundamentais quando por eles concretizadas[138].

Ainda defende a possibilidade de reconhecimento dos direitos subjetivos oriundos dos direitos sociais estabelecidos em normas programáticas. Para isso, adotando os ensinamentos de Robert Alexy e Canotilho, afirma ser necessária a ponderação dos interesses colidentes em cada caso concreto,

> [...] eis que entram em colisão os valores de garantir-se um padrão material mínimo de sobrevivência ao ser humano a fim de se permitir o gozo de uma liberdade individual real, o que pode ser resumido pelo "princípio da liberdade fática", e "o princípio da separação dos poderes (incluindo a competência orçamentária do legislador), bem como outros princípios

---

(137) CALVET, Otávio Amaral. *Direito ao lazer nas relações de trabalho.* São Paulo: LTr, 2006. p. 45. Vale consignar que Otávio Calvet toma por base os efeitos apresentados por Ingo Sarlet.

(138) Ingo Sarlet consigna que "boa parte da doutrina se posiciona, ao menos parcialmente, de maneira favorável no que tange a este aspecto, ressaltando que, à medida que concretizado determinado direito social prestacional, este acaba por transformar-se, nesse sentido, num típico direito de defesa" (SARLET, Ingo Wolfgang. *Eficácia dos direitos fundamentais.* 3. ed. Porto Alegre: Livraria do Advogado, 2003. p. 300).

materiais (especialmente concernentes a direitos fundamentais de terceiros) que forem atingidos de forma relativamente diminuta", ocasião em que deve preponderar, na ótica da afirmação do princípio da dignidade da pessoa humana, o reconhecimento do direito subjetivo a uma prestação material[139].

Na referida ponderação de interesses, nenhum dos princípios é absoluto. Os valores em choque devem sofrer as necessárias restrições, com o objetivo de realizar o máximo de cada.

A atuação do Judiciário para a efetivação de um direito fundamental social prestacional é justificável sempre que, nas hipóteses de colisões entre normas jusfundamentais prestacionais, for necessária uma maior garantia do patamar civilizatório mínimo, pois o *mínimo existencial* é indispensável para o exercício efetivo de liberdades fundamentais[140].

Nesse sentido, os direitos sociais prestacionais de natureza laboral permitem o reconhecimento de direitos subjetivos, autorizando até a atuação do Poder Judiciário para sua efetivação, já que garantem o mínimo existencial dos trabalhadores e suas liberdades fundamentais.

Prosseguindo na análise da eficácia dos direitos fundamentais, é interessante consignar que o § 1º do art. 5º da CF/88, além de atribuir eficácia imediata aos direitos fundamentais, potencializa a eficácia dirigente e vinculante deles, uma vez que "objetiva tornar tais prerrogativas diretamente aplicáveis pelos Poderes Legislativo, Executivo e Judiciário [...] e investe os poderes públicos na atribuição de promover as condições para que os direitos fundamentais sejam reais e efetivos"[141].

Em relação à eficácia dirigente, deve-se ressaltar que os Poderes Públicos não estão somente obrigados à prestação ou abstenção — conforme se trate de direito a prestações ou de defesa —, mas também a promover e proteger os direitos fundamentais, garantindo sua efetividade. "Os direitos fundamentais deixam de ser apenas limites para o Estado, convertendo-se em norte de sua atuação"[142].

Enquanto o Poder Legislativo possui o dever de elaborar normas que garantam os direitos fundamentais, a Administração Pública está obrigada a prevenir e reparar as lesões sofridas pelos referidos direitos. Já o Poder Judiciário deve adotar a "exegese normativa mais consentânea com a Constituição e que confira maior efetividade às disposições de direitos fundamentais, bem como exercer o dever de correção e aperfeiçoamento da legislação quando se trata de proteger os direitos fundamentais"[143].

---

(139) CALVET, Otávio Amaral. *Direito ao lazer nas relações de trabalho.* São Paulo: LTr, 2006. p. 46-47.

(140) CALVET, Otávio Amaral. *Direito ao lazer nas relações de trabalho.* São Paulo: LTr, 2006. p. 47. Daniel Sarmento pensa no mesmo sentido: "[...] é lícito dizer que é amplamente dominante a concepção, de resto até intuitiva, de que a liberdade é esvaziada quando não são asseguradas as condições materiais mínimas para que as pessoas possam desfrutá-la de forma consciente. Por isso não haverá também liberdade onde existirem miséria, fome, analfabetismo ou exclusão social em patamares eticamente inaceitáveis" (SARMENTO, Daniel. *Direitos fundamentais e relações privadas.* Rio de Janeiro: Lumen Juris, 2004. p. 188).

(141) PIOVESAN, Flávia. *Proteção judicial contra omissões legislativas.* São Paulo: RT, 1995. p. 92.

(142) SARMENTO, Daniel. *Direitos fundamentais e relações privadas.* Rio de Janeiro: Lumen Juris, 2004. p. 134.

(143) ZOLLINGER, Márcia Brandão. *Proteção processual aos direitos fundamentais.* Salvador: JusPodivm, 2006. p. 41.

Nesse sentido, diante do dever de respeito e aplicação imediata dos direitos fundamentais em cada caso concreto, o Poder Judiciário encontra-se investido no poder-dever de aplicar imediatamente as normas definidoras de direitos e garantias fundamentais, assegurando-lhes sua plena eficácia[144]. Deve o magistrado conformar o conteúdo das suas decisões aos direitos fundamentais, bem como, em face da vinculação negativa do Judiciário às normas jusfundamentais, não aplicar regras que os violem.

No entanto, não se pode deixar de ressaltar que alguns direitos fundamentais necessitam da atividade concretizadora do magistrado para tornarem-se efetivos, o que não lhes retiram a força normativa nem a eficácia imediata.

Sendo os direitos fundamentais os valores mais importantes para uma determinada sociedade, transborda-se a visão de que apenas o Estado está incumbido de cumpri-los, passando a ser possível a exigência de que evite ou repare as lesões perpetradas tanto pelo Poder Público como pelos particulares[145].

Assim, a eficácia vinculante não atinge apenas os Poderes Públicos, como também os particulares. Enquanto os poderes públicos são obrigados a aplicar os direitos fundamentais, os particulares devem cumpri-los, independentemente de qualquer ato legislativo ou administrativo[146].

Antes de abordar o tema *eficácia horizontal dos direitos fundamentais*, vale lembrar que as dimensões objetiva e subjetiva não podem ser confundidas com a eficácia vertical e horizontal. A demonstração das dimensões objetiva e subjetiva tem por fim explicar que as normas de direitos fundamentais, além de poder ser referidas como um direito subjetivo, também constituem decisões valorativas de ordem objetiva. Por isso, é plenamente possível pensar-se em dimensões objetiva e subjetiva dos direitos fundamentais quando consideradas as relações entre os particulares e o Poder Público (eficácia vertical) ou apenas entre os particulares (eficácia horizontal).

Em face da eficácia horizontal, toda a sociedade passa a estar vinculada aos direitos fundamentais, respeitando os limites e promovendo a realização desses valores, restando protegido o ser humano das opressões na esfera das relações privadas, em especial nas relações laborais[147].

O especial relevo nas relações trabalhistas se dá pelo fato de a eficácia horizontal estar intimamente ligada à relativização da autonomia privada da vontade e ao "paradigma da essencialidade"[148].

---

(144) GRAU, Eros Roberto. *A ordem econômica na Constituição de 1988 (interpretação e crítica)*. 3. ed. São Paulo: Malheiros, 1997. p. 312-313.

(145) CALVET, Otávio Amaral. *Direito ao lazer nas relações de trabalho*. São Paulo: LTr, 2006. p. 38.

(146) A adoção da eficácia horizontal dos direitos fundamentais não é pacifica na doutrina. Como não há consenso a respeito da referida questão, apenas será apresentada a posição do autor, sem detidas explanações acerca das diversas posições contrarias, o que demandaria longos comentários sobre elas, o que desvirtuaria o foco da presente obra.

(147) CALVET, Otávio Amaral. *Direito ao lazer nas relações de trabalho*. São Paulo: LTr, 2006. p. 39.

(148) Termo utilizado por Daniel Sarmento nota de rodapé n. 554 da obra citada, parafraseando Theresa Negreiros (SARMENTO, Daniel. *Direitos fundamentais e relações privadas*. Rio de Janeiro: Lumen Juris, 2004. p. 218).

Enquanto a relativização da autonomia privada da vontade é fenômeno recente para o Direito Civil, já está impregnada nas bases do Direito do Trabalho. Desde sua origem, reconhece-se a impossibilidade de garantir a livre manifestação da vontade quando as partes contratantes são desiguais — empregado ou trabalhador dependente economicamente (hipossuficiente) *versus* empregador ou tomador do serviço (hipersuficiente).

No âmbito trabalhista, sempre se buscou a proteção do mais fraco, com a intenção de atingir a isonomia substancial entre as partes. Até de forma inconsciente, utilizava-se dos princípios da função social do contrato, da boa-fé objetiva e da dignidade da pessoa humana como mecanismos de proteção contra a coação sofrida pelo empregado[149].

Onde há desigualdade existe uma tendência à opressão contra a parte hipossuficiente. É justamente na *tendência à opressão* que a eficácia horizontal atua, determinando que o tomador de serviços "respeite os direitos fundamentais em todas as suas dimensões, podendo inclusive exigir do Estado a atuação no sentido de evitar qualquer lesão proveniente desse ator privado"[150].

A importância da eficácia horizontal nas relações laborais também está relacionada com a essencialidade do objeto do contrato de trabalho. Daniel Sarmento, discorrendo sobre a teoria do "paradigma da essencialidade", assevera que:

> [...] os contratos que versem sobre a aquisição ou utilização de bens que, considerando a sua destinação, são tidos como essenciais estão sujeitos a um regime tutelar, justificado pela necessidade de proteção da parte mais vulnerável [...]; e vice-versa, no extremo oposto, os contratos que tenham por objeto bens supérfluos regem-se predominantemente pelos princípios do direito contratual clássico, vigorando aqui a regra de mínima intervenção heterônoma[151].

A referida teoria possui ampla aplicação no âmbito laboral, já que as obrigações fundamentais existentes no contrato de trabalho são: a colocação da energia do empregado

---

(149) É válido consignar a convergência das rotas dos "ramos" Direito Civil e Direito do Trabalho. A autonomia privada da vontade, tão exaltada pelo Direito Civil, hoje vêm sendo desejada por doutrinadores juslaboralistas ao defender a flexibilização. Da mesma forma, os princípios da função social do contrato de trabalho, da boa-fé e da dignidade da pessoa humana do trabalhador, adotados desde os primórdios do Direito do Trabalho, vêm sendo conclamados pelos civilistas modernos.

(150) CALVET, Otávio Amaral. *Direito ao lazer nas relações de trabalho*. São Paulo: LTr, 2006. p. 40. Exemplo da eficácia irradiante dos direitos fundamentais nas relações laborais é o apresentado por Otávio Calvet: "Um exemplo significativo nas relações trabalhistas seria reconhecer ao empregador, mesmo durante a suspensão do contrato de trabalho por gozo de auxílio doença, em que os efeitos do contrato ficam temporariamente sustados, a obrigação de manutenção do plano de saúde fornecido pela empresa, pois, em que pese o art. 476 da CLT no sentido de que o empregado encontra-se em licença remunerada, parece razoável que o princípio da dignidade da pessoa humana, o direito fundamental de primeira dimensão à vida e, ainda, o direito social à saúde, determinem que o empregador, ator privado, mantenha a concessão do plano particular de assistência médica ao trabalhador hipossuficiente, mormente se do ponto de vista econômico não houver maior impacto para o tomador de serviços referido dispêndio, já que a realidade social brasileira demonstra ser degradante a abrupta perda da condição de segurado particular do sistema de saúde para a de usuário do sistema público"(CALVET, Otávio Amaral. *Direito ao lazer nas relações de trabalho*. São Paulo: LTr, 2006. p. 41). O TST noticiou julgado similar (Notícias do TST de 19 mar. 2007. Disponível em: <http://www.tst.gov.br/noticias>. Acesso em: 24 jul 2007).

(151) SARMENTO, Daniel. *Direitos fundamentais e relações privadas*. Rio de Janeiro: Lumen Juris, 2004. p. 218.

à disposição do empregador e a sua correspondente contraprestação, sendo que esta tem como finalidade a subsistência do empregado e de sua família[152].

A necessidade de colocação da sua energia em função de outrem de forma subordinada para a sua sobrevivência e de sua família demonstra a essencialidade do objeto do contrato de trabalho, impondo, consequentemente, um maior dirigismo estatal nas relações laborais.

Demonstrada a indispensabilidade da aplicação dos direitos fundamentais prestacionais nas relações privadas, resta apresentar alguns fundamentos para a adoção da teoria da aplicação direta dos direitos fundamentais laborais nas relações entre particulares, bem como rechaçar os argumentos contra.

A adoção do Estado Social pelo Constituinte de 1988 e a unidade do ordenamento jurídico, esvaziando a separação didática entre o direito público e direito privado, são alguns dos argumentos a favor da eficácia horizontal imediata dos direitos fundamentais.

A consagração pela CF/88 do modelo de Estado Social impõe a extensão e aplicação direta dos direitos fundamentais sociais nas relações regidas pelo direito privado, pois, nessa seara também há ameaças aos valores sociais, principalmente nas relações marcadas pela desigualdade entre as partes.

Os argumentos utilizados para defender a aplicação imediata dos direitos fundamentais no âmbito público também devem ser adotados para fundamentar a referida eficácia nas relações laborais, uma vez que estas são "relações desiguais de poder, similares às que se estabelecem entre os particulares e os poderes públicos"[153]. Nesse sentido, Ingo Sarlet assevera que:

> Constata-se a existência de um relativo consenso a respeito da possibilidade de se transportarem diretamente os princípios relativos à eficácia vinculante dos direitos fundamentais para a esfera privada, [...] sustenta a doutrina majoritária que a vinculação dos particulares aos direitos fundamentais — em se tratando de detentores de poder social — será equivalente à que se verifica no caso dos órgãos estatais. [...] inclinamo-nos hoje — pelo menos à luz do direito constitucional positivo brasileiro — em prol de uma necessária vinculação direta (imediata) também dos particulares aos direitos fundamentais [...] sem

---

(152) O art. 444 da CLT é reflexo do dirigismo estatal nas relações laborais, conforme assevera Otávio Calvet "[...] o disposto no art. 444 da CLT, 'as relações contratuais de trabalho podem ser objeto de livre estipulação das partes interessadas em tudo quanto não contravenha às disposições de proteção ao trabalho, aos contratos coletivos que lhes sejam aplicáveis e às decisões das autoridades competentes', apontado pela doutrina como positivação do princípio da limitação da autonomia da vontade, o que se constata como fator de revalorização do caminho até então perseguido pela doutrina trabalhista [...]". Continua asseverando que esta teoria deve ser aplicada também aos autônomos com dependência econômica: "Ademais, o reconhecimento de virtual disparidade de uma relação de trabalho [...], coja do trabalhador para seu tomador de serviços (aqui não em todos os casos, devendo-se verificar um real estado de dependência econômica do trabalhador), justifica a aplicação dos direitos fundamentais nas relações privadas, como verdadeiro limite à disparidade social em cada caso verificada" (CALVET, Otávio Amaral. Direito ao lazer nas relações de trabalho. São Paulo: LTr, 2006. p. 49).

(153) SARLET, Ingo Wolfgang. Eficácia dos direitos fundamentais. 3. ed. Porto Alegre: Livraria do Advogado, 2003. p. 377.

deixar de reconhecer, todavia, na esteira de Canotilho e outros, que o modo pela qual se opera a aplicação dos direitos fundamentais às relações jurídicas entre particulares não é uniforme, reclamando soluções diferenciadas[154].

Apesar do relativo consenso quanto à eficácia imediata dos direitos fundamentais sociais nas relações laborais, há argumentos em contrário. Daniel Sarmento apresenta, de forma resumida, as críticas e os contra-argumentos utilizados para rechaçá-las[155].

A primeira critica à eficácia imediata dos direitos fundamentais nas relações laborais é comprometer em demasia a autonomia privada.

Contra-argumenta que, apesar de o referido valor ser adotávo pelo ordenamento, ele não é absoluto, podendo ser restringido pelo uso do método da ponderação de interesses. Por outro lado, a efetiva autonomia somente pode existir depois de garantidas as condições mínimas materiais, principalmente tratando-se de relações entre desiguais, como ocorre nas relações laborais.

Aponta-se como crítica o caráter antidemocrático da teoria da eficácia imediata dos direitos sociais, por atribuir poderes excessivos ao juiz em detrimento ao legislador.

Rechaçando tal alegação, Daniel Sarmento argumenta que, pela necessidade da fundamentação das decisões judiciais, o Poder Judiciário deve adotar as normas criadas pelo legislador, podendo aplicar diretamente os direitos fundamentais no âmbito privado quando inexistente norma específica infraconstitucional ou quando esta se mostrar contrária aos ditames constitucionais.

É válido consignar que os direitos fundamentais laborais podem e devem ser utilizados de forma imediata pelo magistrado, até porque estes se configuram, em sua maioria, como princípios, ou seja, fonte imediata do ordenamento jurídico, não estando condicionada a sua aplicação imediata à inexistência de norma-regra.

Outra censura apresentada à teoria da eficácia direta dos direitos sociais tem como fundamento a alegação de que a adoção da referida teoria geraria insegurança jurídica, pois os conflitos seriam solucionados por princípios vagos e abstratos cuja aplicação é imprevisível.

Todavia, é valido relembrar que a diminuição da segurança jurídica é característica do paradigma pós-positivista, que, apesar de aumentar a insegurança jurídica, atribui

---

(154) SARLET, Ingo Wolfgang. *Eficácia dos direitos fundamentais*. 3. ed. Porto Alegre: Livraria do Advogado, 2003. p. 379. A defesa da aplicação imediata dos direitos fundamentais prestacionais nas relações laborais foi abordada com profundidade pelo autor no seu artigo Direitos fundamentais e direito privado: algumas considerações em torno da vinculação dos particulares aos direitos fundamentais (SARLET, Ingo Wolfgang. Direitos fundamentais e direito privado: algumas considerações em torno da vinculação dos particulares aos direitos fundamentais. *A Constituição concretizada* — construindo pontes para o público e privado. Porto Alegre: Livraria do Advogado, 2000. p. 107-163).

(155) As críticas e alguns argumentos anunciados foram apresentados por Daniel Sarmento na sua obra intitulada *Direitos fundamentais e relações privadas* (SARMENTO, Daniel. *Direitos Fundamentais e Relações Privadas*. Rio de Janeiro: Lumen Juris, 2004. p. 281-287). Expõe entendimento similar Otávio Calvet na sua obra *Direito ao lazer nas relações de trabalho*, fruto de sua dissertação de mestrado na PUC-SP (CALVET, Otávio Amaral. *Direito ao lazer nas relações de trabalho*. São Paulo: LTr, 2006. p. 51-53).

um maior realce ao valor justiça. Além do mais, a diminuição da carga de segurança jurídica não é um fenômeno exclusivo da problemática da eficácia imediata das normas jusfundamentais no âmbito laboral, não sendo possível a utilização deste argumento, portanto, para negar a adoção da tese em tela.

Ademais, deve-se ressaltar que vêm sendo utilizadas fórmulas para reduzir o grau de incerteza mediante o reconhecimento de *standards* consolidados pela doutrina e pela jurisprudência.

A corrente contraria à eficácia direta dos direitos fundamentais no âmbito laboral assevera que esta põe em risco a autonomia e a identidade do direito privado.

No entanto, como afirmado anteriormente, a autonomia privada da vontade não é colocada em risco com a adoção da eficácia imediata dos direitos fundamentais no âmbito privado. A ponderação deste valor não o ameaça, uma vez que a sua mitigação é apenas no caso concreto. Além do mais, é notório o reconhecimento da publicização dos "ramos" do direito privado diante da força normativa da Constituição, em face da sua supremacia hierárquica. Portanto, o entrelaçamento entre o direito privado e o direito público não decorre da aplicação imediata dos direitos fundamentais sociais no âmbito privado, mas, sim, é reflexo da publicização dos "ramos" do direito privado.

É interessante notar que sempre existiram normas de natureza pública no Direito do Trabalho, mas nem por isso este perdeu a natureza jurídica de direito privado. Nesse sentido, não é novidade para o "ramo" em tela a publicização das normas de direito privado, não autorizando, assim, a utilização do argumento supracitado para vedar a aplicação imediata dos direitos fundamentais no âmbito do laboral.

A divisão de funções entre juiz e juiz constitucional também foi utilizada para negar a eficácia imediata dos direitos juslaborais. Entretanto, não se deve levar em consideração esse argumento para negar a referida eficácia, haja vista que a distinção mencionada é aplicada apenas no direito comparado, estranha à nossa realidade jurisdicional.

Afirma-se, ainda, que há incompatibilidade da eficácia horizontal com a eficácia imediata dos direitos fundamentais. No entanto, a circunstância de ter o Estado o dever de proteger os particulares de lesões e ameaças aos seus direitos fundamentais perpetradas por terceiro não apresenta nenhuma incompatibilidade com a eficácia imediata dos direitos fundamentais no âmbito laboral, havendo, ao contrário, verdadeira soma entre as duas vinculações.

Todavia, mesmo adotando a tese da eficácia horizontal imediata dos direitos fundamentais, reconhece-se que ela é limitada ao método da ponderação de interesses.

Tanto nas hipóteses de colisão entre direitos fundamentais quanto no choque entre normas jusfundamentais e o princípio da autonomia privada, faz-se necessária a utilização do referido método, devendo este ser calcado na análise tópico-sistemática[156],

---

(156) MENDONÇA, Paulo Roberto Soares. *A tópica e o Supremo Tribunal Federal*. Rio de Janeiro: Renovar, 2003. p. 377-394.

observando as características de cada caso concreto, buscando sempre o equilíbrio e a concordância prática entre os interesses em conflito[157].

Portanto, os direitos sociais possuem eficácia imediata tanto no âmbito público quanto no privado, limitada ao método da ponderação de interesses, vinculando não só os Poderes Públicos como os particulares à sua efetivação.

Por possuírem natureza de direitos fundamentais, algumas normas trabalhistas, em especial os princípios que regulam o Direito do Trabalho, passam a possuir eficácia imediata, dirigindo a atuação do Poder Público e dos sujeitos componentes das relações laborais.

Na produção dos efeitos em questão, o Poder Judiciário tem um especial papel. O juiz – baseado na força normativa, na dimensão objetiva, nas eficácias imediata, vertical e horizontal dos direitos fundamentais trabalhistas — possui o dever de utilizá-los para interpretar e julgar os casos concretos, independentemente da existência de norma-regra. Nesse sentido, é necessária a adoção da conduta em tela sob pena do não cumprimento, pelo magistrado, da sua função jurisdicional.

Com base nessas conclusões, verificar-se-á se existem normas laborais – independentemente da sua espécie (regra e/ou princípio) e da sua positivação (explícita ou implícita no ordenamento jurídico) — qualificadas como direitos fundamentais que permitam ou incentivem a utilização do instituto *consórcio de empregadores* no âmbito urbano.

Tal verificação será realizada no quarto capítulo, após apresentados os conceitos básicos dessa nova figura jurídica.

---

(157) Nesse mesmo sentido, Otávio Calvet: "Em conclusão, portanto, adotamos a teoria da eficácia horizontal imediata dos direitos fundamentais nas relações privadas, observados os limites e características especiais para aplicação de tais direitos, mormente a observância do método da ponderação de interesses [...]". CALVET, Otávio Amaral. *Direito ao lazer nas relações de trabalho.* São Paulo: LTr, 2006. p. 53.

Capítulo II
Relação de Emprego

2.1. Apresentação do capítulo

Neste capítulo, será esquadrinhada a relação de emprego e os seus pressupostos. Dentre os elementos da relação de emprego, tem destaque a análise dos seus sujeitos: empregado e empregador.

Ao tratar do empregado, serão apontados os pressupostos para a caracterização dessa figura, os quais servirão para a definição de relação de emprego e, consequentemente, para a identificação do outro sujeito, o empregador.

No tópico atinente ao empregador, serão apresentados os entes que se enquadram nessa categoria jurídica, bem como os seus principais efeitos. Ainda nesse tópico, serão estudadas as figuras do grupo empregador e da pluralidade de empregadores, inserindo-se nesta última o consórcio de empregadores, objeto de exame no próximo capítulo.

2.2. Relação jurídica de emprego

Todo e qualquer ramo do Direito possui como ponto central uma relação jurídica, em torno da qual são elaborados princípios, institutos e normas. O Direito do Trabalho não escapa à regra, tendo a relação de emprego como categoria básica.

Além de se caracterizar pela posição nuclear que ocupa na seara trabalhista, a relação de emprego foi fundamental na emancipação do Direito do Trabalho. Iniciou-se a especialização desse segmento jurídico a partir do momento em que a força de trabalho tornou-se livre e subordinada[158]. Apenas nesse quadro contextual é possível identificar a relação de emprego e, consequentemente, o referido ramo jurídico.

Nesse sentido, passar-se-á a sumariar a evolução histórica das relações de trabalho, buscando alcançar o surgimento da supramencionada espécie de relação juslaboral.

2.2.1. Origem e evolução da relação de trabalho

Não se pode buscar a origem da relação de emprego sem antes possuir noções gerais sobre o trabalho humano, sob pena de se inverter a ordem racional do estudo.

---

(158) Ao se afirmar que a força de trabalho tornou-se livre e subordinada, pretende-se dizer que o trabalhador tornou-se juridicamente *livre* com o seu desligamento perante os meios de produção; entretanto, passou a ser *subordinado*, no âmbito laboral, ao empregador.

O trabalho humano sempre existiu. O emprego da energia pessoal em função de outrem é contemporâneo às primeiras civilizações. O trabalho, no início, tinha como escopo apenas a sobrevivência, buscando atender às necessidades mais primárias e irrenunciáveis.

A partir do momento em que o ser humano deixou de ser nômade e passou a se fixar em uma região, iniciaram-se conflitos entre grupos de diferentes locais. "A ambição conjugada da riqueza e do poder, que até hoje influencia a prática do trabalho, tornou-se decisiva para que os choques entre grupos sociais rudimentares, resolvidos, de início, pela simples eliminação física dos vencidos, passassem a resolver-se pela submissão aos vencedores, para satisfazer as suas necessidades"[159].

Portanto, com o desenvolvimento do racionalismo, o homem passou a utilizar a energia laboral alheia para interesses não tão vitais como no seu primórdio.

Da escravidão, a relação de trabalho humano passou, de forma gradativa, para a servidão (à pessoa ou à gleba), que imperou na Idade Média, e desta para o remanso do humanismo renascentista e do Iluminismo da Idade Moderna, até chegar à relação de emprego concebida no ventre da Revolução Industrial.

Somente na sociedade industrial pode-se vislumbrar o surgimento da relação empregatícia. Antes disso, não é possível encontrar qualquer vínculo jurídico apto a ser identificado como relação de emprego, uma vez que predominava o trabalho não livre, sob a forma escrava, servil ou corporativa.

Vale ressaltar que o Direito Romano regulamentava duas formas de trabalho livre. No entanto, nenhuma delas era capaz de enquadrar-se na figura jurídica "relação de emprego": *locatio operis* e *locatio operarum*. A primeira caracterizava-se pela contratação de um trabalho especificado segundo o seu resultado — a obra. Assemelhava-se ao instituto contemporâneo da empreitada, garantia a autonomia ao prestador do trabalho, bem como lhes transferia o risco do seu labor.

Na *locatio operarum*, não importava a locação da obra (do resultado), mas os serviços contratados, ou seja, o trabalho prestado. Essa figura aproximava-se, desse modo, à moderna prestação de serviços (trabalho autônomo). Nessa modalidade de contrato, o risco do resultado transferia-se ao contratante do serviço[160].

Continuando a análise do regime escravocrata, a relação jurídica existente entre os escravos (*res*) e o seu proprietário era de direito real. O escravo era considerado objeto de direito, o que tornava impossível a configuração de relação de emprego, uma vez que esta pressupõe a existência de dois sujeitos de direito: empregado e empregador.

No servilismo, a relação de direito real do período escravocrata cedeu lugar para a relação entre o senhor feudal e o servo da terra. Os servos passaram a ser vinculados perpetuamente à terra, fornecida pelo senhor feudal, para cultivá-la, mediante uma retribuição, que, no início, era em forma de trabalho, passando a ser em produtos da terra

---

(159) PINTO, José Augusto Rodrigues. O trabalho como valor. Salvador: *Revista Jurídica da Unifacs*. 2000. p. 2.
(160) DELGADO, Maurício Godinho. *Curso de direito do trabalho*. São Paulo: LTr, 2004. p. 288.

e, posteriormente, em pecúnia (tributo ao dono da propriedade). Diferentemente dos escravos, os servos possuíam personalidade jurídica completa. Era um "semilivre", não tendo, porém, o direito de abandonar a gleba.

O modelo servil entrou em decadência conjuntamente com o sistema feudal. Diversas transformações econômicas, sociais, religiosas e culturais ocorridas na Idade Média possibilitaram o surgimento de um novo regime laboral: a transição do trabalho escravo para o servil, a consolidação do feudalismo, o êxodo rural, a formação dos burgos e o desenvolvimento da atividade comercial. Foi nesse contexto social que nasceram as corporações de ofício.

As atividades mais humildes, relacionadas com o trato da terra, eram desempenhadas pelos escravos ou servos da gleba. Os artesãos e os burgueses aproveitavam certa abertura para constituir associações profissionais denominadas corporações de ofício.

O regime corporativo, apesar de refletir induvidoso avanço em relação à escravidão e ao servilismo, foi um sistema opressor e autocrático[161]. A disciplina rígida, o conteúdo contratual limitador da liberdade dos prestadores de serviços e a dificuldade para ascensão à posição de mestre levaram à extinção das corporações. Os companheiros revoltados com a situação supramencionada assumiram uma posição de luta contra os mestres. Formaram o seu próprio grupo, as *compagnonnages*[162], com intuito reivindicatório e manifestamente contrário ao regime corporativo.

Com a decadência da nobreza e do feudalismo, inaugurou-se uma nova fase na história da humanidade. As Revoluções Francesa e Industrial, que vieram na esteira da Declaração dos Direitos do Homem e do Cidadão, foram eventos que marcaram e influenciaram esse novo período histórico.

A sociedade passou a preocupar-se em suprimir as restrições à liberdade e em afirmar os valores da igualdade e fraternidade. As corporações de ofício e as companhias foram proibidas já que estas reprimiam a liberdade individual, um dos princípios da Revolução Francesa. Procurou-se eliminar radicalmente todo tipo de organização que pudesse permitir o ressurgimento de restrições à liberdade de trabalho e assegurar a imediatidade entre o indivíduo e o Estado, com a supressão radical de todos os corpos intermediários[163].

Dentre os modelos referidos, o que mais influenciou na transformação dos modelos laborais existentes na relação de emprego foi a Revolução Industrial. Este foi um fato econômico, de raiz simplesmente tecnológica, que alterou profundamente o sensível

---

(161) O artesão não podia exercer livremente sua arte ou ofício, precisando, para tanto, ingressar em uma corporação, grupos de produção de tipo autoritário, com rígida hierarquia, no topo do qual estavam os mestres; no meio, os companheiros ou oficiais e, no piso, os aprendizes. Para se tornar mestre era necessário produzir uma obra prima (CATHARINO, José Martins. *Compêndio de direito do trabalho*. São Paulo: Saraiva, 1981. v. 1, p. 5).

(162) As companhias (*compagnonnages*) assemelham-se mais aos sindicatos que as próprias corporações de ofício. Enquanto estas reuniam em um só órgão mestres (opressores), companheiros e aprendizes (oprimidos), as companhias agrupavam profissionais (companheiros) contra o monopólio dos mestres em busca de condições melhores de trabalho (BATALHA, Wilson de Souza; BATALHA, Silvia Marina Labate. *Sindicatos*. Sindicalismo. 2. ed. São Paulo: LTr, 1994. p. 22).

(163) BATALHA, Wilson de Souza; BATALHA, Silvia Marina Labate. *Sindicatos*. Sindicalismo. 2. ed. São Paulo: LTr, 1994. p. 23.

tecido social e, por inevitável decorrência, o tecido jurídico das relações de trabalho, produzindo impactos até os dias atuais, em ondas sucessivas batizadas de Segunda e Terceira Revolução Tecnológica[164].

Em face do exposto, assevera-se que só é possível pensar na relação de emprego a partir da Revolução Industrial, na Inglaterra. Somente nesse momento histórico ocorreu a conjunção dos pressupostos da relação empregatícia: trabalho livre e subordinado. O trabalhador tornou-se juridicamente livre com o seu desligamento frente aos meios de produção, entretanto, passou a ser subordinado, no âmbito laboral, ao empregador[165]. Vale ressaltar que a Revolução Industrial não foi o fato gerador da relação de trabalho subordinado, no entanto, forçou o Direito a encarar essa nova forma de prestação do trabalho individual em proveito de outrem. Foi um agente catalisador desta mudança.

2.2.2. Distinção entre relação de trabalho e relação de emprego

Após abordar a evolução histórica da relação de trabalho, de sua gênese até o momento do aparecimento da relação empregatícia, é necessário enfrentar, agora, a distinção entre essas duas relações jurídicas.

Observa-se uma clara distinção entre relação de trabalho e relação de emprego. A primeira é o gênero, no qual a segunda enquadra-se como uma de suas espécies. A relação de trabalho refere-se a toda e qualquer relação jurídica que envolva a prestação de serviços (obrigação de fazer consubstanciada no labor humano). Já a relação de emprego diz respeito a uma modalidade específica de contratação, com particularidades próprias e substrato na subordinação jurídica, envolvida pelo manto protetivo do Direito do Trabalho.

Relação de trabalho é uma categoria ampla que abrange inúmeras espécies, todas elas caracterizadas por terem sua prestação essencial centrada em uma obrigação de fazer consubstanciada em labor humano, tais como: empreitada, prestação de serviços, representação comercial, parceria rural, estágio, trabalho eventual, trabalho autônomo, relação de emprego, dentre outros.

Entre as espécies de relação laboral, a que se encontra com maior destaque no plano socioeconômico e jurídico é a relação de emprego. Em função da predominância durante longo período dessa forma específica de relação jurídica (a relação de emprego), em face das demais modalidades de contratação baseadas no trabalho humano, "firmou-se na tradição jurídica, a tendência de designar a espécie mais importante pela denominação cabível ao gênero"[166]. Tal atecnia leva, de forma equivocada, a jurisprudência e a doutrina a utilizarem, por vezes, os termos representativos do gênero e da espécie como sinônimos.

Vale ressaltar que a distinção supramencionada não é apenas uma questão de rigor teórico. Apesar da mitigação da relevância desta distinção, com a ampliação da competência

---

(164) PINTO, José Augusto Rodrigues. *Curso de direito individual do trabalho:* noções fundamentais de direito do trabalho, sujeitos e institutos de direito individual. 5. ed. São Paulo: LTr, 2003. p. 32.

(165) DELGADO, Mauricio Godinho. *Curso de direito do trabalho.* São Paulo: LTr, 2004. p. 85.

(166) BARROS, Alice Monteiro de (Coord.). *Curso de direito do trabalho:* estudos em memória de Célio Goyatá. São Paulo: LTr, 1994. p. 220.

da Justiça do Trabalho pela Emenda Constitucional n. 45 de 2004, no plano fático continua, ainda, a ser de fundamental importância a diferenciação entre as referidas figuras jurídicas. Na hipótese da configuração da relação de emprego, devem-se aplicar as normas consagradas na legislação consolidada. No entanto, caracterizada a relação de trabalho (gênero), o jurista aplicará a esta a legislação material comum.

2.2.3. Elementos caracterizadores

A relação empregatícia é um fenômeno que se configura no plano fático, existindo independentemente da intervenção do Direito do Trabalho. Todavia, em face da sua relevância jurídica, o Direito a absorveu, atribuindo-lhe efeitos jurídicos. Em torno dela, foi formado um conjunto de regras e princípios na tentativa de protegê-la.

A relação em tela pressupõe a existência de dois sujeitos de direitos, o empregado e o empregador. Com base nas definições desses entes proposta pela CLT (arts. 2º e 3º), podem-se apontar como elementos (ou pressupostos) dessa relação jurídica: pessoalidade, onerosidade, não eventualidade e subordinação.

> Art. 2º Considera-se empregador a empresa, individual ou coletiva, que assumindo os riscos da atividade econômica, admite, assalaria e dirige a **prestação pessoal de serviços**. (grifos nossos)
>
> Art. 3º Considera-se empregado toda **pessoa física** que prestar serviços natureza **não eventual** ao empregador, sob **dependência** deste e **mediante salário**.

Para configurar a relação empregatícia, é necessária a cumulação, em uma relação jurídica, dos quatro elementos supramencionados. A ausência de apenas um deles descaracteriza a relação de emprego, configurando outra espécie do gênero *relação de trabalho*. É o que acontece, a título de ilustração, com as relações de trabalho autônomas (ausência de subordinação e/ou pessoalidade), eventuais, avulsas (ausência do elemento não eventualidade) e voluntárias (ausência do intuito oneroso).

Nesse sentido, os elementos em questão são de suma importância para o operador do Direito, pois com base na sua análise o jurista poderá identificar a natureza da relação jurídica observada e aplicar a legislação material respectiva.

Entretanto, existem relações de trabalho que possuem todos os elementos da relação empregatícia, mas, mesmo assim, não são consideradas relação de emprego por vedação legal.

As exclusões legais podem ser classificadas em absolutas ou relativas. As primeiras impossibilitam de forma irrestrita a configuração da relação de emprego. Como exemplo, aponta-se o art. 39 da CF/88, que elimina a possibilidade jurídica da caracterização da relação de emprego entre o servidor público estatutário e a Administração Pública pela natureza institucional da relação entre eles. As segundas não vedam de forma incondicional a configuração da relação empregatícia, mas apenas geram a presunção *iuris tantum*. Como exemplos desta, é possível elencar as existentes na Lei do Estágio (Lei n. 6.494/77 c/c Decreto n. 87.497/82) e na CLT (art. 442 — Cooperativas).

Por opção metodológica, analisar-se-á, com um maior cuidado, cada um dos elementos caracterizadores da relação de emprego nos tópicos seguintes (empregado e empregador).

2.2.4. Natureza da relação de emprego

A busca pela natureza jurídica do vínculo entre empregado e empregador foi e continua sendo um dos temas mais debatidos pelos operadores do Direito do Trabalho. Não há unanimidade entre as propostas ofertadas, dividindo-se a doutrina juslaboral em diversas correntes.

Na intenção de uma análise sistemática sobre o tema, serão divididas as principais teorias em duas correntes: *contratualista* e *anticontratualista*[167]. A corrente contratualista pode ser subdividida em *contratualista tradicional* e *contratualista moderna*. Começar-se-á pela corrente contratualista tradicional.

As correntes contratualistas foram pioneiras na busca da explicação acerca da natureza jurídica da relação de emprego. Na sua primeira fase, os juristas, encontrando dificuldade em classificar a relação de emprego, penderam para soluções fundadas no Direito Civil, insistindo em enquadrar a relação empregatícia entre os contratos clássicos civilistas já existentes.

As posições sustentadas na doutrina não fugiram das figuras jurídicas existentes na época e podem ser resumidas nas teorias do arrendamento, da compra e venda, da sociedade e do mandato.

A primeira aproximação foi com o contrato do arrendamento. Para os seus defensores — Paniol, Julien Bonnecase, Josseran, Garcia Oviedo[168] —, a relação de emprego seria similar ao arrendamento, uma vez que a coisa arrendada (força de trabalho) é utilizada por outrem, por meio de uma remuneração (contraprestação pecuniária) proporcionalmente ao seu tempo de uso.

Apesar de a teoria do arrendamento ter gozado de prestígio, em função dos seus defensores, hoje se encontra superada, haja vista que na relação empregatícia não é possível separar a força de trabalho (objeto) do próprio empregado (sujeito), como ocorre no arrendamento (coisa e proprietário)[169].

---

(167) Há autores, *v.g.*, José Martins Catharino, que acrescentam às correntes citadas a teoria acontratualista ou paracontratualista (CATHARINO, José Martins. *Compêndio universitário de direito do trabalho*. São Paulo: Editora Jurídica Universitária, 1972. v. 1, p. 227).

(168) NASCIMENTO, Amauri Mascaro. *Curso de direito do trabalho*. São Paulo: Saraiva, 2005. p. 533-34. Bonnecase estuda o contrato de trabalho no mesmo capítulo em que trata do arrendamento das coisas em geral; Jesserand o faz imediatamente após o estudo do arrendamento de coisas; Plantiol afirma que o contrato de trabalho é "um arrendamento, segundo o demonstra rápida análise: a coisa arrendada é a força de trabalho que reside em cada pessoa e que pode ser utilizada por outra como a de uma máquina ou de um cavalo; dita força que pode ser dada em arrendamento e é precisamente o que ocorre quando a remuneração do trabalho por meio do salário é proporcional ao tempo, da mesma maneira que ocorre no arrendamento"; García Oviedo possui a mesma orientação, entendendo que o contrato de trabalho nada mais é do que o velho contrato de arrendamento, porém socializado com a intervenção do Poder Público para prevenir e reprimir as injustiças (NASCIMENTO, Amauri Mascaro. *Curso de direito do trabalho*. São Paulo: Saraiva, 2005. p. 533-34).

(169) "De par com isso, os traços civilistas da locação impedem que esse tipo legal confira um satisfatório tratamento jurídico à relação empregatícia. A título de ilustração, note-se que o Direito Civil, regulamentando a prestação

Para os adeptos da teoria da compra e venda — Pothier, Chatelian, Laurent, Carnelutti[170] —, o vínculo de emprego possui natureza jurídica de contrato de compra e venda, uma vez que o empregado vende a sua energia de trabalho em troca de um preço, a remuneração.

A crítica sofrida pela teoria do arrendamento também se aplica à teoria da compra e venda, haja vista que não é possível a ruptura entre o elemento alienado (trabalho) e seu prestador (obreiro), ao contrário da separação provocada pela compra e venda. Aliás, desde o Tratado de Versalhes, é vedada a equiparação do trabalho à mercadoria[171]. Outra crítica sofrida por essa teoria baseia-se no fato de a relação de emprego ser contínua, diferentemente do contrato em questão, que é nitidamente concentrado no tempo.

Ademais, a prestação de trabalho consiste em uma obrigação de fazer, ao passo que a prestação fundamental da compra e venda consiste em uma obrigação de dar[172]. Pode-se, ainda, salientar que o trabalho é contratado sem contraprestatividade rigorosa, remunerando-se mesmo sem realização efetiva, como acontece, por exemplo, nos períodos de férias, o que não ocorre nos contratos de compra e venda.

Para a teoria da sociedade, defendida por Chatelain, Canalejas, Michel Villey, Gerard Lyon-Caen e Renault[173], a relação jurídica de emprego se aproxima do contrato de sociedade. O empregado participa com o seu trabalho e o empresário com o seu capital, dividindo o produto do empreendimento em salários para os obreiros e lucros para o empregador.

Essa tese é rechaçada por diversos motivos. Primeiro, *affectio societatis* e subordinação são conceitos que tendem a se excluir. Segundo, a comunhão de poderes e

---

autônoma do serviço, veda contratos superiores a quatro anos, ao passo que se sabe ser princípio característico do ramo justrabalhista especializado exatamente o contrário, isto é, a continuidade (perturbação) da relação de emprego (art. 1.220, CCB/1916; art. 598, CCB/2002)" (DELGADO, Mauricio Godinho. *Curso de direito do trabalho*. São Paulo: LTr, 2004. p.310). De acordo com Amauri Mascaro, ainda há outros argumentos diferenciadores dessas figuras contratuais. Assevera que: "a prestação do arrendante é sempre uma parte do seu patrimônio enquanto que no contrato de trabalho não se promete senão força pessoal, isto é, nada que pertença ao patrimônio"; "que "o trabalhador promete uma atividade, o que não é nunca o objeto da prestação do arrendante"; que "a essência do arrendamento está na concessão do uso e gozo de uma coisa que não se destrói e que deve ser devolvida ao termino do arrendamento, enquanto essa devolução não é possível no contrato de trabalho, porque a força de trabalho desenvolvida é consumida no ato mesmo da prestação do serviço"; que "a obrigação do devedor do trabalho consiste em uma atividade positiva: em um *facere*; ao contrário, a obrigação no arrendamento por parte do concedente é do tipo negativo: consiste em uma abstenção ou *non facere*" (NASCIMENTO, Amauri Mascaro. *Curso de direito do trabalho*. São Paulo: Saraiva, 2005. p. 534-535).

(170) NASCIMENTO, Amauri Mascaro. *Curso de direito do trabalho*. São Paulo: Saraiva, 2005. p. 536.

(171) Treaty of Versailles, 1919, Part XIII, section II, Article 427: "First.The guiding principle above enunciated that labour should not be regarded merely as a commodity or article of commerce".Tradução livre: 1º O princípio diretivo acima enunciou que o trabalho não deve ser considerado meramente como mercadoria ou artigo de comércio.

(172) Carnelutti procurou abrir novo fôlego à tese da compra e venda, comparando a prestação do trabalho à obrigação de venda/consumo de energia elétrica. Com isso, pensava superar o impasse da ruptura que se percebera na figura da compra e venda (na venda de energia elétrica não há aparente ruptura entre o centro de energia e o consumidor). Sem sucesso, entretanto, o empreendimento teórico perseguido (DELGADO, Mauricio Godinho. *Curso de direito do trabalho*. São Paulo: LTr, 2005. p. 217).

(173) NASCIMENTO, Amauri Mascaro. *Curso de direito do trabalho*. São Paulo: Saraiva, 2005. p. 539.

responsabilidades que caracteriza a sociedade e a relação entre os sócios distancia este tipo de contrato do vínculo empregatício. Não se pode esquecer que o sócio e o obreiro possuem objetivos diferentes, pois enquanto este pretende auferir o salário, aquele tem como escopo a utilização da energia do empregado e dela extrair o lucro máximo possível.

Entre as teorias contratualistas, aponta-se, ainda, a que atribui a natureza jurídica do contrato de mandato à relação de emprego. A teoria do mandato adota o caráter fiduciário existente em qualquer vínculo de emprego para aproximar essas duas figuras jurídicas. Afirma que o empregador atua como mandante e o empregado como mandatário. Assim como as demais teorias tradicionais, esta sofre severas críticas:

> A começar pela origem dos dois contratos, verifica-se que esta teoria não pode prosperar, pois, tradicionalmente, o mandato era gratuito, enquanto o contrato de trabalho sempre foi oneroso. Ademais, a representação é elemento essencial no mandato, sendo dispensável no contrato de trabalho, exceção feita aos empregados de confiança. E se não bastasse, no mandato está ausente a subordinação jurídica, traço distintivo entre os dois contratos, o fato de o mandato ser sempre revogável e o contrato de trabalho nem sempre ser rescindível *ad nutum*, pois no tocante aos empregados estáveis, é necessária autorização judicial precedida de inquérito (art. 492 da CLT)[174].

A tentativa de enquadrar a relação jurídica de emprego entre as existentes mostrou-se inadequada, uma vez que não preencheu elementos essenciais e distintivos dessa nova figura jurídica.

Diante da inaptidão das teorias contratuais tradicionais, surgiu uma tendência em romper com qualquer traço teórico de origem civilista — e, portanto, com qualquer traço teórico de origem contratual. Para este fim, foi construída a corrente anticontratualista, como resposta e antítese às proposições civilistas anteriores[175], preocupada em negar a importância da liberdade e da vontade na formação e no desenvolvimento da relação empregatícia.

Dentre as teorias anticontratualistas, as que mais se destacaram foram as teorias da relação de trabalho e institucionalista. Para a primeira, a relação de emprego seria uma situação jurídica objetiva, bastando a prestação material dos serviços para a geração de direitos e obrigações trabalhistas. A vontade na contratação torna-se irrelevante na formação da relação jurídica especializada em questão. Seus principais defensores foram: Siebert, Nikisch, Potthoff, Militor, George Scelle, Mario de La Cueva, Cesarino Junior, dentre outros[176].

Já a teoria institucionalista tem como base o conceito de *instituição* — uma realidade estrutural e dinâmica que teria prevalência e autonomia em face de seus próprios integrantes. Nesse sentido, compreendem a empresa como uma instituição, um corpo social que se impõe objetivamente a um conjunto de pessoas e cuja permanência e desenvolvimento não está

---

(174) MONTEIRO, Alice de Barros. *Curso de direito do trabalho.* São Paulo: LTr, 2005. p. 217.
(175) DELGADO, Mauricio Godinho. *Curso de direito do trabalho.* São Paulo: LTr, 2004. p.308.
(176) NASCIMENTO, Amauri Mascaro. *Curso de direito do trabalho.* São Paulo: Saraiva, 2005. p. 539.

atrelado à vontade dos empregados. Estes, em face do contexto institucional no qual se encontram inseridos, se sujeitariam a uma situação estatutária já pré-estabelecida[177].

Ambas as teorias anticontratualistas pecam por reduzir demais a liberdade/vontade dos sujeitos na formação e no desenvolvimento do vínculo de emprego. Foi justamente a combinação desses elementos que permitiu o surgimento dessa nova espécie de relação jurídica trabalhista. Logo, a restrição deles igualaria a relação empregatícia às demais relações laborais.

Vale ressaltar que, a despeito de existirem fatores inibidores da manifestação volitiva, não há como negar a natureza contratual do vínculo de emprego. Existe, entre as partes, a liberdade de consentir na celebração do contrato, apesar da limitação na liberdade de estabelecer o conteúdo do contrato de emprego.

Em função das falhas existentes nas teorias anticontratualistas supramencionadas, chegou-se à corrente contratualista moderna, que, apesar de defender a natureza contratual da relação de emprego, não a enquadra nos contratos civis típicos, mas, sim, como um contrato *sui generis*, com características próprias que a diferencia dos demais ajustes de vontade que tenham como objeto a prestação do trabalho humano.

Por possuir a relação de emprego particularidades, necessita de uma construção teórica hábil a identificar o gênero próximo, bem como encontrar a sua identidade nuclear específica e distintiva. A teoria contratualista moderna surge como uma teoria capaz de atingir esses objetivos.

Embora o gênero próximo da relação empregatícia seja o contrato, existe um distanciamento entre esta e as demais figuras contratuais civis. Esse vínculo possui como objeto uma obrigação de fazer, prestada com não eventualidade, onerosidade, de modo subordinado e em caráter de pessoalidade no que tange ao prestador do trabalho. Observe que a identidade nuclear específica e distintiva da relação jurídica em questão não é objeto (prestação do trabalho humano), mas sim o modo como ele é realizado (com subordinação, pessoalidade, onerosidade, e de forma não eventual).

Embora seja dominante a doutrina que defende a natureza contratual da relação de emprego, há na legislação trabalhista um sincretismo quanto à natureza desta relação. Encontramos, na CLT, artigos nitidamente contratualistas (arts. 444 e 468)[178], assim como dispositivos flagrantemente institucionalistas (arts. 2º e 503)[179].

---

(177) DELGADO, Mauricio Godinho. *Curso de direito do trabalho.* São Paulo: LTr, 2004. p. 319. Nesse sentido, assevera Amauri Mascaro Nascimento: "O empregado, à luz do institucionalismo, submete-se a uma situação fundamentalmente estatutária, sujeitando-se a condições de trabalho previamente estabelecidas por um complexo normativo constituído pelas convenções coletivas, pelos regulamentos das empresas etc. Ao ingressar na empresa, nada cria ou constitui apenas se sujeita".

(178) Art. 444 – As relações contratuais de trabalho podem ser objeto de livre estipulação das partes interessadas em tudo quanto não contravenha às disposições de proteção ao trabalho, aos contratos coletivos que lhes sejam aplicáveis e às decisões das autoridades competentes. Art. 468 – Nos contratos individuais de trabalho só é lícita a alteração das respectivas condições por mútuo consentimento, e ainda assim desde que não resultem, direta ou indiretamente, prejuízos ao empregado, sob pena de nulidade da cláusula infringente desta garantia.Parágrafo único – Não se considera alteração unilateral a determinação do empregador para que o respectivo empregado reverta ao cargo efetivo, anteriormente ocupado, deixando o exercício de função de confiança.

(179) Art. 2º – Considera-se empregador a empresa, individual ou coletiva, que, assumindo os riscos da atividade econômica, admite, assalaria e dirige a prestação pessoal de serviço. Art. 503 – É lícita, em caso de força maior ou

Em função dessa miscelânea legislativa, costumam-se utilizar os termos contrato de trabalho (ou contrato de emprego) e relação de emprego (ou relação de trabalho) como sinônimos, como podemos observar no art. 442 da CLT: "Contrato individual do trabalho é acordo tácito ou expresso, correspondente a relação de emprego".

Apesar da atecnia legislativa, o contrato de trabalho e a relação de emprego não são palavras representativas do mesmo objeto. O contrato é o aspecto objetivo de um fato que se concretiza na relação, preexistente a ela; é o fato gerador da própria relação jurídica de trabalho subordinado e figura como fonte da qual a relação de emprego é efeito. Cria uma relação jurídica, e não corresponde a ela.

2.2.5. Sujeitos da relação de emprego

Relação jurídica é um vínculo social que liga duas ou mais pessoas, segundo uma hipótese normativa. Pressupõe como elementoso sujeito ativo, que é o beneficiário principal da relação; o sujeito passivo, que é o devedor da prestação; o vínculo de atributividade; e o objeto.

> O sujeito ativo — ou titular do direito — possui a faculdade ou o poder de exigir o cumprimento de uma prestação; o sujeito passivo tem o dever ou obrigação de torná-la efetiva, dando, fazendo ou não fazendo aquilo que constitui o objeto sobre o qual recai o vínculo jurídico. [...] Quanto ao objeto de uma relação jurídica, entende-se que pode ser uma pessoa, uma prestação ou uma coisa. [...] Nos contratos e no direito obrigacional, em geral, o objeto propriamente dito é a prestação. [...][180].

A relação de emprego não foge à regra, também vinculando os sujeitos de direito, o empregado e o empregador. Esta relação é caracterizada não só pelo seu objeto — a prestação de trabalho humano de forma não eventual, subordinada, pessoal e com onerosidade —, como também pelos entes que ocupam os polos passivo e ativo.

O objeto da relação empregatícia já foi analisado nos tópicos anteriores. Assim, passa-se a estudar detidamente os seus sujeitos.

2.2.5.1. Empregado

Iniciar-se-á pela análise da figura jurídica do empregado, por possuir maior relevância na busca dos pressupostos da relação de emprego do que o estudo do empregador, uma vez que os fatos definidores da relação em questão concentram-se na figura do obreiro.

Em parte, explica-se a importância referida pelo fato de não existirem figuras contrapostas ou assemelhadas ao empregador, como ocorre com o empregado. O próprio

---

prejuízos devidamente comprovados, a redução geral dos salários dos empregados da empresa, proporcionalmente aos salários de cada um, não podendo, entretanto, ser superior a 25% (vinte e cinco por cento), respeitado, em qualquer caso, o salário mínimo da região. Parágrafo único – Cessados os efeitos decorrentes do motivo de força maior, é garantido o restabelecimento dos salários reduzidos.

(180) NOGUEIRA, Rubens. *Curso de introdução ao estudo do direito*. São Paulo: Bushatsky, 1979. p. 153.

ente empregador se explica em face da sua posição jurídica em relação ao empregado. Vale dizer: existindo relação jurídica de trabalho com empregado, deduz-se que no outro polo estará a figura do empregador.

Antes mesmo de adentrar no estudo do empregado propriamente dito, faz-se necessário diferenciá-lo do gênero trabalhador.

Trabalhador é a denominação utilizada para representar todo ser humano que utiliza a sua energia pessoal, em proveito próprio ou alheio, visando a um resultado determinado, econômico ou não.

O gênero *trabalhador* comporta diversas espécies, as quais se agrupam em duas categorias classificatórias: autônomos e subordinados. Autônomos são os trabalhadores que dirigem sua energia pessoal. Em consequência, tanto é possível encontrá-los trabalhando para obter resultados em benefício próprio ou de outrem. Já os subordinados são os trabalhadores cuja energia pessoal é utilizada por outrem que lhes dirige a aplicação. Em consequência, só é possível encontrá-los trabalhando em proveito alheio[181].

Dentro da categoria dos subordinados, encontram-se os avulsos, os eventuais e os empregados. Estes últimos diferenciam-se dos demais pelo modo de execução do labor.

Etimologicamente, o termo *empregado* não possui uma acepção própria, originária, mas, sim, derivada. Gramaticalmente, empregado é adjetivo e particípio passado do verbo empregar, que, por sua vez, significa dar emprego ou ocupação a alguém. Substantivou-se e passou a indicar o indivíduo que exerce qualquer emprego ou desempenha o seu *mister* de forma habitual, subordinada, onerosa e pessoal a um tomador do serviço.

O ordenamento jurídico trabalhista[182] também definiu o referido sujeito da relação empregatícia, no art. 3º da CLT, como toda pessoa física que presta serviços de natureza não eventual a empregador, sob dependência deste e mediante salário. Aduz, ainda, que a prestação deve ser pessoal (art. 2º da CLT).

Dos dispositivos legais supramencionados, podemos extrair os seguintes pressupostos: pessoalidade, não eventualidade, onerosidade e subordinação. Para a caracterização do empregado, é necessária a coexistência de todos os pressupostos citados. Cabe, agora, o exame de cada um destes isoladamente.

a) Pessoa física

A CLT, expressamente, dispõe que a prestação dos serviços deve ser executada por pessoa física. A energia de trabalho está atrelada de forma indissociável à figura do ser humano, de modo que apenas a pessoa natural pode despender a sua energia de trabalho em favor do empregador.

---

(181) PINTO, José Augusto Rodrigues. *Curso de direito individual do trabalho:* noções fundamentais de direito do trabalho, sujeitos e institutos de direito individual. 5. ed. São Paulo: LTr, 2003. p. 107-108.

(182) Nem todas as legislações definem o empregado. Das poucas que o fazem, destaquemos a argentina (Lei n. 20.744 de 1974, arts. 23, 24 e 27), a mexicana (art. da Lei de 1972 e 1974) e a brasileira (art. 3º e 2º da CLT) (NASCIMENTO, Amauri Mascaro. *Curso de direito do trabalho.* São Paulo: Saraiva, 2005. p. 592).

Nesse mesmo diapasão, Orlando Gomes e Elson Gottschalk asseveram que:

> Só a pessoa natural pode ser empregado. Uma pessoa jurídica não pode ter essa qualidade. O Direito do Trabalho, conforme as justas ponderações de De la Cueva, protege o trabalhador sobretudo pela energia pessoal que despende na prestação de serviço, que consiste em energia humana de trabalho[183].

Todavia, a realidade concreta pode evidenciar a utilização simulatória da roupagem da pessoa jurídica para encobrir a real posição de empregado. Demonstrado, no caso concreto, a situação fraudulenta, nada impede o reconhecimento de uma relação tipicamente empregatícia, com base no princípio da primazia da realidade e na aplicação do art. 9º da CLT.

Vale salientar, ainda, que, segundo Alice Monteiro de Barros, o pressuposto em tela não é absoluto[184]; como exceção, apresenta o sujeito prestador do serviço no contrato de equipe[185]. Para ela, figura no polo obreiro desse contrato um conjunto de individualidades circunstancialmente reunidas para colaborar em determinada tarefa.

b) Pessoalidade

Outro pressuposto imprescindível para configuração do vínculo empregatício é a *pessoalidade*. Este, apesar de estar atrelado ao pressuposto pessoa física, guarda, perante o mesmo, relevante distinção. O fato de o trabalho ser prestado por pessoa natural não implica, necessariamente, que ele seja realizado com pessoalidade (*v.g.* labor do avulso). Desse modo, além de o serviço ser prestado por pessoa física, deve ser prestado com pessoalidade.

Pessoalidade é, portanto, a exigência de que o trabalho seja prestado pelo próprio empregado, contratado em função da natureza intransferível da sua qualificação e habilidade ao labor para o qual foi admitido. Nesse sentido, o empregado é contratado por sua potencialidade, habilidade e características, devendo adimplir suas obrigações de forma pessoal[186].

---

(183) GOMES, Orlando; GOTTSCHALK, Elson. *Curso de direito do trabalho*. 17. ed. Rio de Janeiro: Forense, 2005. p. 79.

(184) BARROS, Alice Monteiro de. *Curso de direito do trabalho*. 2. ed. São Paulo: LTr, 2006. p. 238-239.

(185) Um exemplo de contrato de equipe positivado no ordenamento jurídico brasileiro é o realizado com os indígenas. Ele está estabelecido no art. 16, § 1º, da Lei n. 6.001/73. "Art. 16 – Os contratos de trabalho ou de locação de serviços realizados com indígenas em processo de integração ou habitantes de parques ou colônias agrícolas dependerão de prévia aprovação do órgão de proteção ao índio, obedecendo, quando necessário, a normas próprias. § 1º – *Será estimulada a realização de contratos por equipe, ou a domicílio, sob a orientação do órgão competente, de modo a favorecer a continuidade da via comunitária.*"

(186) Para Amauri Mascaro Nascimento, a pessoalidade possui um significado mais amplo. "Primeiro, e não só, o de *intransferibilidade ou infungibilidade*, por iniciativa unilateral do prestador, dos serviços a serem por ele prestados, próprio dos contatos *intuito personae*, o que não é exclusivo da relação de emprego, porque é exigência também de alguns contratos de direito civil. Segundo o de *indissociabilidade* entre o trabalhador e o trabalho que presta, porque o *quid* a prestar é a própria atividade da pessoa, o que mais destaca a singularidade do contrato de trabalho. Terceiro, o de *personalidade*, na medida em que, empenhando a própria pessoa no desenvolvimento do contrato de trabalho, o empregado deve ter a proteção de direitos básicos que projetam a esfera mais íntima do se próprio ser, a sua morar e a sua dignidade. Quatro, o de *espírito de colaboração, porque, apesar da luta de classes,* se o trabalhador depende da empresa para a sua subsistência e se está inserido em sua organização, não pode deixar

O caráter *intuito personae* é essencial não só em face da fidúcia que norteia o vínculo de emprego[187], mas, sobretudo, porque o empregador, quando celebra o contrato de trabalho, objetiva a prestação de serviços daquele determinado empregado. Assim sendo, o obreiro não pode fazer-se substituir no serviço, circunstância que descaracterizaria a figura do empregado e, consequentemente, o vínculo de emprego.

Embora a regra seja a vedação da substituição do empregado por outro trabalhador, há exceções. Nas hipóteses de substituição consentida pelo tomador de serviço[188] ou autorizada normativamente (v.g. férias e licença-gestante), a pessoalidade não será suprimida[189].

O pressuposto em questão pode ser aferido em graus variados. Nas relações onde há maior dificuldade na fiscalização do labor, a pessoalidade é mitigada, como ocorre com os empregados a domicílio (art. 6º da CLT), tendo em vista que estes trabalham no seu âmbito residencial, em que o auxílio de familiares é comum e vem sendo permitido, sem desconfigurar o vínculo empregatício. Há a aquiescência tácita de que o trabalho pode ser realizado com auxílio de familiares[190].

No entanto, existem modalidades de contratos de trabalho em que o pressuposto da pessoalidade demonstra-se mais acentuado, seja em virtude do alto grau de eficiência técnica ou em razão de habilidades pessoais, a exemplo dos músicos, atletas e dos profissionais liberais, por se relacionarem à atividade especializada.

Por derradeiro, vale salientar que a pessoalidade é pressuposto que incide apenas sobre a figura do empregado. Em relação ao empregador, prevalece aspecto oposto, já que vigora a diretriz da despersonalização da figura do empregador, viabilizando a sucessão trabalhista[191]. Excepcionando a regra, encontra-se a pessoalidade atrelada às figuras do empregado doméstico e da empresa individual, o que impede a ocorrência do fenômeno supramencionado.

---

de cumprir um dever ético jurídico de lealdade ao empregador" (NASCIMENTO, Amauri Mascaro. *Curso de direito do trabalho*. São Paulo: Saraiva, 2005. p. 595).

(187) Nesse mesmo sentido, Paulo Emílio Ribeiro de Vilhena: "A pessoalidade tem exatamente a virtude de fixar os contornos individuais dessa fidúcia, que, nas relações de emprego como nos negócios jurídicos, sobretudo nos de natureza continuativa, supõe diligência, boa-fé e lealdade, no comportamento das partes" (VILHENA, Paulo Emílio Ribeiro de. *Relação de emprego:* estrutura legal e supostos. 3. ed. São Paulo: LTr, 2005. p. 399).

(188) "Ocasionalmente, a prestação de serviços pode ser deferida a outrem, que não o empregado. Desde que haja pactuação expressa, o empregado, com o consentimento do empregador, pode se fazer substituir na prestação pessoal do serviço contratado. No entanto, quando a substituição se torna regra, passando o pretenso empregado a ser substituído de forma permanente, não há de falar mais em nexo empregatício. Falta pessoalidade do exercício. Desnatura o liame. [...]". TRT – 1ª Reg. – Proc. n. 1.698/62, rel. Juiz Helio de Miranda Guimarães, SP.

(189) DELGADO, Mauricio Godinho. *Curso de direito do trabalho*. São Paulo: LTr, 2004. p. 292.

(190) MAGANO, Octavio Bueno. *Manual de direito do trabalho*. 4 ed. São Paulo: LTr, 1993. v. II, p.111.

(191) Entretanto, há quem defenda em algumas hipóteses que, havendo mudança do empregador, o contrato poderá ser rescindido pelo empregado, sendo pare este último motivo de justa causa. Nesse sentido, assevera Alice Monteiro de Barros: "A doutrina admite excepcionalmente, o caráter *intuitu personae* em relação ao empregador e cita como exemplo a situação de um jornalista cuja empresa em que ele trabalhava sofreu mudança radical na orientação" (BARROS, Alice Monteiro de. *Curso de direito do trabalho*. 2. ed. São Paulo: LTr, 2006. p. 218).

c) Não eventualidade

Não há unanimidade na definição do pressuposto da não eventualidade, devido à controvérsia existente na doutrina, jurisprudência e legislação trabalhista. Enquanto a CLT utiliza-se, no art. 3º, da expressão "serviços de natureza não eventual", a Lei do Doméstico, Lei n. 5.859/72, no art. 1º, emprega a expressão "serviços de natureza contínua". Já a doutrina, por sua vez, elabora diversas teorias na tentativa de explicar o pressuposto em tela.

Dentre as teorias que tentaram elucidar a noção de eventualidade e, consequentemente, a noção oposta, não eventualidade, pode-se apontar como as mais relevantes: teoria da descontinuidade, teoria do evento, teoria dos fins da empresa, teoria da fixação jurídica ao tomador.

Para a primeira delas, teoria da descontinuidade, o trabalho não eventual seria aquele contínuo e sem interrupção. Um trabalho que não se fraciona no tempo, sem intervalos sucessivos, com fluidez temporal. Tal teoria restou rejeitada pelo legislador celetista ao adotar expressamente a expressão "serviços de natureza não eventual", ao invés de valer-se da expressão "serviços de natureza contínua". Todavia, não se pode olvidar que a Lei do Trabalhador Doméstico abraçou expressamente a teoria da descontinuidade, ao definir empregado doméstico como aquele que presta serviço de natureza contínua[192].

Para a teoria do evento, o trabalho eventual seria o realizado em virtude de um acontecimento inesperado, um fato específico sem uma distinção temporal mais ampliada, cuja duração limitar-se-ia à duração do evento[193]. Por conseguinte, trabalho não eventual, para esta teoria, é aquele prestado de ordinário para o empregador, de forma não ocasional[194], independentemente de ele estar relacionado com a atividade-fim do tomador do serviço.

---

(192) Na doutrina, adotam tal entendimento autores como Isis de Almeida (ALMEIDA, Isis de. *Manual de direito individual do trabalho*. São Paulo: LTr, 1998. p. 547), Aloysio Santos (SANTOS, Aloysio. *Manual de contrato de trabalho doméstico*. São Paulo: LTr, 1989. p. 50), Reinaldo Santos (SANTOS, Reinaldo. *Empregado Doméstico*. Rio de Janeiro: Edições Trabalhistas, 1986. p. 36), Rodolfo Pamplona Filho e Marco Antônio César Villatore. (PAMPLONA FILHO, Rodolfo; VILLATORE, Marco Antônio César. *Direito do trabalho doméstico*. São Paulo: LTr, 1997. p. 44). No entanto, há autores que defendem a desnecessidade da continuidade para caracterização do empregado doméstico, bastando a habitualidade. Nesse sentido, doutrinam Lídia Matico Nakagawa, Neusa Maria Cordona Lima, Neusa Marumo (NAKAGAWA, Lídia Matico; LIMA, Neusa Maria Cordona, MARUMO, Neusa. *Conhecendo tudo sobre empregado doméstico*. 2. ed. São Paulo: LTr, 1996. p. 15-16) e Sérgio Pinto Martins (MARTINS, Sérgio Pinto. *Manual do trabalho doméstico*. São Paulo: Malheiros, 1996. p. 42).

(193) Nesse mesmo sentido, Mozart Victor Russomano assevera que o "trabalho eventual é aquele que depende de acontecimento incerto, casual, fortuito [...]" (RUSSOMANO, Mozart Victor. *Comentários à Consolidação das Leis do Trabalho*. Rio de Janeiro: Forense, 1990. v. I, p.12).

(194) Com base no equacionamento do tempo, Barassi classifica o trabalho por conta alheia em quatro categorias: a) trabalho ocasional; b) trabalho adventício; c) trabalho estacional; d) trabalho efetivo. Ocasional é a prestação puramente acidental, que atenda apenas uma necessidade momentânea da vida empresária. Adventício é trabalho realizado de forma intermitente, mas habitualmente indispensável à empresa, ou seja, periodicamente necessário. Estacional é o labor assimilado ao adventício, todavia, em lapsos mais prolongados (em determinadas estações, épocas do ano), mas que se ligam ao curso normal da atividade empresária. Efetivo é o labor habitual relacionado com a atividade fim da empresa (BARRASSI, Ludovico. *Il diritto del lavoro*. Milano: Giufrrè, 1949. p. 168-184).

Por sua vez, para a teoria dos fins da empresa, o trabalhador não eventual é aquele que realiza serviços inseridos na atividade-fim do empregador. Adepto dessa teoria, Délio Maranhão sustenta que:

> Circunstâncias transitórias, porém, exigirão algumas vezes que se admita o trabalho de alguém que se destina a atender uma necessidade, de que se apresenta com caráter de exceção dentro das necessidades normais do empreendimento. Os serviços prestados serão de natureza eventual e aquele que prestar — trabalhador eventual — não será empregado. [...] A aferição da natureza eventual dos serviços prestados há de ser feita tendo em vista os fins normais da empresa[195].

Vale ainda salientar que existem serviços que, apesar de não se referirem à atividade fim do empreendimento, também são considerados não eventuais, como o serviço de limpeza e vigilância, por ser normal e esperado dentro da estrutura empresarial, logo, não exposto à álea[196].

Para a teoria da fixação, empregado é aquele que se fixa a um ou mais tomadores de serviços determinados. Não é necessário que o trabalho não eventual seja prestado com exclusividade, mas, sim, que seja realizado em favor de empregadores determinados, de forma que haja a possibilidade de fixação jurídica. Amauri Mascaro Nascimento, defensor dessa tese, leciona que:

> Eventual é o trabalho que, embora exercido concomitantemente e em caráter profissional, o é para destinatários que variam no tempo, de tal modo que se torna impossível a fixação jurídica do tomador em relação a qualquer um deles. [...] Já o empregado destina seu trabalho de modo constante, inalterável e permanente a um destinatário, de modo a manter uma constância no desenvolvimento da sua atividade em prol da mesma organização, suficiente para que o elo jurídico seja mantido, resultante, muitas vezes, dessa mesma continuidade[197].

A adoção isolada de qualquer uma das teorias mencionadas levará a resultados concretos distintos. Nesse sentido, a conduta mais adequada deve ser a utilização combinada

---

(195) MARANHÃO, Délio. *Direito do trabalho.* Rio de Janeiro: Fundação Getúlio Vargas, 1987. p. 49-50.

(196) "Relação de emprego — Diarista — Limpeza em escritório de empresa — Não eventualidade. 1. A constante prestação de serviços de limpeza em escritório de empresa, ainda que em apenas um dia da semana, por anos a fio, caracteriza o vínculo empregatício. O requisito legal da não eventualidade na prestação do labor, para efeito de configuração da relação de emprego, afere-se precipuamente na inserção do serviço no atendimento de necessidade normal e permanente do empreendimento econômico da empresa. Servente de limpeza, que realiza tarefas de asseio e conservação em prol da empresa, semanalmente, mediante remuneração e subordinação, é empregada, para todos os efeitos legais. A circunstância de também prestar serviços a terceiros, paralelamente não exclui o vínculo empregatício, pois a lei não exige exclusividade, em regra, para tanto. 2. Acórdão turmário que se divorcia dos fatos expostos no acórdão regional contraria a Súmula n. 126 do Tribunal Superior do Trabalho. 3. Embargos da reclamante conhecidos e providos para restabelecer o acórdão regional" (TST – SBDI-I E-RR n. 593.730/1999-6 – Rel. João Oreste Dalazen – *DJ* 15.4.2005 – p. 880).

(197) NASCIMENTO, Amauri Mascaro. *Curso de direito do trabalho.* São Paulo: Saraiva, 2005. p. 598.

das teorias em cotejo[198]. No entanto, não se pode negar que a doutrina e a jurisprudência[199] vêm elegendo como principal critério de configuração da não eventualidade a inserção dos trabalhadores nas atividades-fins da empresa, ainda que seu labor seja intermitente.

Contudo, alguns autores costumam associar a não eventualidade apenas à falta de constância da atividade do empregado no tempo[200]. A rigor, não se pode traçar um único paralelo entre a não eventualidade e o elemento temporal, devendo ser este pressuposto obserado sob diversos prismas, principalmente com base no enfoque da necessidade empresarial.

> Ainda que conceitualmente movediço, o eventual ganha conotações próprias porque não se liga totalmente ao temporal. E não é somente o instantâneo em si, mas o instantâneo esporádico, cujo nexo se extrai da natureza e das finalidades da atividade empresária[201]. [...] O que importa é que a função do trabalhador é permanente e necessária a fim perseguido pela atividade empresária. Ainda que a prestação não seja contínua, caracteriza-se o trabalho efetivo e não eventual, para todos os efeitos legais[202].

Diante do exposto, é possível caracterizar o trabalhador não eventual como aquele que labora de forma permanente e habitual — não ocasional[203] — (teoria do evento) a um ou mais empregadores determinados (teoria da fixação jurídica), inserido na atividade-fim da empresa (teoria dos fins do empregador).

---

(198) Segundo Mauricio Godinho Delgado, "O conceito de eventualidade é daqueles que definitivamente não resultam de um único ponto constitutivo. Algo polêmico, encontra distintas propostas de explicação, todas procurando firmar um critério básico à nítida identificação da natureza eventual da relação de trabalho enfocada. Na verdade, a possibilidade de aglutinação de, pelo menos, dois desses critérios no exame da relação jurídica concreta, é que irá permitir a mais firme seleção da hipótese jurídica encontrada" (BARROS, Alice Monteiro de (Coord.). *Curso de direito do trabalho:* estudos em memória de Célio Goyatá. São Paulo, 1994. p. 261).

(199) "VÍNCULO DE EMPREGO. AUDITOR. ATIVIDADE INTERMITENTE. NÃO EVENTUALIDADE. Considerando a peculiaridade da prestação laboral examinada, e tendo em vista a controvérsia acerca do conceito de não eventualidade, necessária uma aferição convergente e combinada das distintas teorias em cotejo com o caso concreto, definindo-se a ocorrência ou não da eventualidade pela conjugação predominante dos diversos enfoques. Nesse contexto ainda que se admita que o reclamante apenas trabalhasse em alguns dias do mês, a intermitência, neste caso, não traduz a eventualidade, já que a descontinuidade da prestação dos serviços não é fator determinante do trabalho eventual. [...]» (TRT – 3ª Reg. – RO 6894/03 – 6ª T. – Rel. Juiz Rogério Valle Ferreira – DJMG 26.6.2003 – p. 11).

(200) PINTO, José Augusto Rodrigues; PAMPLONA FILHO, Rodolfo. *Repertório de conceitos trabalhistas.* São Paulo: LTr, 2000. p. 364.

(201) VILHENA, Paulo Emílio Ribeiro de. *Relação de emprego:* estrutura legal e supostos. 3.ed. São Paulo: LTr, 2005. p. 450.

(202) VILHENA, Paulo Emílio Ribeiro de. *Relação de emprego:* estrutura legal e supostos. 3.ed. São Paulo: LTr, 2005. p. 450.

(203) [...] Sendo assim, é não eventual o labor exercido uma vez semana, duas ou três vezes no mês, e até durante curto período do ano, desde que haja a expectativa daquela atividade. Já a noção de ocasional transporta o juízo de imprevisibilidade, como o conserto de um computador em um escritório de advocacia. Portanto, a eventualidade deve ser vista não simplesmente sob o aspecto do tempo, mas sim, sob o enfoque da necessidade empresarial. (Monografia de conclusão de curso de Carolina Ferrari); BARRASSI, Ludovico. *Il diritto del lavoro.* Milano: Giuffrè, 1949. p. 184.

d) Onerosidade

Onerosidade é qualidade do que é oneroso, ou seja, o que impõe ônus ou encargo[204]. Nesse sentido, o contrato de trabalho é oneroso, bilateral e sinalagmático, uma vez que o empregado coloca sua energia à disposição do empregador, e este, em contrapartida, possui o encargo de retribuir a energia colocada à sua disposição.

A análise do pressuposto da onerosidade conduz, necessariamente, ao estudo de suas dimensões. No plano objetivo, a onerosidade manifesta-se pelo pagamento de parcelas salariais, destinadas a remunerar a energia laboral, pelo empregador. Esse complexo salarial pode ser composto por parcelas *in pecunia* e em utilidades. Na ausência da onerosidade no plano objetivo, o jurista deve perquirir a dimensão subjetiva do pressuposto em questão. No plano subjetivo, a onerosidade manifesta-se pelo intuito contraprestativo do trabalhador, ou seja, a intenção de auferir um ganho econômico pelo trabalho ofertado[205].

Vale, ainda, salientar que não é a falta de estipulação do valor do salário nem a ausência de seu pagamento que desconfigura a condição de empregado, mas, sim, a intenção de colocar a sua energia à disposição do tomador do serviço por mera benevolência. Na ausência de contraprestação, por parte do empregador, basta verificar a presença da onerosidade subjetiva, ou seja, intenção de trabalhar em troca de perceber remuneração, existindo o intuito oneroso por parte do trabalhador, este se caracterizará como empregado[206].

Há algumas relações jurídicas que se aproximam da relação empregatícia, gerando controvérsias quanto à sua natureza. Em relação a essas figuras controvertidas, a doutrina e jurisprudência costumam utilizar a dimensão subjetiva da onerosidade para desconfigurar a relação de emprego entre pastores, padres e as entidades religiosas[207]; cabos eleitorais e os partidos políticos; a esposa e o marido[208], asseverando inexistir intuito oneroso por parte dos referidos trabalhadores, e sim intuito filantrópico, religioso, político, familiar ou comunitário.

e) Subordinação jurídica

Dentre os pressupostos do empregado, a subordinação é o que alcança o maior destaque, não só pela importância que tem na diferenciação entre o trabalhador subordinado e

---

(204) PINTO, José Augusto Rodrigues; PAMPLONA FILHO, Rodolfo. *Repertório de conceitos trabalhistas*. São Paulo: LTr, 2000. p. 380.

(205) DELGADO, Mauricio Godinho. *Curso de direito do trabalho*. 3. ed. São Paulo: LTr, 2004. p. 298-299.

(206) Na ausência de pactuação do *quantum* salarial, este será estimado com base no valor percebido por quem executa atividade equivalente na mesma empresa, ou na importância usualmente paga a serviço semelhante (art. 460 da CLT).

(207) Discordamos da maioria da doutrina, uma vez que entendemos que os padres e pastores possuem não só intuito religioso, como também, mesmo que de forma inconsciente, do perceber algo em contraprestação ao seu labor, como moradia, vestimenta, alimentação etc.

(208) "Vínculo de emprego — Relação conjugal — Ausência de onerosidade — Não reconhecimento. Não existe vínculo de emprego entre os membros da relação conjugal, sobretudo quando a parte que pede o reconhecimento do vínculo jamais recebeu qualquer remuneração pelos serviços prestados" (TRT – 12ª R. – 3ª T. – ROV n. 89/2005.042.12.00-3 – AC n. 5.030/06 – Rel. Roberto Brasilone Leite – *DJ* 3.5.2006 – p. 291)

o trabalhador autônomo, como, também, por ser o elemento motivador da reação tutelar do Direito do Trabalho na busca da isonomia substancial.

O termo subordinação deriva do *sub*(baixo) e *ordinare*(ordenar), traduzindo a noção básica de "submetimento, sujeição ao poder de outrem, às ordens de terceiros, uma posição de dependência"[209].

A subordinação e o poder diretivo são faces da mesma moeda. Enquanto o empregador dirige a atividade, assumindo o risco dela, o empregado coloca a sua energia à disposição do tomador. Subordinação é, portanto, a situação em que se encontra o trabalhador decorrente da limitação contratual da autonomia de sua vontade, para o fim de transferir ao empregador o poder de direção sobre a atividade que desempenhará[210].

É importante ressaltar que existirá subordinação mesmo quando não houver prestação de uma atividade por parte do empregado, haja vista que este coloca a sua energia laboral à disposição do tomador do serviço, independentemente da sua utilização.

A subordinação está presente em diversas relações jurídicas, o que torna importante o estudo da natureza jurídica e do grau da subordinação existente na relação empregatícia.

Ao longo da evolução do Direito do Trabalho, diversas teorias surgiram com o intuito de explicar a natureza jurídica da subordinação, sendo que as principais são: econômica, técnica, social e jurídica.

A primeira inspirou-se na circunstância de o empregado, hipossuficiente economicamente, necessitar trabalhar para receber a remuneração, a qual permitiria a sua sobrevivência e de sua família. Contudo, apesar de possuir certa sustentabilidade no período da Revolução Industrial, hoje já não possui. A possibilidade de laborar para mais de um empregador e a participação da família na composição da renda familiar demonstram a falibilidade desta corrente na atualidade.

Já a teoria da subordinação técnica assevera que o empregado é submisso ao empregador, em virtude deste possuir o conhecimento técnico apto a comandar a atividade econômica. Todavia, a corrente em tela padece do mesmo mal da anterior, a saber, a desatualização. Hodiernamente, com o alto grau de desenvolvimento tecnológico, com o crescimento da empresa e da concorrência, os empregadores passaram a se limitar à gestão econômica do empreendimento, enquanto os empregados dirigem tecnicamente o seu labor. Pode-se até afirmar que, atualmente, é o empregador que depende do conhecimento técnico do empregado para a realização das atividades[211].

A teoria da subordinação social buscou fundir os critérios da subordinação jurídica e da dependência econômica num critério mais amplo. Apesar da defesa feita pelos

---

(209) NASCIMENTO, Amauri Mascaro. *Curso de direito do trabalho.* São Paulo: Saraiva, 2005. p. 599.
(210) NASCIMENTO, Amauri Mascaro. *Curso de direito do trabalho.* São Paulo: Saraiva, 2005. p. 603.
(211) PINTO, José Augusto Rodrigues. *Curso de direito individual do trabalho:* noções fundamentais de direito do trabalho, sujeitos e institutos de direito individual. 5. ed.São Paulo: LTr, 2003. p. 116.

estrangeiros, *Savatier* e *Lescudier*, e por Oliveira Viena[212], a presente teoria sofreu severas críticas, sucumbindo.

> Desagrada não só por tentar amalgamar dois elementos que tem sentido próprios, mas, sobretudo pela imprecisão resultante do amalgama. Afinal de contas, há relações que levam à subordinação jurídica interna (isto é, dentro da própria relação) sem que, socialmente, nenhuma subordinação se note entre os seus sujeitos, do mesmo modo que o inverso pode suceder. Por outro lado, os reflexos sociais possíveis da dependência econômica também não estão necessariamente ligados à relação de emprego. Resta desta análise, portanto, uma teoria vaga e de leve sabor ideológico, de modo algum elucidada a essência da subordinação do empregado ao empregador[213].

Por fim, a teoria da subordinação jurídica. Esta assevera que o pressuposto da subordinação é uma situação jurídica derivada do contrato de trabalho pela qual o empregado deve submeter-se tanto ao poder de direção do empregador quanto ao modo de realização de sua obrigação de fazer.

A despeito da teoria da subordinação jurídica ser a dominante na doutrina e na jurisprudência, bem como a mais adequada para explicar a essência da subordinação, as demais teorias explicativas devem ser utilizadas como critérios auxiliares de identificação da relação de emprego e da figura do empregado.

O estudo do pressuposto da subordinação não se restringe à sua natureza jurídica. A análise do grau da subordinação jurídica é de suma importância para distinguir as relações jurídicas de emprego das assemelhadas.

> O grau de subordinação do empregado ao empregador constitui um estado, sendo, portanto, *absoluto* e fazendo notar-se através da sujeição da energia em si mesma, seja ela utilizada ou não. Já nas demais situações, o grau de subordinação é relativo, posto não se dirigir para a energia, mas somente para o fim em que será aplicada, conservando o prestador total autonomia, quanto aos meios da execução contratual[214].

Quanto ao grau de subordinação, é possível fazer outra constatação. A subordinação varia de intensidade, do grau máximo ao mínimo, de acordo com a natureza do serviço prestado[215]. O vigor da subordinação e a especialização dos serviços são inversamente proporcionais. Há uma diminuição no grau da subordinação na medida em que o trabalho se especializa, passando do manual para o técnico ou intelectual. Em contrapartida, tornam-se mais intensas as colaborações e a confiança que o empregado desfruta frente ao empregador.

---

(212) GOMES, Orlando; GOTTSCHALK, Elson. *Curso de direito do trabalho*. 17. ed. Rio de Janeiro: Forense, 2005. p. 139-140.
(213) PINTO, José Augusto Rodrigues. *Curso de direito individual do trabalho:* noções fundamentais de direito do trabalho, sujeitos e institutos de direito individual. 5. ed. São Paulo: LTr, 2003. p. 116-117.
(214) PINTO, José Augusto Rodrigues. *Curso de direito individual do trabalho:* noções fundamentais de direito do trabalho, sujeitos e institutos de direito individual. 5. ed. São Paulo: LTr, 2003. p. 118.
(215) RIVA SANSEVERINO, Luiza.*Curso de direito individual do trabalho*. São Paulo: LTr, 1976. p. 49.

A subordinação também pode ser encarada sob os prismas objetivo ou subjetivo. A subordinação subjetiva apresenta-se sob o viés técnico, pessoal e financeiro. *Técnico* refere-se ao acatamento do procedimento e das regras de execução da atividade pelo empregado. *Pessoal* diz respeito ao controle da jornada de trabalho, bem como à obediência aos regulamentos empresariais e às ordens do empregador. *Econômico* está vinculado à imprescindibilidade do salário para o complemento do orçamento doméstico, sem o qual a família não alcança uma vida digna.

Os três aspectos da subordinação subjetiva estão presentes na subordinação jurídica, mas com intensidades diferentes. Enquanto os empregados especializados possuem o controle técnico relativizado, os obreiros desprovidos de qualificação têm todos os viés da subordinação subjetiva intensificados[216].

Há autores[217] que entendem a subordinação subjetiva como pressuposto atuante sobre a pessoa do empregado, criando um estado de sujeição ou submissão da pessoa do obreiro em relação ao empregador. Apesar de a possibilidade da sujeição pessoal concretamente ocorrer, a subordinação jurídica atinge o modo de execução da prestação do serviço pelo obreiro, e não o próprio empregado, restando ultrapassado esse sentido dado à subordinação subjetiva.

Já a subordinação objetiva consiste na inserção da atividade do empregado na organização empresarial, mediante um vínculo contratualmente estabelecido, em virtude do qual o trabalhador subordina-se aos poderes de direção e fiscalização do empregador.

A jurisprudência inglesa, por não considerar a subordinação objetiva um critério suficiente para caracterizar o pressuposto da subordinação, agrega a ela o "direito residual de controle", ou seja, a faculdade do empregador de impor sanções aos empregados. Na mesma direção, posicionam-se a jurisprudência e a doutrina italiana moderna, considerando precário o critério da subordinação objetiva para caracterização da relação empregatícia, ao argumento de que a subordinação objetiva poderá apresentar-se também no trabalho autônomo[218].

Apesar de ser considerado insuficiente como critério exclusivo na determinação do conceito da subordinação por grande parte dos doutrinadores[219], ele é importante para inserir algumas formas de trabalho atípico no âmbito da tutela trabalhista[220].

f) Pressupostos não essenciais

A doutrina, ainda, apresenta outros pressupostos que, apesar de dispensáveis para a configuração do empregado, são importantes para diferenciá-lo de figuras assemelhadas.

---

(216) ROMITA, Arion Sayão. *A subordinação no contrato de trabalho.* Rio de Janeiro: Forense, 1979. p. 77-78.
(217) *V.g.* Mauricio Godinho Delgado (DELGADO, Mauricio Godinho. *Curso de direito do trabalho.* 3. ed. São Paulo: LTr, 2004. p. 303).
(218) MONTEIRO, Alice de Barros. *Curso de direito do trabalho.* São Paulo: LTr, 2006. p. 242-243.
(219) *V.g.*, Alice Monteiro de Barros, Paulo Emílio Ribeiro de Vilhena e Oscar Ermida Uriarte.
(220) Manifestação do referido entendimento na defesa da dissertação de mestrado de Murilo Sampaio (6.10.2006).

Os pressupostos não essenciais, também denominados de acidentais, são úteis no enquadramento dos trabalhadores na categoria de empregado quando for imprecisa a manifestação dos pressupostos essenciais. Apenas a análise conjunta dos pressupostos, essenciais e acidentais, permitirá afirmar, com segurança, a existência de um empregado.

A exclusividade, a continuidade e a alteridade são alguns dos pressupostos não essenciais apontados pela doutrina, possuindo os dois primeiros uma íntima relação com a figura do empregado, enquanto o terceiro está atrelado ao empregador.

A continuidade já foi estudada no tópico referente ao pressuposto da não eventualidade e, por esse motivo, não será novamente explanada. Quanto à alteridade, esta será abordada em tópico reservado à figura do empregador. Já a *exclusividade*, passa a ser analisada.

f.1) Exclusividade

O pressuposto da exclusividade é marcado pela acidentalidade, uma vez que não há nenhuma norma geral na legislação trabalhista que restrinja a prestação do serviço a um só tomador, o que levaria à singularização do emprego. Pelo contrário, permite-se que o empregado possua diversas relações laborais simultâneas, desde que não haja incompatibilidade de horários, de função ou vedação contratual[221].

Da mesma forma que nada obsta que o empregado tenha várias relações de emprego com mais de um empregador, o ordenamento trabalhista não veda que a admissão na empresa seja condicionada à prestação de serviço apenas a um tomador. Todavia, a mencionada restrição pode ser estabelecida por meio de instrumentos normativos trabalhistas autônomos ou heterônomos.

Apesar da ausência de norma geral trabalhista que vede a pluralidade empregatícia, a não exclusividade pode dar causa à extinção do contrato de trabalho. Existindo cláusula ajustada de exclusividade, sendo esta violada, ou havendo prestação de serviços para empregadores concorrentes sem o consentimento dos mesmos, ambos os casos ensejarão a rescisão contratual.

É interessante notar a relação existente entre a qualificação profissional e a exclusividade. O trabalho intelectual ou especializado guarda relação direta com a pluralidade empregatícia, enquanto o trabalho braçal ou manual possui relação direta com a exclusividade. No entanto, nada impede que o trabalhador braçal mantenha mais de uma relação de emprego, o que reforça o caráter acidental da exclusividade[222].

É válido ressaltar a coordenação existente entre a exclusividade e a dependência econômica. Muito embora a exclusividade sugira a presença da debilidade econômica,

---

(221) "O art. 138 da CLT permite que o empregado preste serviços em suas férias a outro empregador, se estiver obrigado a fazê-lo em virtude de um contrato regularmente mantido com aquele. O art. 414 da CLT mostra que as horas de trabalho do menor que tiver mais de um emprego deverão ser totalizadas" (MARTINS, Sérgio Pinto. *Direito do trabalho*. 22. ed. São Paulo: Atlas, 2006. p. 94). Outro exemplo de permissão legislativa é a introdução do art. 58-A na CLT, regulamentando o trabalho em regime de tempo parcial, também conhecido como *part time*.

(222) PINTO, José Augusto Rodrigues. *Curso de direito individual do trabalho*: noções fundamentais de direito do trabalho, sujeitos e institutos de direito individual. 5. ed. São Paulo: LTr, 2004. p. 113-114.

uma vez que conduz à indicação de uma única fonte de sustento para o trabalhador e a sua família, não implica, contudo, necessariamente, a existência da referida extenuação.

2.2.5.2. Empregador

Após a definição de empregado, conceituar empregador torna-se uma tarefa mais fácil, uma vez que são figuras complementares. Com base nos pressupostos essenciais caracterizadores da figura do empregado, é possível definir empregador como a pessoa física, jurídica ou o ente despersonalizado que contrata uma pessoa física para prestar serviços de forma pessoal, onerosa, não eventual e sob sua subordinação.

Percebe-se, portanto, que não há um pressuposto especial caracterizador do empregador. Basta que o tomador do serviço utilize-se da energia de um empregado para que seja considerado empregador.

O anteprojeto da CLT não continha uma definição de empregador, a qual poderia ser estabelecida por via oblíqua, demonstrando a desnecessidade de sua definição legal[223]. No entanto, o projeto final, convertido em lei, definiu-o como empresa, individual ou coletiva, que, assumindo os riscos da atividade econômica (alteridade), admite, assalaria (onerosidade) e dirige (subordinação) a prestação pessoal (pessoalidade) de serviço (art. 2º, *caput*).

A definição legal sofreu severas críticas. A primeira baseia-se na ausência do pressuposto não eventualidade. O tomador do serviço que se utiliza, de forma eventual, da energia do prestador do serviço, não pode ser considerado um empregador, uma vez que o labor não é prestado por um empregado. Nota-se, portanto, que a ausência do mencionado pressuposto no art. 2º da CLT torna defeituoso o conceito legal de empregador. Todavia, a ausência mencionada pode ser suprimida através de uma interpretação lógico--sistemática da CLT, buscando no art. 3º da CLT o citado pressuposto.

A segunda censura tomou como base a adoção do termo empresa. Reflexo da forte influência da teoria da instituição, o legislador celetista equiparou o empregador à empresa, restringindo o seu conceito.

Sendo *empresa* a atividade econômica exercida profissionalmente pelo empresário, organizada para a produção ou a circulação de bens ou serviços (art. 966 do CC/2002), os tomadores de serviço que não tivessem finalidade lucrativa não poderiam ser considerados empregadores.

Buscando corrigir a restrição mencionada, o legislador acrescentou o § 1º ao art. 2º da CLT, criando a figura jurídica fictícia denominada empregador por equiparação. De acordo com o referido parágrafo, equiparam-se ao empregador, para efeitos exclusivos da relação de emprego, os profissionais liberais, as instituições de beneficência, as associações recreativas ou outras instituições sem fins lucrativos, que admitem trabalhadores como empregados.

---

(223) SÜSSEKIND, Arnaldo. *Curso de direito do trabalho.* Rio de Janeiro: Renovar, 2002. p. 202, 191.

Adotada "a meia ficção equiparativa do empregador à empresa, o legislador teve de recorrer a outra: considerar os profissionais liberais e pessoas jurídicas 'sem fins lucrativos' como se fosse empresa"[224]. Portanto, um equívoco levou ao outro.

As pessoas especificadas no § 1º são verdadeiros empregadores, o que demonstra que tal dispositivo é tautológico. A existência de finalidade lucrativa é irrelevante para a configuração do empregador, pois, como já explanado anteriormente, não há um pressuposto especial caracterizador desta figura jurídica. Basta que o tomador do serviço utilize-se da energia de um empregado, para que seja considerado empregador.

Ademais, conforme Octavio Bueno Magano[225], o melhor conceito de atividade econômica é o que a define como atividade destinada à satisfação das necessidades humanas. Nesse sentido, não é preciso que se busque o lucro para que se exerça atividade econômica, o que, consequentemente, permite entender empresa como toda ação humana endereçada à satisfação de uma necessidade.

> O legislador pensou que a atividade econômica supusesse, necessariamente, a ideia do lucro. Mas não é assim. A atividade econômica traduz-se na produção de bens ou serviços para satisfazer às necessidades humanas. Em um regime capitalista, as noções de atividade econômica e de lucro vêm, geralmente, associadas, porque este é o incentivo para o exercício daquela. Isso não importa, no entanto, que se confunda uma coisa com outra, desde que haja uma atividade econômica (produção de bens e serviços), na qual se utiliza a força do trabalho alheia como fator de produção, existe a figura do empregador[226].

Em sentido contrário, há quem argumente[227] que a CLT, ao dispor que o empregador assume o risco da atividade, quis se reportar ao lucro, o qual seria inerente à noção de risco.

Contra-argumentando a assertiva em tela, Edilton Meireles ressalta que o equívoco está na premissa adotada. A noção de lucro não é inerente à noção de risco, haja vista que qualquer que seja a atividade desenvolvida, visando o lucro ou não, seu executor sempre correrá risco dela não produzir os resultados ou lhe acarretar despesas superiores ao planejado[228].

Apoiado na moderna teoria econômica[229], afirma, ainda, que "assume o risco da atividade (ou risco econômico da atividade), não só quem visa o lucro, mas todos que põem em risco a integralidade do patrimônio"[230].

---

(224) CATHARINO, José Martins. *Compêndio de direito do trabalho.* São Paulo: Saraiva, 1981. v. 1, p. 38.

(225) MAGANO, Octavio Bueno. *Os grupos de empresas no direito do trabalho.* São Paulo: LTr, 1974. p. 261.

(226) KOURY, Suzy Elizabeth Cavalcante. *A desconsideração da personalidade jurídica (*disregard doctrine*) e os grupos de empresa.* Rio de Janeiro: Forense, 1993. p. 17.

(227) MORAES FILHO, Evaristo de. *Do contrato de trabalho como elemento da empresa.* Ed. Fac-similada. São Paulo: LTr, 1993. p. 180.

(228) MEIRELES, Edilton. *Grupo econômico trabalhista.* São Paulo: LTr, 2002. p. 163.

(229) A moderna teoria econômica entende o risco como certo perigo de diminuição da integralidade do patrimônio, entendida esta (integralidade), por sua vez, como manutenção das potencialidades econômicas de este último (patrimônio) (MEIRELES, Edilton. *Grupo econômico trabalhista.* São Paulo: LTr, 2002. p. 163).

(230) MEIRELES, Edilton. *Grupo econômico trabalhista.* São Paulo: LTr, 2002. p. 163.

Ademais, é preciso destacar que "inexiste oposição entre atividade econômica e serviço público". A prestação de serviço público "está voltada à satisfação de necessidades, o que envolve a utilização de bens e serviços", do que se conclui que o serviço público é uma espécie de atividade econômica e, por consequência, o Estado pode figurar como empregador, seja prestando serviço público ou exercendo atividade econômica[231].

Portanto, adotando os entendimentos supramencionados, assevera-se que tanto uma pessoa física ou pessoa jurídica — privada ou pública — como um ente despersonalizado podem ocupar o polo patronal na relação jurídica de emprego, independentemente da intenção lucrativa de sua atividade.

A definição legal de empregador vem sendo interpretada de forma ampliativa. Sintomático é o conceito legal de empregador rural (art. 3º da Lei n. 5.889/73), ao substituir o termo *empresa* por *pessoa física* ou *jurídica*.

É interessante enfatizar que os entes despersonalizados também podem ser empregadores, desde que utilizem a energia pessoal de trabalhadores caracterizados como empregados. A legislação trabalhista já dispunha nesse sentido desde 1956, com a promulgação da Lei n. 2.757, a qual considera empregadores os condomínios residenciais[232].

É válido anotar, ainda, que empregador não pode ser considerado uma empresa, haja vista que esta não é sujeito de direito no ordenamento jurídico brasileiro, mas, sim, objeto de direito. O empregador é o empresário, ou seja, a pessoa que exerce a atividade empresarial (empresa).

A regra supramencionada não é absoluta. A empresa pública, por exemplo, por ser um patrimônio de afetação personalizado (Decreto-lei n. 200, de 1967), atinge a condição de pessoa jurídica, tornando-se sujeito de direito, correspondendo, assim, à definição legal de empregador[233].

Por vezes, empresa também é confundida com estabelecimento ou com ponto comercial. O ordenamento trabalhista não utiliza com precisão o termo empresa, fazendo confusão terminológica.

Tecnicamente, empresa[234] é a atividade econômica exercida profissionalmente pelo empresário, organizada para a produção ou a circulação de bens ou serviços (art. 966

---

(231) GRAU, Eros Roberto. *A ordem econômica na Constituição de 1988 (interpretação e crítica)*. 3. ed. São Paulo: Malheiros, 1997. p. 133.

(232) Lei n. 2.757/56, art. 1º São excluídos das disposições da letra *"a"* do art. 7º do Decreto-lei n. 5.452, de 1º de maio de 1943, e do art. 1º do Decreto-lei n. 3.078, de 27 de fevereiro de 1941, os empregados porteiros, zeladores, faxineiros e serventes de prédios de apartamentos residenciais, desde que a serviço da administração do edifício e não de cada condômino em particular. [...] Art. 3º Os condôminos responderão, proporcionalmente, pelas obrigações previstas nas leis trabalhistas, inclusive as judiciais e extrajudiciais.

(233) SÜSSEKIND, Arnaldo *et al. Instituições de direito do trabalho*. 22. ed. São Paulo: LTr, 2005. v. I, p. 291.

(234) Segundo Alberto Asquini, a empresa possui quarto perfis. No perfil subjetivo, a empresa se confunde com o próprio empresário. No perfil objetivo, a empresa se confunde com o estabelecimento. No perfil corporativo ou institucional, a empresa configura-se nos esforços conjuntos de empresário e de seus colaboradores. Já no perfil funcional, a empresa corresponde à atividade organizadora e coordenadora do capital e do trabalho.

do CC/2002), enquanto estabelecimento é o conjunto de bens corpóreos e incorpóreos destinados ao exercício da empresa (art. 1.142 do CC/2002).

O estabelecimento não se confunde com ponto comercial, já que este é o local em que o empresário se estabelece, constituindo-se em um dos elementos incorpóreos do estabelecimento comercial.

Apesar das críticas feitas à utilização do termo empresa, há quem as refute, asseverando que, quando o legislador considera empregador empresa, não está subjetivando-a, mas esclarecendo que o empregado não estabelece vínculo empregatício com a pessoa física do empregador, por ser efêmera, mas com o organismo duradouro que é a empresa[235].

Nesse sentido, não há apenas aspectos negativos na adoção da palavra empresa. A prática trabalhista evidenciou a funcionalidade da utilização do citado termo. Permite a ocorrência do fenômeno da despersonalização do empregador, face oposta da personalização da empresa, garantindo os direitos trabalhistas aos obreiros[236].

Aceito o entendimento que o empregador não possui pressuposto essencial específico, sendo caracterizado por figurar no polo passivo da relação empregatícia, inicia-se a apresentação dos seus efeitos jurídicos.

Mauricio Godinho Delgado dispõe que o ordenamento juslaboralista determina a ocorrência de alguns efeitos jurídicos universais sobre o empregador, não sendo estes elementos constitutivos da tal figura, mas, sim, efeitos jurídicos decorrentes de sua existência. Afirma, ainda, que, por eles estarem presentes em praticamente todas as situações pertinentes à existência do empregador, a doutrina trabalhista costuma denominá-los de aspectos característicos[237].

A despersonalização e a alteridade são os principais efeitos da figura do empregador.

a) Despersonalização do empregador

Enquanto a pessoalidade é o pressuposto essencial do empregado, a impessoalidade é a regra para a figura do empregador. O empregado, ao colocar sua energia à disposição do tomador de serviço, normalmente não o faz em função das qualidades pessoais do empregador. Vincula-se ao conjunto orgânico do empreendimento e não ao seu titular.

A referida impessoalidade é consequência da despersonalização do empregador. O desenvolvimento tecnológico e a exigência de maior quantidade de capital para a organização da empresa foram alguns dos fatos geradores do fenômeno em questão.

Nas corporações de ofício e no início do período industrial, o empregador apresentava-se fisicamente como detentor do capital aplicado e participava do processo produtivo, uma vez que não era raro ele deter o conhecimento técnico. Todavia, com o passar dos

---

(235) MONTEIRO, Alice de Barros. *Curso de direito do trabalho*. São Paulo: LTr, 2006. p. 345.
(236) Nesse sentido, Gilberto Gomes (GOMES, Gilberto. *Sucessão de empresas*. São Paulo: LTr, 1994. p. 55).
(237) DELGADO, Mauricio Godinho. *Curso de direito do trabalho*. 3. ed. São Paulo: LTr, 2004. p. 391.

anos, tornou-se difícil identificar a pessoa do "patrão", o qual passou a ser encoberto pela empresa[238].

Enquanto o empregador foi perdendo a sua identidade, despersonalizando-se, a empresa, como conjunto orgânico do empreendimento, ganhou visibilidade, personalizando-se. A despersonalização do empregador e a personalização da empresa são faces da mesma moeda. São fenômenos diferentes que se completam.

No Brasil, a adoção da CLT do termo empresa para conceituar empregador serviu para realçar não só a despersonalização do empregador, como, também, a impessoalidade do sujeito passivo da relação de emprego.

Vale registrar que o fenômeno em tela é de suma importância para viabilizar o princípio da continuidade, impedindo que se rompa a relação de emprego pela simples modificação da titularidade no empreendimento. Com base na despersonalização do empregador, é possível modificar o polo passivo da relação empregatícia sem prejuízo do comprometimento das obrigações do contrato de emprego pelo novo titular.

Além de viabilizar a concretização do princípio da continuidade da relação de emprego e a sucessão trabalhista (arts. 10 e 448 da CLT), o fenômeno em questão permite harmonizar a rigidez com que o Direito do Trabalho trata as alterações contratuais com o dinamismo próprio do sistema econômico contemporâneo[239].

Se não bastasse, o presente efeito jurídico viabiliza não só a formação do grupo empregador, como também a concentração, no polo passivo da relação empregatícia, de uma pluralidade de empregadores. Assim, sendo possível a coexistência de diversos empregados no polo ativo, com muito mais razão a multiplicidade de empregadores no polo passivo deve ser permitida.

b) Alteridade

Outro efeito jurídico permanente em praticamente todas as situações pertinentes à existência do empregador é a alteridade[240], também conhecida como assunção dos riscos.

Busca-se tal efeito na teoria da *ajenidad*, fundada na percepção dos frutos do trabalho pelo empregador e na sua incorporação ao patrimônio empresarial, cabendo a este os lucros e possíveis prejuízos do negócio[241].

---

(238) PINTO, José Augusto Rodrigues. *Curso de direito individual do trabalho:* noções fundamentais de direito do trabalho, sujeitos e institutos de direito individual. São Paulo: LTr, 2004. p.143.

(239) DELGADO, Mauricio Godinho. *Curso de direito do trabalho.* 3. ed. São Paulo: LTr, 2004. p. 392. Há autores, *v.g.* Aldacy Rachid Coutinho, que defendem que a despersonalização do empregador é fundamento para desconsideração da personalidade jurídica na Justiça do Trabalho, enquanto outros, *v.g.*, José Martins Catharino, entendem em sentido oposto.

(240) Etimologicamente, alteridade significa a qualidade que se encontra no outro, pois alter: outro — idade: qualidade, ou seja, qualidade de outro.

(241) URIARTE, Oscar Ermida; ALVAREZ, Oscar Hernández. Apuntes sobre los cuestionamentos al concepto de subordinación. *Revista de Direito do Trabalho,* v. 27, n. 103, p. 201-217, jul./set. 2001, p. 210-211.

A alteridade possui fundamento legal no art. 2º da CLT. O referido dispositivo impôs exclusivamente ao empregador a responsabilidade de arcar com o risco da atividade econômica. Independentemente do sucesso da empresa, o sujeito passivo da relação empregatícia deverá cumprir com as suas obrigações trabalhistas.

A análise literal do dispositivo celetista realiza dupla restrição à assunção dos riscos. Além de limitar a alteridade apenas aos empregadores que exercem atividade lucrativa, restringe-a aos riscos decorrentes da atividade empresarial.

Todavia, a exegese mais adequada a ser adotada é a pautada na interpretação lógico-sistemática e teleológica da expressão. Com base nesses critérios interpretativos, a alteridade deve alcançar todos os riscos inerentes à relação de emprego, ou seja, os riscos da empresa, do estabelecimento, do próprio contrato de trabalho e de sua execução. Além disso, deve ser estendida a qualquer empregador, seja ele empresário ou não, a assunção dos riscos da atividade[242]. Outro não poderia ser o entendimento em face do conceito de empregador anteriormente proposto.

A assunção dos riscos da atividade pelo empregador não é uma regra absoluta. A participação nos lucros e os salários tarefa e tarifa são exemplos clássicos da sua relatividade. Vale, ainda, observar que, apesar da alteridade agir como mecanismo de proteção salarial, ela pode ser excepcionada nas estritas hipóteses de descontos legais e normativos ou na redução salarial por negociação coletiva.

2.2.5.2.1. Grupo empregador e pluralidade de empregadores

Diante do fenômeno da concentração econômica, novas figuras passaram a ocupar o polo passivo da relação empregatícia.

Entende-se concentração econômica como "qualquer vínculo empresarial, mediante o qual uma ou várias empresas, direta ou indiretamente, possa exercer influência dominante sobre outra"[243]. Os agrupamentos de sociedades são reflexos desse fenômeno de natureza econômico-financeira.

Cabe ressaltar, desde logo, que a concentração econômica não implica obrigatoriamente a formação de grupos societários, da mesma forma que estes não decorrem necessariamente do processo concentracionista.

No Brasil, o processo de concentração de empresas, inicialmente reprimido, demonstra estar numa crescente. A necessidade de atender os imperativos de modernização da produção e da globalização do comércio vem substituindo, cada dia mais, a figura do empregador individual pelo agrupamento de empresas.

Pessoas físicas e jurídicas deixam de ser os únicos entes aptos a caracterizarem-se como empregadores. Como resposta à necessidade social e economicamente sentida, o grupo empregador e a pluralidade de empregadores passaram a figurar no polo passivo da relação de emprego.

---

(242) DELGADO, Mauricio Godinho. *Curso de direito do trabalho.* 3. ed. São Paulo: LTr, 2004. p. 393.

(243) FONSECA, José Júlio Borges da. *Direito antitruste e regime das concentrações empresariais.* São Paulo: Atlas, 1997. p. 84.

É interessante ressaltar que essas não são as únicas formas associativas que podem utilizar-se da energia laboral de um empregado, e consequentemente, configurar-se como empregador ou empregadores, todavia, diante do recorte metodológico proposto, são as que possuem relevância necessária para serem analisadas neste tópico.

Antes de avançar no tema, deve-se destacar que as expressões grupo societário, grupo de empresas, grupo de sociedades, agrupamentos de sociedades, concentração de empresas, associação de empresas e grupo econômico foram utilizadas até agora para designar o mesmo fenômeno, a concentração de empresas. No entanto, tecnicamente, há diferença entre grupo econômico e grupo de sociedades. Enquanto este último serve para designar a unidade empresarial formada por sociedades com vínculo real, legal e efetivo de dominação e subordinação, o grupo econômico representa todas as formas de união entre empresas, mesmo que entre elas não haja vínculo legal de dependência ou subordinação, bastando a mera e potencial possibilidade da posição dominante[244].

Ainda quanto à questão terminológica, Edilton Meireles observa que:

> O grupo, todavia, pode ser composto por outras entidades que não possuem natureza jurídica de sociedade. Podem ser firmas individuais, fundações, associações, empresas públicas, autarquias etc. Melhor, então, seria falar-se em grupo de empresas ao invés de grupo de sociedades, até porque "o grupo, previsto na legislação trabalhista, possui amplitude muito maior do que o da legislação comercial". [...] A expressão grupo de sociedades, porém está fartamente consagrada na doutrina e jurisprudência. Poderíamos, assim, por mera comodidade expositiva, continuar a usá-la para apontar o fenômeno da concentração empresarial. Contudo, em respeito ao rigor científico e para que não haja confusões, doravante utilizaremos para denominar o fenômeno de união entre diversas empresas, independentemente de sua natureza jurídica. À expressão grupo de sociedades reservamos a intenção de se referir à concentração de pessoas jurídicas de natureza societária[245].

Coaduna-se com o observado. Contudo, prefere-se, na seara trabalhista, a utilização dos termos grupo de trabalho e grupo econômico, para que haja harmonia e unidade lógica entre o que foi exposto e o que será explanado.

O ordenamento trabalhista, em face da realidade do grupo econômico, construiu uma nova figura no cenário juslaboral: o grupo empregador. Este passou a ser regulado no § 2º do art. 2º da CLT e no § 2º do art. 3º da Lei n. 5.889/73.

Para a CLT, existirá grupo empregador "sempre que uma ou mais empresas, tendo, embora, cada uma delas, personalidade jurídica própria, estiverem sob a direção, controle ou administração de outra, constituindo grupo industrial, comercial ou de qualquer atividade econômica". Já a Lei n. 5.889/73 dispõe, de forma similar, que "sempre que uma ou mais empresas, embora tendo cada uma delas personalidade jurídica própria,

---

(244) MEIRELES, Edilton. *Grupo econômico trabalhista*. São Paulo: LTr, 2002. p. 76-77.
(245) MEIRELES, Edilton. *Grupo econômico trabalhista*. São Paulo: LTr, 2002. p. 78.

estiverem sob a direção, controle ou administração de outra, ou ainda quando, mesmo guardando cada uma sua autonomia, integrem grupo econômico ou financeiro rural", estará configurado o grupo empregador. Ambas, ainda, registram que serão solidariamente responsáveis os entes que compõe o grupo.

Apesar de similares, os dispositivos legais citados não são idênticos. Há duas diferenças básicas entre eles. A primeira está relacionada com o vínculo entre os integrantes do grupo. Enquanto o grupo empregador urbano faz referência apenas à direção, ao controle ou à administração, o grupo rural acrescenta a relação de coordenação, ampliando o conceito desta espécie.

A segunda diferença está relacionada com o efeito oriundo da formação do grupo empregador. No grupo urbano, a solidariedade entre os componentes parece não estar restrita às obrigações decorrentes da relação de trabalho, ou seja, à solidariedade passiva, como ocorre na legislação laboral rural.

Percebe-se, portanto, que tanto o § 2º do art. 2º da CLT quanto o § 2º do art. 3º da Lei n. 5.889/73 possuem elementos restritivos ao conceito de grupo empregador. Todavia, buscando atingir os fins sociais para os quais foi instituída a figura jurídica em tela, defende-se que os mencionados dispositivos devam ser interpretados ampliativamente.

A doutrina[246] e a jurisprudência[247], interpretando tais dispositivos restritivamente, vêm sustentando a necessidade de subordinação hierarquizada entre os entes componentes para a configuração do grupo empregador. Contudo, respeitando as opiniões em contrário, diversos são os motivos em razão dos quais se acredita ser desnecessária a estruturação piramidal.

Com base no "conceito de administração contido no § 2º do art. 2º da CLT pode se enquadrar não um controle hierárquico, mas uma orientação, uma coordenação de atividades para busca de um fio comum que é o fortalecimento do próprio grupo"[248].

---

(246) MAGANO, Octavio Bueno. *Os grupos de empresas no direito do trabalho.* São Paulo: LTr, p. 251; PINTO, José Augusto Rodrigues. *Curso de direito individual do trabalho:* noções fundamentais de direito do trabalho, sujeitos e institutos de direito individual. 5. ed. São Paulo: LTr, 2004. p. 154; DONATO, Messias Pereira. *Curso de direito do trabalho.* 3. ed. São Paulo: Saraiva, 1979. p. 16; LEITE, Carlos Henrique Bezerra. *Direito do Trabalho:* primeiras linhas. Curitiba: Juruá, 1997. p. 95; CATHARINO, José Martins. *Compêndio universitário de direito do trabalho.* São Paulo: Jurídica e Universitária, 1972. v. I, p. 166; MORAES FILHO, Evaristo. *Introdução ao direito do trabalho.* 4. ed. São Paulo: LTr, 1986. p. 226; DUARTE NETO, Bento Herculano. *Tempos modernos de processo e direito do trabalho.* São Paulo: LTr, 1994. p. 174. Edilton Meireles inclui: Hugo Gueiros Bernardes, Aloysio Sampaio, Assis de Almeida, Roberto Barretto Prado, Roberto Norris, Maria Cecília de Andrade Santos, Cássio Mesquita Barros Jr. (MEIRELES, Edilton. *Grupo econômico trabalhista.* São Paulo: LTr, 2002. p. 150). Já Octávio Bueno Magano acrescenta: Carlos Alberto Barato e Silva e Breno Sanvicente, César Pires Chaves, João Regis Fassbender Teixeira e Francisco Rangel (MAGANO, Octavio Bueno. *Os grupos de empresas no direito do trabalho.* São Paulo: LTr, p. 251).

(247) No TST, há diversas decisões adotando a necessidade da subordinação hierárquica entre os entes componentes do grupo econômico. Pode-se citar, por exemplo, o acórdão n. 1.498, datado de 24.4.85, relatado pelo Ministro Nelson Tapajós (2ª T., RR 3078, DJU 17.5.1985). Da mesma forma, há decisões do STF entendendo que o grupo econômico trabalhista somente se forma de modo hierarquizado (STF, RE 12426, 2ª T., rel. Min. Orosimbo Nonato, DJ 11.3.1952).

(248) CALVET, Otávio Amaral. *Consórcio de empregadores urbanos:* uma realidade possível: redução dos custos e do desemprego. São Paulo: LTr, 2002. p. 17.

Ademais, sendo um dos objetivos desse instituto a ampliação das garantias sobre o crédito trabalhista, estabelecendo a responsabilidade solidária e ilimitada dos entes do grupo empregador pelos mencionados créditos, não há por que restringir a figura em questão em função de um aspecto que é, em substância, irrelevante do ponto de vista dos contratos empregatícios firmados[249].

A interpretação restritiva, além de ferir a finalidade social para a qual o instituto foi criado, entra em confronto com o princípio da primazia da realidade, já que não restaria caracterizado, juridicamente, o grupo empregador quando os entes se agrupassem horizontalmente.

Para fins trabalhistas, o grupo empregador não segue os requisitos formais estabelecidos em outros ramos do Direito para a caracterização do grupo econômico. A informalidade é a regra no Direito do Trabalho, sendo desnecessária a comprovação da relação de dominação.

A negação jurídica de uma figura presente na realidade fática levaria não só à inexistência da corresponsabilidade dos componentes do grupo em face dos créditos trabalhistas de seus empregados, como também à mácula dos princípios da razoabilidade, da isonomia, da justiça e da proteção ao hipossuficiente.

Não há por que tratar diferentemente os empregados em função do seu empregador. Com base nos critérios lógico-sistemático e evolutivo, deve-se interpretar ampliativamente, de modo a assegurar aos obreiros, independentemente da espécie de grupo empregador (rural, urbano, horizontal, vertical), uma maior garantia quanto à satisfação dos créditos alimentícios[250].

Ademais, é necessário lembrar que o grupo empregador pode ser composto por empregadores de qualquer natureza. Tanto pessoa física como jurídica (de direito privado e direito público) e entes despersonalizados, independentemente da intenção lucrativa de sua atividade, podem integrar essa nova espécie de empregador.

2.2.5.2.2. Solidariedade

Quanto à solidariedade, duas são as principais correntes. Uma delas defende que a solidariedade oriunda do grupo empregador é exclusivamente passiva, abrangendo apenas as obrigações decorrentes da relação empregatícia. Nesse sentido, todos os componentes do grupo seriam responsáveis solidária e ilimitadamente pelos créditos trabalhistas.

---

(249) DELGADO, Mauricio Godinho. *Curso de direito do trabalho.* São Paulo: LTr, 2004. p. 397-398.

(250) Defendem esse entendimento Mozart Victor Russomano (RUSSOMANO, Mozart Victor. *Comentários à CLT.*13. ed. Rio de Janeiro: Forense, 1990. v. I, p. 8), Amauri Mascaro Nascimento (NASCIMENTO, Amauri Mascaro. *Iniciação ao direito do trabalho.* 20 ed. São Paulo: LTr, 1993. p. 163); Mauricio Godinho Delgado (DELGADO, Mauricio Godinho. *Curso de direito do trabalho.* 3. ed. São Paulo: LTr, 2004. p. 401); Arnaldo Süssekind (SÜSSEKIND, Arnaldo *et al. Instituições de direito do trabalho.* 11. ed. São Paulo: LTr, v. 1, p. 283) Edilton Meireles (MEIRELES, Edilton. *Grupo econômico trabalhista.* São Paulo: LTr, 2002. p. 152). Edilton Meireles ainda acrescenta: Cássio Mesquita Barros Jr., Marcus Vinícius Américo da Costa, Délio Maranhão e Luiz Inácio B. Carvalho (MEIRELES, Edilton. *Grupo econômico trabalhista.* São Paulo: LTr, 2002. p. 151).

Esse entendimento tem origem da análise literal do § 2º do art. 3º da Lei n. 5.889/73, o qual se refere apenas à solidariedade por obrigações decorrentes da relação de emprego. Possui como defensores autores como Orlando Gomes, Cesarino Junior, Antônio Lamarca, Cássio Mesquita de Barros Júnior e Aluísio Sampaio[251].

Já a outra corrente sustenta a solidariedade passiva e ativa. Além da solidariedade passiva, sobre a qual não há questionamento doutrinário nem jurisprudencial, haveria a solidariedade ativa dos integrantes do grupo empregador, ou seja, todos possuiriam, ao mesmo tempo, direitos e prerrogativas de empregador.

A base legal dessa interpretação é o § 2º do art. 2º da CLT, o qual dispõe que serão, para os efeitos da relação de emprego, solidariamente responsáveis os entes do grupo empregador não restringindo a solidariedade às obrigações resultantes da relação jurídica de emprego. Corroborando esta tese, o TST editou a súmula 129, que assim dispõe: "a prestação de serviços a mais de uma empresa do mesmo grupo econômico, durante a mesma jornada de trabalho, não caracteriza a coexistência de mais de um contrato de trabalho, salvo ajuste em contrário".

A adoção da tese do empregador único é aceita não só pela jurisprudência trabalhista como também por doutrinadores de escol, tais como Arnaldo Süssekind, Mozart Victor Russomano, José Martins Catharino, Délio Maranhão, Octavio Bueno Magano[252] e Edilton Meireles. Este último argumenta que:

> Inclinamo-nos, no entanto, pela primeira corrente doutrinária, já agasalhada pela jurisprudência trabalhista dominante. Primeiro, por força da interpretação histórica. Como lembrado acima, o legislador não quis inovar nessa matéria ao fazer a compilação da legislação laboral existente até então. Contudo, pareceu-lhe desnecessária a reprodução fiel do disposto no art. 1º da Lei n. 435/37. Assim, a intenção legislativa não foi modificar o panorama jurídico até então existente. [...] tem que se ter em vista que o direito do trabalho, mais do que em relação a outros ramos da Ciência Jurídica, tem-se caracterizado por encontrar o empresário real, ou seja, o "verdadeiro centro de imputação da relação individual do trabalho frente ao jurídico formal", em aplicação máxima do princípio da primazia da realidade. O empregador, enfim, é aquele que efetivamente se apossa da prestação de serviços. E entre o sujeito que aparentemente é credor dessa prestação e aquele que, efetivamente, assume o risco da atividade, detendo os meios de produção, deve-se decidir em este último é o verdadeiro empregador. Em suma, "falta de reconhecimento da personalidade jurídica (do grupo) e a conservação da plena autonomia das singularidades empresas não podem servir de obstáculo" à aplicação do princípio da primazia da realidade[253].

---

(251) DELGADO, Mauricio Godinho. *Curso de direito do trabalho.* 3. ed. São Paulo: LTr, 2004. p. 403.
(252) DELGADO, Mauricio Godinho. *Curso de direito do trabalho.* 3. ed. São Paulo: LTr, 2004. p. 404.
(253) MEIRELES, Edilton. *Grupo econômico trabalhista.* São Paulo: LTr, 2002. p. 186-196.

Portanto, em face do princípio da primazia da realidade e com base na interpretação histórica, afirma-se que o grupo empregador é a expressão institucional da unidade empresarial contemporânea, devendo ser tratado pelo Direito do Trabalho como se fosse uma única pessoa[254]. É identificado como algo único e coeso, em face do vínculo existente entre as atividades dos entes que o compõe. É visualizado como um ser autônomo, apesar de não possuir personalidade jurídica.

É interessante ressaltar que, no polo passivo da relação de emprego, o grupo empregador supramencionado não é a única resposta jurídica à necessidade social e economicamente sentida. A sociedade construiu a figura do consórcio de empregadores, utilizando-o no âmbito rural, haja vista inexistir impedimento legal para a pluralidade de empregadores no polo passivo de uma única relação de emprego.

O consórcio de empregadores não gera a formação de um grupo empregador, pois a união dos consorciados possui como único objetivo a contratação coletiva de empregados para prestar serviços aos contratantes. Cada empregador continua a exercer a sua atividade independentemente dos demais. O que leva à consorciação não é o interesse de que as atividades exercidas pelos consorciados sejam vinculadas por uma relação de coordenação ou de complementaridade, nem a intenção de colaboração empresarial dos empregadores, mas, sim, o intuito de contratação coletiva de um mesmo trabalhador.

Como consórcio de empregadores é o tema central do presente trabalho, reserva-se o próximo capítulo para um estudo pormenorizado deste instituto.

---

(254) MEIRELES, Edilton. *Grupo econômico trabalhista*. São Paulo: LTr, 2002. p. 196.

Capítulo III
Consórcio de Empregadores

3.1. Apresentação do capítulo

Para melhor entender o instituto consórcio de empregadores, será exposto, neste capítulo, o contexto socioeconômico no qual este surgiu. Apresentar-se-ão as formas contratuais existentes no âmbito campesino e as razões da sua inaptidão para solucionar os problemas inerentes à sociedade moderna, em especial a rural.

Com base nesses dados, serão estudadas as necessidades que levaram à criação do consórcio de empregadores e os benefícios sentidos com a aplicação desse instituto no âmbito rural, como também será apresentada sua evolução legislativa.

Ainda neste capítulo, serão apresentadas a definição do consórcio de empregadores e a mais adequada denominação a ser adotada por esse instituto, sua natureza jurídica. O instituto também será distinguido de figuras assemelhadas existentes no ordenamento jurídico brasileiro.

3.2. Contextualização das relações laborais

O Direito do Trabalho já não atinge a função para a qual foi criado. Nasceu para proteger o hipossuficiente nas relações de trabalho. Na Revolução Industrial, a relação de emprego constituía-se na relação prevalecente dentre as existentes. Todavia, este já não é panorama atual nas relações laborais, deixando desamparada grande parte dos trabalhadores dependentes.

Na contemporaneidade, as relações de trabalho são caracterizadas pela heterogeneidade das formas de labor, notadamente com o declínio da sua espécie clássica: o emprego. Formas atípicas de trabalho, subemprego e o trabalho informal passaram a possuir *status* de maioria na nova organização do trabalho.

Baseada no modelo pós-fordista e na tendência flexibilizante e desregulamentadora, a atual organização do trabalho, por intermédio da externalização, vem buscando evair-se das obrigações trabalhistas, utilizando-se de novas modalidades contratuais, pautadas na isonomia e na autonomia privada dos contratantes, sem a tutela trabalhista estatal.

Para superar a presente crise, é necessário não só repensar o sistema protetivo trabalhista, ampliando o conceito de empregado por meio da (re)definição do termo *dependência* contido na CLT, como também adotar novos modelos de pactuação que tenham como objeto a relação jurídica de emprego. É com esse objetivo que surge o consórcio de empregadores. Como uma das alternativas para a redução do desemprego e dos índices de informalidade nas relações laborais.

Apesar de não se adequar ao modelo tradicional de contrato individual de emprego, uma vez que há pluralidade de sujeitos no polo do empregador, não deixa de existir entre os consorciados e o(s) trabalhador(es) uma relação empregatícia. Por esse motivo, o consórcio de empregadores pode ser classificado como uma das formas atípicas de contrato de trabalho existentes na sociedade brasileira.

Trata-se de um instituto emergente do fenômeno da *flexissegurança*, o qual concilia a flexibilidade e a segurança nas relações laborais. Harmoniza os interesses de empregados e empregadores, patrocinando benefícios a diversos atores sociais, em razão da formalização da relação empregatícia.

Nota-se, portanto, que nem todas novas formas contratuais trabalhistas são maléficas para o empregado, retirando-lhe a tutela do Direito do Trabalho. Pelo contrário, há institutos, como o em tela, que objetivam superar a crise do emprego, reafirmando a proteção trabalhista.

3.2.1. Surgimento de uma nova forma de contratação: consórcio de empregadores

O consórcio de empregadores foi utilizado inicialmente no âmbito rural. Para entender as razões do seu surgimento, é salutar a apresentação das formas contratuais ordinariamente usadas pelos produtores rurais, bem como o contexto socioeconômico no qual eram aplicadas.

O Brasil, desde o período colonial, vem demonstrando sua vocação para a atividade agrária. Possui "grandes áreas de solo fértil e apto, mediante cuidados pouco onerosos, a propiciar uma agricultura abundante"[255]. Em face da importância da agricultura para a economia nacional, a organização e a normatização do trabalho no campo são fundamentais [256].

No entanto, por muito tempo o trabalhador rural ficou à margem da proteção trabalhista[257]. Com a promulgação da Lei n. 5.889/73[258], regulamentada pelo Decreto n. 73.626/74, e da CF/88, o empregado rural passou a ser equiparado ao urbano, com a mesma proteção juslaboral.

No rastro da legislação aplicada ao âmbito urbano, surgiram diversos problemas jurídicos, sociais e econômicos, os quais foram potencializados pela inadequação às peculiaridades da atividade rural.

---

(255) FONSECA, Ricardo Tadeu Marques da. Modalidades de contratação no meio rural e o consórcio de empregadores. *Repertório IOB de jurisprudência*, n. 2, caderno 2, segunda quinzena de out. 2000, São Paulo, p. 856.

(256) RABELO, Daniel Botelho. Consórcio de Empregadores – Contraponto Jurídico à Desarticulação do Direito do Trabalho. *In:* PIMENTA, José Roberto Freire *et al*. (Coords). *Direito do trabalho* — evolução, crise, perspectivas. São Paulo: LTr. p. 308.

(257) Segundo Márcio Túlio Viana, a primeira lei brasileira de natureza trabalhista veio a surgir em 1830. Tal lei estabelecia a contratação escrita para o trabalhador livre e seus possíveis tomadores. A partir daí, outras normas foram editadas, como os Decretos ns. 2.827/79 e 23.611/33 (VIANA, Márcio Túlio. Trabalhador Rural. *In:* BARROS, Alice Monteiro de (Coord). *Curso de direito do trabalho:* estudos em memória de Célio Goyatá. São Paulo: LTr, 1994. p. 306).

(258) A Lei n. 5.889/73 revogou o Estatuto do Trabalhador Rural (Lei n. 4.212/63).

O artificialismo da legislação trabalhista rural[259] criou dificuldade na contratação e manutenção do emprego no campo, dando causa ao êxodo rural para as periferias das grandes cidades[260], aumentando o índice de desemprego no âmbito urbano.

Tornou-se difícil para os produtores rurais a contratação de trabalhadores de forma direta e por prazo indeterminado em face dos altos encargos trabalhistas e previdenciários e da própria dinâmica do trabalho campesino, que varia nos períodos de safra e entressafra, não possuindo demanda para suportar os custos do contrato de trabalho nos períodos de entressafra[261].

Aliado aos supracitados motivos, que dificultaram a contratação permanente e direta de empregados, reflexos da globalização passaram a atingir as relações trabalhistas campesinas, exigindo maior competitividade dos produtores rurais, impondo a eles maior produtividade, melhor qualidade dos seus produtos e redução dos custos.

Para aumentar a produtividade, foram introduzidas tecnologias mecânicas e físico-químicas no processo produtivo rurícola. A utilização dessas inovações tecnológicas não só elevou o índice de produtividade como o de desemprego[262].

A modernização do processo produtivo aumentou a capacidade produtiva e otimizou os custos. Como consequência do aumento da produção e da oferta dos produtos no mercado, os preços deles caíram. A redução dos preços levou à diminuição do patamar remuneratório dos empregados rurícolas, aumentando a atratividade pelo setor urbano e o êxodo rural[263].

A utilização da tecnologia mecânica afetou de modo particular a intensidade e o ritmo da jornada de trabalho. A automação no campo não só substituiu o trabalho braçal pelas máquinas[264] como gerou o desemprego estrutural.

---

(259) Viviane Aparecida Lemes ressalta que as normas trabalhistas aplicadas no âmbito rural padecem de eficácia social em face da sua inadequação à realidade campesina (LEMES, Viviane Aparecida. *A figura jurídica do consórcio de empregadores rurais:* reflexões teóricas a partir de exemplos práticos. São Paulo: LTr, 2004. p. 22).

(260) MAZUR, Mauricio. *Consórcio de empregadores rurais.* Curitiba: Juruá, 2002. p.18.

(261) Viviane Aparecida Lemes acrescenta outras dificuldades práticas na contratação de empregados por prazo indeterminado: "Além disso, nas culturas agrícolas, que demandam grande contingente de mão de obra, são utilizados trabalhadores por um curto período de tempo, em certos casos até mesmo um dia, ou mesmo uma manhã, para um só produtor rural, o que denota a total inviabilidade desses pequenos empregadores em efetuarem o registro desses trabalhadores, existindo dificuldades de toda ordem tais como: a necessidade de se fazer registros, anotações em Carteira de Trabalho e Previdência Social (CTPS), elaboração de folhas de pagamento e controle de jornadas de trabalho, dentre outros" (LEMES, Viviane Aparecida. *A figura jurídica do consórcio de empregadores rurais:* reflexões teóricas a partir de exemplos práticos. São Paulo: LTr, 2004. p. 24). Anemar Pereira Amaral consigna que os curtos períodos de labor também podem decorrer da concorrência acirrada entre os próprios, pois os trabalhadores rurais chegam a abandonar uma propriedade para trabalhar para outro produtor que pague alguns centavos a mais (AMARAL, Anemar Pereira. *Condomínio de empregadores:* uma alternativa para a contratação no meio rural. Disponível em: <http://www.prt15.gov.br>. Acesso em: 22 dez. 2005).

(262) A redução do nível de empregos ocorreu tanto de forma direta quanto indireta.

(263) LEMES, Viviane Aparecida. *A figura jurídica do consórcio de empregadores rurais:* reflexões teóricas a partir de exemplos praticos. São Paulo: LTr, 2004. p. 32. RAMALHO JÚNIOR, Álvaro. Aspectos sobre o mercado de trabalho rural no Brasil — notas comparativas com o caso europeu. *Revista Análise & Conjuntura,* v. 1, n. 1, jan./abr. 1996. p. 28-41.

(264) "A colheitadeira de cana colhe 150 (cento e cinquenta) toneladas por dia, trabalho equivalente ao de 38 pessoas; a colheitadeira de soja, colhe 6 (seis) toneladas por dia, correspondendo a 5 pessoas; o arroz colhe 7,2 (sete

Com o objetivo de continuar sendo competitivo, os produtores rurais foram levados a procurar outras formas de contratação, com ou sem respaldo na legislação ordinária trabalhista. "O trabalhador típico do regime fordista, isto é, o trabalhador estável, com estatuto definido, contratado predominantemente por tempo indeterminado passou a ser substituído pela figura do trabalhador precarizado"[265], visto como "mero prestador de serviços, como o 'tarefeiro'; um trabalhador, portanto sem vínculo empregatício claramente estabelecido, sem estabilidade e sem outros tipos de proteção social"[266].

Mudanças também foram necessárias na organização do trabalho rural. A descentralização e horizontalização da cadeia produtiva foram algumas das técnicas adotadas para se adaptar ao modelo pós-fordista[267].

Com isso, o meio rural passou a conviver com algumas figuras jurídicas desvirtuadas, utilizadas de forma recorrente nas grandes cidades, tais como, cooperativas fraudulentas, falsas empresas terceirizantes e intermediadoras de mão de obra, ilegalidades atreladas ao trabalho avulso e à contratação por prazo determinado, dentre outras. Esses modelos urbanos de contratação transformaram-se em formas de exploração do trabalho campesino[268].

Antes de iniciar a análise de cada uma das figuras jurídicas supramencionadas, é válido consignar que a exposição dessas espécies contratuais tem função apenas instrumental. Possui o escopo de demonstrar a "necessidade social e economicamente sentida"[269] pelos produtores rurais, as quais motivaram a criação do consórcio de empregadores.

a) Cooperativas de trabalho

Desde a edição da Lei n. 8.949/94, que acrescentou o parágrafo único[270] ao art. 422 da CLT, houve um crescimento no número de cooperativas, principalmente na área rural.

---

virgula duas) toneladas substituindo 5 pessoas; a de milho colhe 10,2 (dez vírgula duas) toneladas substituindo 5 pessoas, sem olvidar que há granjas onde praticamente tudo é realizado tecnicamente, muito pouco realizado pelo homem" (GALDINO, Dirceu; LOPES, Aparecido Domingos Errerias. *Manual do direito do trabalhador rural*. 3. ed. São Paulo: LTr, 1995. p. 358).

(265) LEMES, Viviane Aparecida. *A figura jurídica do consórcio de empregadores rurais:* reflexões teóricas a partir de exemplos práticos. São Paulo: LTr, 2004. p.28.

(266) LEMES, Viviane Aparecida. *A figura jurídica do consórcio de empregadores rurais:* reflexões teóricas a partir de exemplos práticos. São Paulo: LTr, 2004. p. 28. Em sentido similar, leciona Jairo Lins de Albuquerque Sento-Sé (SENTO-SÉ, Jairo Lins de Albuquerque. *Trabalho escravo no Brasil na atualidade*. São Paulo: LTr, 2000. p. 79).

(267) Apesar de haver entendimento contrário, no sentido da não implementação do modelo toyotista no âmbito rural, não resta dúvida de que há aplicação de técnicas pós-fordistas. Não há a adoção total do sistema referido, mas, sim, parcial. Assim como ainda são aplicas técnicas fordistas no processo produtivo rural na atualidade.

(268) Essas figuras, quando não desvirtuadas, trazem para a formalidade os trabalhadores rurícolas. No entanto, quando há conjunção da ambição dos produtores rurais, da precária e insuficiente fiscalização dos órgãos estatais, da inadequação da legislação e dos efeitos da globalização no campo, estes modelos contratuais transformam-se em formas de exploração do trabalho humano.

(269) Expressão utilizada por Washington Luiz da Trindade na sua obra *O super direito nas relações de trabalho* (TRINDADE, Washington Luiz da. *O super direito nas relações de trabalho*. Salvador: Distribuidora de Livros, 1982. p. 50-150, *passim*) que posteriormente foi reeditada com o título de *Regras de aplicação e interpretação no direito do trabalho* (TRINDADE, Washington Luiz da. *Regras de aplicação e interpretação no direito do trabalho*. São Paulo: LTr, 1995. p. 30-80, *passim*).

(270) CLT, Art. 442 [...] Parágrafo único: Qualquer que seja o ramo de atividade da sociedade cooperativa, não existe vínculo empregatício entre ela e seus associados, nem entre estes e os tomadores de serviço daquela.

As cooperativas passaram a ser utilizadas como instrumento de violações das normas protetivas do trabalho subordinado[271].

Apesar de o dispositivo referir-se apenas às verdadeiras cooperativas de trabalho[272], este foi interpretado no sentido de permitir a utilização desse instituto como instrumento de exclusão absoluta da relação de emprego entre prestadores e tomadores de serviço no âmbito rural. Passou a servir de "salvo-conduto para montagem de cooperativas"[273] de trabalho, sem vínculo de emprego.

As "fraudoperativas" tornaram-se comuns no cenário campesino. Com o objetivo de desonerar-se dos encargos trabalhistas, os produtores rurais exigiam dos seus obreiros que formassem ou se associassem às cooperativas fraudulentas. Outras vezes, contratavam "gatoperativas" para prestar-lhe serviço, sem saber da sua ilicitude[274].

A inadequada interpretação e aplicação da norma em questão motivaram a Organização Internacional de Trabalho (OIT) a expedir a Recomendação n. 193/2002, que reafirmou a obrigação dos governos nacionais em "garantir que as cooperativas não sejam criadas para, ou direcionadas ao não cumprimento das leis do trabalho ou usadas para estabelecer relações de emprego disfarçadas". Também ressaltou o dever do Estado de "lutar contra as pseudocooperativas, que violam os direitos dos trabalhadores, velando para que a legislação do trabalho se aplique em todas as empresas"[275].

Nesse sentido, as fraudoperativas devem ser combatidas e as verdadeiras cooperativas incentivadas. Para isso, o parágrafo único do art. 442 deve ser analisado sistematicamente, dentro do contexto da CLT. Quando estiverem presentes os pressupostos da relação de emprego (arts. 2º e 3º da CLT), aplicar-se-ão o art. 9º da CLT e o princípio da primazia da realidade, desconfigurando a falsa cooperativa e estabelecendo uma relação empregatícia[276].

Vale consignar que o legislador não estabeleceu uma excludente absoluta, mas sim uma simples presunção relativa de ausência de vínculo de emprego, caso estejam ausentes os elementos fático-jurídicos da relação de emprego[277] e presentes os princípios

---

(271) SAAD, Eduardo Gabriel. Cooperativas e contrato de trabalho. *Suplemento Trabalhista LTr*, jul. 1995. p. 36.

(272) Desta forma entende LEITE, Carlos Henrique Bezerra. Cooperativismo. Enfoques trabalhistas. *Revista Trabalho & Doutrina*, n. 17, São Paulo: Saraiva, dez. 1998.

(273) CARELLI, Rodrigo de Lacerda. *Formas atípicas de trabalho*. São Paulo: LTr, 2004. p. 54.

(274) PEREIRA, Adilson Bassalho. Fraudoperativas (?), *Revista LTr*, v. 59, n. 11, nov. 1995, p. 1459.

(275) Recomendação n. 193 da OIT, item 8.1, alínea *"b"*.

(276) Para Adilson Bassalho, ainda é necessário, para se evitar fraude e desvirtuamento ou mesmo minimizá-los, a atuação dos sindicatos dos empregados, do Conselho Nacional de Cooperativismo (arts. 71, 97, I e II da Lei n. 5.764/71), dos serviços pertinentes à fiscalização (arts. 626 da CLT, 33 da Lei n. 8.212/91 e 92 da Lei n. 5.764/71), além da intervenção do Ministério Público do Trabalho e dos órgãos trabalhistas do Judiciário (PEREIRA, Adilson Bassalho. Fraudoperativas (?), *Revista LTr*, v. 59, n. 11, nov. 1995. p. 1459). Vergílio aduz a necessidade de criação de mecanismos jurídicos de âmbito administrativo ou judiciário, com o fim de promover o cancelamento do registro e fechamento de cooperativas irregulares. (PERIUS, Virgílio. As cooperativas de trabalho — alternativas de trabalho e renda. *Revista LTr*, v. 60, n. 3, mar. 1996, p. 344).

(277) Como ressalta Mauricio Godinho Delgado, "[...] não se permite a ordem jurídica civilizada a contratação de trabalho humano, com os intensos elementos formadores da relação de emprego, sem a incidência do manto normativo mínimo assecuratório da dignidade básica do ser humano nesta seara da vida individual e socioeconômica. Os princípios constitucionais da valorização do trabalho e da dignidade da pessoa humana não absorvem fórmulas

inerentes ao cooperativismo (princípios da dupla qualidade e da retribuição pessoal diferenciada)[278].

Não se pode negar que há espaço para cooperativas de trabalho lícitas[279], e que elas seriam uma das alternativas para a redução do índice de desemprego no âmbito rural.

Para a caracterização das cooperativas lícitas, é necessário preencher os seguintes requisitos: i) prestação de serviços ao cooperado[280]; ii) pertencimento a uma mesma classe ou profissão[281]; iii) mínimo de vinte pessoas físicas[282]; iv) adesão voluntária[283];

---

regentes da relação de emprego que retirem tal vínculo do patamar civilizatório mínimo afirmado pela ordem jurídica contemporânea" (DELGADO, Mauricio Godinho. *Curso de direito do trabalho*. 3. ed. São Paulo: LTr, 2004. p. 329).

(278) O princípio da dupla qualidade é o que impõe a obrigação das cooperativas singulares de prestarem serviços e vantagens a seus associados, passando estes a ser, ao mesmo tempo, em sua cooperativa, cooperado e cliente. Já o princípio da retribuição pessoal diferenciada representa uma diretriz jurídica que assegura ao cooperado um complexo de vantagens potencialmente superior ao que perceberia caso não estivesse associado, ou seja, atuando isoladamente. Vale ressaltar que este último princípio foi formulado por Mauricio Godinho Delgado, com base na noção e nos objetivos do cooperativismo, e expresso pela primeira vez na sentença do processo trabalhista n. 01876/95-1ª VT/BH (DELGADO, Mauricio Godinho. *Curso de direito do trabalho*. 3. ed. São Paulo: LTr, 2004. p. 329-331).

(279) Para Rodrigo Carelli, as cooperativas de trabalho podem ser classificadas em: a) cooperativas de produção; b) cooperativas de trabalho autônomo ou eventual; e c) cooperativas de mão de obra. As primeiras são aquelas em que os operários, por meio de sua sociedade cooperativa, detêm os meios de produção, ou seja, os instrumentos para a realização da atividade empresarial. As cooperativas de trabalho autônomo ou eventual são a reunião de trabalhadores por natureza autônomos que, sem perder sua autonomia na realização de seu trabalho, unem-se de forma cooperada para a melhor organização de suas atividades. Já as cooperativas de mão de obra são aquelas entidades organizadas sob a forma de cooperativa, cuja função é colocar o trabalho de seus cooperados a serviço de outras empresas. São na verdade entidades de fornecimento de mão de obra subordinada, o que não é permitido nem pela CLT nem pela OIT. Portanto, são cooperativas de trabalho lícitas as cooperativas de produção e a de trabalho autônomo ou eventual, enquanto, as cooperativas de mão de obra são consideradas ilícitas. (CARELLI, Rodrigo de Lacerda. *Cooperativas de mão de obra* — manual contra a fraude. São Paulo: LTr, 2002. p. 45). Viviane Aparecida Lemes possui entendimento diverso quanto à licitude das cooperativas de mão de obra. De acordo com ela, "aquela cooperativa de trabalho cujo objeto seja lícito, da qual façam parte verdadeiros associados (autogestores dos negócios comuns), onde estejam ausentes os pressupostos da relação de emprego e que desempenhe, portanto, o papel determinado pelo art. 4º da Lei n. 5.764/71, é uma verdadeira cooperativa e, como tal, **poderá funcionar intermediando mão de obra**" (grifos nosso) (LEMES, Viviane Aparecida. *A figura jurídica do consórcio de empregadores rurais:* reflexões teóricas a partir de exemplos práticos. São Paulo: LTr, 2004. p. 38).

(280) Tal requisito é também conhecido como o princípio da dupla qualidade. "[...] é necessário haver efetiva prestação de serviços pela Cooperativa diretamente ao associado – e não somente a terceiros. Essa prestação direta de serviços aos associados / cooperados é, aliás, conduta que resulta imperativamente da própria Lei de Cooperativas (art. 6º, I, Lei n. 5.764/70)". Deve-se deixar claro que esta é uma das características da cooperativa que a diferencia das demais associações. DELGADO, Mauricio Godinho. *Curso de direito do trabalho*. 3. ed. São Paulo: LTr, 2004. p. 330.

(281) "Este requisito, oriundo do princípio da *affectio societatis*, era previsto expressamente na legislação anterior (Decreto n. 22.239/32, art. 24). Ele é decorrente lógico da própria ideia de cooperativismo, que é a união de uma categoria para a melhoria de suas condições sociais. Assim uma reunião de professores, médicos, administradores de empresa e catadores de lixo em uma mesma cooperativa demonstra a total ausência da intenção de reunir-se em uma sociedade, de fins comuns" (CARELLI, Rodrigo de Lacerda. *Cooperativas de mão de obra* — manual contra a fraude. São Paulo: LTr, 2004. p. 57).

(282) Não basta serão computados as pessoas físicas que apenas "emprestam" para compor o quorum do art. 6º, I, da Lei n. 5.764/70. Outra discussão quanto a este dispositivo é se ele estaria revogado pelo Código Civil de 2002. O entendimento de Rodrigo Carelli é que deve prevalecer o dispositivo da Lei de Cooperativa uma vez que este é mais específico do que o inciso II do art. 1.094 do Novo Código Civil. (CARELLI, Rodrigo de Lacerda. *Formas atípicas de trabalho*. São Paulo: LTr, 2004. p. 57).

(283) De acordo com o inciso I do art. 4º da Lei n. 5.764/70, é necessário que a adesão do cooperado seja voluntária. Sendo comprovada a adesão como imposição para a admissão no posto de trabalho, estará demonstrada a irregularidade desta cooperativa (CARELLI, Rodrigo de Lacerda. *Formas atípicas de trabalho*. São Paulo: LTr, 2004. p. 57).

v) o ato constitutivo da cooperativa deve conter os elementos do art. 15 da Lei n. 5.764/71 e ser apresentado, no prazo de trinta dias, à Organização das Cooperativas do Brasil para que seja credenciada (art. 17 da Lei n. 5.764/71), bem como aprovado e arquivado o seu estatuto na Junta Comercial (art. 18, § 6º, da Lei n. 5.764/71); vi) divisão dos resultados e dos esforços de forma igualitária; vii) composição de capital próprio[284].

Além dos referidos requisitos gerais para a constituição válida de uma cooperativa de trabalho lícita, é necessário, apenas para a espécie das cooperativas de trabalho em sentido estrito, "congregar profissionais de natureza autônoma ou eventual"[285].

Assim, o real cooperativismo como modelo de autogestão empresarial e de economia solidária é uma das formas de trabalho atípico existentes no âmbito rural apta a contribuir na superação dos problemas campesinos.

Todavia, as cooperativas vêm sendo utilizadas de forma desvirtuada. A má utilização dessa figura jurídica acaba levando os produtores à posição de reclamados em processos judiciais trabalhistas e à condenação. Além da quantia já fornecida à cooperativa pelos serviços prestados, passa a adimplir as verbas trabalhistas dos falsos cooperados, pagando, portanto, duas vezes pelo mesmo trabalho. Deste modo, as contratações das cooperativas de trabalho passaram a ser verdadeiros investimentos de risco, com poucas chances de sucesso[286].

b) Trabalho avulso

Outra forma de pactuação recentemente utilizada no meio rural é a contratação do trabalhador avulso.

Em tese, o trabalho avulso garantiria a plenitude dos direitos laborais e previdenciários ao trabalhador. A gestão ficaria a cargo do sindicato dos trabalhadores rurais, que cederiam a mão de obra por um preço acertado, que já contemplaria os direitos trabalhistas e previdenciários proporcionalmente ao tempo do serviço consumido.

No entanto, ainda há discussão nos planos fático e jurídico quanto à viabilidade de sua aplicação no âmbito campesino.

Um dos seus maiores defensores, Irany Ferrari, após analisar os efeitos da Lei n. 8.630/93 e da Ordem de Serviço n. 8 da Previdência Social, afirma ser possível a utilização do trabalho avulso rural, desde que não desvirtuado pelos sindicatos e produtores rurais[287]. Não nega que a matéria poderia ser melhor contemplada em norma própria,

---

(284) "Toda cooperativa deve deter capital próprio, a partir de quotas-partes recolhidas pelos cooperados" (CARELLI, Rodrigo de Lacerda. *Formas atípicas de trabalho*. São Paulo: LTr, 2004. p. 58).

(285) CARELLI, Rodrigo de Lacerda. *Formas atípicas de trabalho*. São Paulo: LTr, 2004. p. 57.

(286) "[...] a doutrina e a jurisprudência tendem a vincular diretamente o trabalhador e o tomador dos serviços, descaracterizando a intermediação de mão de obra e reconhecendo a existência de contrato de emprego, quando muito contrato de safra, impondo ao produtor rural todos os ônus trabalhistas e previdenciários que pretendeu afastar, agora acompanhados de diversas penalidades. Assim, o que de início parece lucrativo, torna-se excessivamente oneroso"(MAZUR, Mauricio. *Consórcio de empregadores rurais*. Curitiba: Juruá, 2002. p. 24).

(287) A Lei n. 8.630/93 criou órgão gestor de mão de obra, entidade paritária que administra o trabalho avulso nos portos. Já a Ordem de Serviço n. 8 da Previdência Social, editada em 21 de março de 1997, prevê o sindicalismo avulso rural.

específica para o trabalho rural, que previsse a implantação de um Órgão Gestor de Mão de Obra (OGMO) rural[288].

Em sentido contrário, José Fernando Ruiz Maturana assevera que "a criação do direito dos avulsos operou-se por leis esparsas, as quais se aplicavam somente aos portuários"; "que a Lei n. 8.630 proíbe a atuação dos sindicatos como intermediadores de mão de obra avulsa", delegando tal mister apenas ao OGMO, uma vez que "a lei em questão visa afastar o monopólio sindical na fixação do preço dos serviços nos portos"[289].

Aduz ainda que tanto a Lei n. 8.630/93 quanto a Lei n. 5.889/73 são normas especiais, circunscrevendo-se somente ao seu âmbito de atuação (âmbito portuário e rural, respectivamente), concluindo pela impossibilidade da incidência analógica da Lei n. 8.630/93 à legislação campesina.

O desvirtuamento pelos sindicatos rurais reforça os argumentos contrários à utilização desta forma de contratação. Ricardo Tadeu Marques constatou em inquéritos civis públicos, no âmbito rural, os mesmos vícios que se verificavam nos portos.

Afirma que os produtores rurais utilizam a mão de obra por toda a safra, fraudando a condição autêntica de safrista do trabalhador. Informa, ainda, que nenhum dos sindicatos fiscalizados apresentou documentação que revelasse a correta distribuição dos direitos trabalhistas entre os filiados e que alguns, de forma discriminatória, ofereciam as vagas de trabalho disponíveis apenas para os seus associados, afastando os demais membros da categoria. Vale salientar que esse foi um dos principais motivos que levaram à criação do OGMO, em substituição do sindicato no âmbito portuário.

O fracasso do trabalho avulso rural, talvez tenha ocorrido pela inexperiência dos sindicatos rurícolas na gestão de mão de obra[290]. Tais sindicatos são "destituídos de estrutura e até de representatividade, sem condições de assumir tal ônus".

Ademais, o gerenciamento dos trabalhadores avulsos pelo sindicato rurícola, na forma como é realizado, atribui-lhe a posição de intermediador de mão de obra[291]. A atividade praticada por esses sindicatos, além de não ser autorizada pelo ordenamento,

---

(288) Nesse mesmo sentido, Ricardo Tadeu (FONSECA, Ricardo Tadeu Marques da. Consórcio de empregadores: uma alternativa imediata para a empregabilidade. *Repertório IOB de jurisprudência*, v. 2, n. 2, jan. 2000, p. 32).

(289) MATURANA, José Fernando Ruiz *apud* LEMES, Viviane Aparecida. *A figura jurídica do consórcio de empregadores rurais:* reflexões teóricas a partir de exemplos práticos. São Paulo: LTr, 2004. p. 39.

(290) As atribuições típicas do OGMO, as quais deveriam ser assumidas pelo sindicato dos trabalhadores avulsos rurais, feitas as devidas adaptações, são: administrar o fornecimento de mão de obra; manter, com exclusividade, o cadastro dos trabalhadores avulsos rurícolas; promover o treinamento e habilitação do profissional, inscrevendo--o no cadastro; selecionar e registrar o trabalhador avulso rurícola; estabelecer o número de vagas, a forma e a periodicidade para acesso ao registro do trabalhador avulso rurícola; expedir os documentos de identificação dos trabalhadores avulsos rurícolas; arrecadas e repassar, aos trabalhadores beneficiários, os valores devidos pelos produtores rurais, relativos à remuneração dos trabalhadores avulsos e aos correspondentes encargos sociais, fiscais e previdenciários.Vale lembrar que a legislação que criou o OGMO também atribuiu a esse órgão responsabilidade solidária pelo pagamento da remuneração dos trabalhadores, o que deveria ser aplicado também aos sindicatos de trabalhadores avulsos rurais.

(291) Esses sindicatos passaram a ser conhecidos e chamados, de forma pejorativa, de "sindigatos".

afasta o trabalhador do produtor rural, impossibilitando sua efetiva integração na atividade econômica.

Assim, a adoção do trabalho avulso por intermédio do sindicato implicou na precarização do trabalho no campo e elevação do risco de prejuízo econômico para o produtor rural, uma vez que a análise do plano fático, com base no princípio da primazia da realidade, permite ao magistrado estabelecer um vínculo de emprego direto entre o falso avulso e aquele que direciona seu trabalho e o remunera, ou seja, com o pseudosindicato ou com o próprio produtor rural. Nesse sentido, expõe Francisco José da Costa Alves:

> O insucesso da experiência talvez se deva ao desvirtuamento do papel do sindicato, que passa da condição de entidade reivindicadora para a de empregadora [...] a principal questão do contrato do trabalho avulso reside sobre o novo papel dos sindicatos, que deixam de ser órgão de representação dos trabalhadores e passam a ser órgão de contratação de trabalhadores. Nessa modalidade, quem negocia o trabalho, o preço, o tempo e as condições são os sindicatos e quem aloca e escolhe os trabalhadores para a realização da atividade é o próprio sindicato, estas tarefas são estranhas ao sindicato enquanto órgão de representação e são tarefas inerentes às empresas e seus departamentos de recursos humanos[292].

Configurando vínculo de emprego entre o "sindicalizado" e o falso sindicato, este, provavelmente, não possuirá lastro patrimonial necessário para arcar com os créditos trabalhistas, o que implicará a responsabilização subsidiária dos produtores rurais.

Existe ainda a possibilidade de o tomador do serviço ser responsabilizado solidariamente pelas verbas trabalhistas, já que a intermediação de mão de obra realizada pelo "sindigato" não é permitida pelo ordenamento jurídico brasileiro[293].

Portanto, ainda que bem intencionada, a contratação dos trabalhadores avulsos rurais não solucionou os problemas da informalidade e do desemprego no campo, mas, sim, os potencializou.

c) Contratos por prazo determinado

No Direito do Trabalho, os contratos são estabelecidos por prazo indeterminado. É permitida, apenas excepcionalmente, a contratação por prazo determinado. Para isso, é necessário o enquadramento a uma das hipóteses permissivas estabelecidas pela legislação, bem como o preenchimento dos seus requisitos.

Uma das espécies de contrato por prazo determinado muito utilizada na agricultura, em épocas de plantio e colheita, é o contrato de safra. Regulado pela Lei n. 5.889/73[294],

---

(292) ALVES, Francisco José da Costa apud LEMES, Viviane Aparecida. A figura jurídica do consórcio de empregadores rurais: reflexões teóricas a partir de exemplos práticos. São Paulo: LTr, 2004. p. 10.

(293) A única espécie de intermediação de mão de obra, com pessoalidade e subordinação, autorizada pelo Direito do Trabalho é a realizada pela Empresa de Trabalho Temporário, portanto a realizada pelos sindigato é considerada ilícita (Lei n. 6.019/74 e Súmula n. 331 do TST).

(294) Art. 14, parágrafo único da Lei n. 5.889/73: Considera-se contrato de safra o que tenha duração dependente de variações estacionais da atividade agrária. Art. 19, parágrafo único, do Decreto n. 73.626/74: Contrato de safra é

gera um vínculo de emprego direto entre o produtor rural e o safrista, garantindo a este a plenitude dos direitos trabalhistas e previdenciários.

Possui duração limitada, dependente de variações estacionais agrárias, assim entendidas as tarefas normalmente executadas no período compreendido entre o preparo do solo para cultivo e a colheita.

Apesar de atender as necessidades de caráter episódico do produtor rural, dada a sazonalidade da atividade agrícola, não supre as necessidades daqueles que precisam da mão de obra apenas por um período curto ou de serviço permanente, mas de baixo volume, concentrada em algumas horas do dia ou em alguns dias na semana[295].

Para esses empregadores, em especial para os pequenos proprietários rurais[296], a contratação de empregados por meio do contrato de safra torna-se extremamente formal, burocrática e dispendiosa, passando a não ser atrativa.

Portanto, é uma das formas contratuais aptas a amenizar o problema da demanda de trabalho ocasional, com grande utilidade para os latifundiários, caso não ocorra a utilização do instituto de forma desvirtuada. No entanto, não satisfaz os anseios da maioria dos produtores rurais, os pequenos proprietários, os quais possuem o maior potencial de empregabilidade.

Outra hipótese de contratação por prazo determinado é a estabelecida pela Lei n. 9.601/98. Objetivando combater o desemprego, a norma em questão permitiu a contratação a termo, sem a necessidade de vinculação a uma das hipóteses do § 2º do art. 442 da CLT, desde que aumentasse o quadro de funcionários na empresa. Buscando tornar ainda mais atrativa esta forma de contratação, o legislador reduziu temporariamente os encargos sociais relativo aos novos empregados[297].

Por outro lado, ao diminuir as restrições à contratação a termo, comprometeu a eficácia de alguns princípios laborais (em particular, o princípio protetor, na regra da norma mais favorável, e da continuidade da relação de emprego) e aprofundou a carência

---

aquele que tenha sua duração dependente de variações estacionais das atividades agrárias, assim entendidas as tarefas normalmente executadas no período compreendido entre o preparo do solo para o cultivo e a colheita.

(295) Daniel Botelho Rabelo (RABELO, Daniel Botelho. Consórcio de empregadores — contraponto jurídico à desarticulação do direito do trabalho. *In:* PIMENTA, José Roberto Freire *et al.* (Coords.). *Direito do trabalho – evolução, crise, perspectivas.* São Paulo: LTr, p. 310), Luis Fernando Duque de Souza (SOUZA, Luis Fernando Duque de; GONÇALVES, Sônia Toledo. Condomínio de empregadores: um novo modelo de contratação no meio rural — breves considerações e análise de legalidade. Disponível em:<http://www.mte.gov.br>. Acesso em: 21 abr. 2006, p. 2) e Anemar Pereira Amaral (AMARAL, Anemar Pereira. *Condomínio de empregadores:* uma alternativa para a contratação no meio rural. Disponível em: <http://www.prt15.gov.br>. Acesso em: 22 dez. 2005, p. 1-2.) possuem o mesmo entendimento.

(296) "Ocorre que esses fenômenos são muito comuns nas pequenas propriedades rurais, justamente as de maior número e com o maior potencial de empregabilidade quando reunidas, distinções que lhes conferem singular importância social" (MAZUR, Mauricio. *Consórcio de empregadores rurais.* Curitiba: Juruá, 2002. p. 22).

(297) Diferencia-se das demais espécies de contrato por prazo determinado, por permitir a contratação de trabalhadores sem as restrições do § 2º do art. 433 da CLT, condicionando a prévia negociação coletiva, com a assinatura de acordos e convenções coletivas (art. 1º); por permitir que o contrato, dentro de seu prazo máximo de validade (dois anos), fosse prorrogado inúmeras vezes, não se aplicando o art. 451 da CLT (art. 3º do Decreto n. 2.490/98); por possuir indenização pela extinção contratual imotivada antes do prazo estabelecida em acordo ou convenção (art. 1º, § 1º); por possuir redução dos encargos sociais por um período de 60 meses (art. 2º); dentre outras diferenças.

de direitos trabalhistas, já característica dos contratos por prazo determinado. Entretanto, na tentativa de proteger os direitos trabalhistas e evitar fraudes, a norma em tela condicionou a contratação por ela disciplinada à prévia negociação coletiva, com a assinatura da convenção ou acordo coletivo de trabalho.

Do ponto de vista prático, a Lei n. 9.601/98 tem sido muito pouco aplicada no âmbito rural, por diversos motivos:

i) Por existir uma resistência muito grande dos sindicatos profissionais em celebrar tal pacto, visto que o novo diploma normativo tornou ainda mais precária a relação de trabalho, com a diminuição de diversos direitos laborais conquistados ao longo dos anos;

ii) Por não mais se aplicar o art. 2º da Lei n. 9.601/98, o qual estabelece a redução dos encargos sociais, uma vez que ele tinha vigência limitada a 60 (sessenta) meses da publicação da Lei n. 9.601/98[298];

iii) Pela dificuldade de o empregador rural provar a média aritmética mensal[299] do número de empregados contratados por prazo indeterminado nos últimos seis meses, pois a maior parte dos trabalhadores rurais já está sob o julgo do contrato de trabalho por prazo determinado (contrato de safra) ou estão trabalhando sem qualquer proteção trabalhista, por intermédio das "fraudoperativas" ou dos "sindigatos".

Somados à ineficácia social do instituto em questão, há questionamentos quanto à possibilidade jurídica da sua aplicação no âmbito rural. Entretanto, grande parte da doutrina especializada vem entendendo inexistir impedimentos legais na Lei n. 9.601/98 e no Decreto n. 2.490/98[300]. Todavia, ressaltam a dificuldade da sua utilização na prática campesina[301].

---

(298) Art. 2º Para os contratos previstos no artigo anterior, são reduzidas, por sessenta meses, a contar da data de publicação desta Lei: I – a cinquenta por cento de seu valor vigente em 1º de janeiro de 1996, as alíquotas das contribuições sociais destinadas ao Serviço Social da Indústria — Sesi, Serviço Social do Comércio — Sesc, Serviço Social do Transporte — Sest, Serviço Nacional de Aprendizagem Industrial — Senai, Serviço Nacional de Aprendizagem Comercial — Senac, Serviço Nacional de Aprendizagem do Transporte — Senat, Serviço Brasileiro de Apoio às Micro e Pequenas Empresas — Sebrae e Instituto Nacional de Colonização e Reforma Agrária — Incra, bem como ao salário educação e para o financiamento do seguro de acidente do trabalho; II – para dois por cento, a alíquota da contribuição para o Fundo de Garantia do Tempo de Serviço — FGTS, de que trata a Lei n. 8.036, de 11 de maio de 1990. Parágrafo único. As partes estabelecerão, na convenção ou acordo coletivo, obrigação de o empregador efetuar, sem prejuízo do disposto no inciso II deste artigo, depósitos mensais vinculados, a favor do empregado, em estabelecimento bancário, com periodicidade determinada de saque.

(299) Art. 3º O número de empregados contratados nos termos do art. 1º desta Lei observará o limite estabelecido no instrumento decorrente da negociação coletiva, não podendo ultrapassar os seguintes percentuais, que serão aplicados cumulativamente: I – cinquenta por cento do número de trabalhadores, para a parcela inferior a cinquenta empregados; II – trinta e cinco por cento do número de trabalhadores, para a parcela entre cinquenta e cento e noventa e nove empregados; e III – vinte por cento do número de trabalhadores, para a parcela acima de duzentos empregados. Parágrafo único. As parcelas referidas nos incisos deste artigo serão calculadas sobre a média aritmética mensal do número de empregados contratados por prazo indeterminado do estabelecimento, nos seis meses imediatamente anteriores ao da data de publicação desta Lei.

(300) SANT'ANNA, Renato Henry. Flexibilização no direito do trabalho rural. In: GIORDANI, Francisco Alberto da Motta Peixoto; MARTINS, Melchíades Rodrigues; VIDOTTI, Tarcio José (Coords.). Direito do trabalho rural: estudos em homenagem a Irany Ferrari. São Paulo: LTr, 1998. p. 228; SANTOS, Hermelino de Oliveira. Contrato individual do trabalho rural, In: GIORDANI, Francisco Alberto da Motta Peixoto; MARTINS, Melchíades Rodrigues; VIDOTTI, Tarcio José (Coords.). Direito do trabalho rural: estudos em homenagem a Irany Ferrari. São Paulo: LTr, 1998, p. 99.

(301) SANT'ANNA, Renato Henry. Flexibilização no direito do trabalho rural. In: GIORDANI, Francisco Alberto da Motta Peixoto; MARTINS, Melchíades Rodrigues; VIDOTTI, Tarcio José (Coords.). Direito do trabalho rural: estudos em homenagem a Irany Ferrari. São Paulo: LTr, 1998, p. 228.

Apesar de flexibilizar os direitos laborais rurícolas, esta espécie de contrato por prazo determinado adapta-se à realidade sazonal das atividades típicas do meio rural. Portanto, caso sejam superadas as dificuldades práticas da sua utilização, ela poderá ser uma das formas contratuais aptas a amenizar o problema da demanda de trabalho ocasional, com grande utilidade para todos os latifundiários. No entanto, assim como no contrato de safra, o contrato por prazo determinado da Lei n. 9.601/98 continuará a não satisfazer os anseios da maioria dos produtores rurais (pequenos proprietários), os quais necessitam de mão de obra apenas por período curto, ou de serviço permanente, mas de baixo volume, concentrada em algumas horas do dia ou em alguns dias na semana.

d) Terceirização e contrato de trabalho temporário

As empresas, com base na reestruturação produtiva típica do modelo toyotista, passaram a organizar a sua produção não mais de forma vertical (modelo fordista), mas, sim, horizontalmente, em redes de empresas prestadoras de serviço.

No intuito de continuar sendo competitivo, os tomadores dos serviços urbanos e rurais concentraram as suas forças na atividade principal da empresa, entregando as atividades periféricas a outras empresas especializadas.

Esse processo de transferência da execução de uma parcela de sua atividade permanente ou esporádica, dentro ou além dos limites de seu estabelecimento, com a intenção de melhorar a sua competitividade, produtividade e capacidade lucrativa, é denominado de sub-contratação ou de externalização, conhecida no Brasil como terceirização[302].

Composto por três sujeitos — o obreiro, as empresas terceirizantes e a tomadora do serviço —, o processo de terceirização pode ser dividido em duas relações jurídicas: i) uma relação civilista/empresarial entre a empresa tomadora do serviço e a terceirizante; ii) uma relação trabalhista, entre a empresa terceirizante e o trabalhador.

Por não possuir natureza laboral a relação entre a empresa terceirizante e a tomadora do serviço, o Direito do Trabalho, por muito tempo, não interferiu nesse fenômeno. Além do mais, os direitos do obreiro já estavam protegidos pela legislação trabalhista em face da natureza empregatícia da relação entre a empresa terceirizante e seu empregado.

A partir do momento em que os direitos laborais passaram a ser ameaçados pela insolvência das empresas terceirizantes, o "ramo" jurídico em tela passou a intervir no processo de externalização, estabelecendo mecanismos de responsabilização da empresa tomadora dos serviços pelos referidos créditos trabalhistas.

---

(302) De acordo com Mauricio Godinho Delgado, "A expressão *terceirização* resulta de um neologismo oriundo da palavra *terceiro*, compreendido como *intermediário, interveniente*. Não se trata, seguramente, de terceiro no sentido jurídico, como aquele que é estranho a certa relação jurídica entre duas ou mais partes. O neologismo foi construído pela área da administração de empresas, fora da cultura do Direito, visando enfatizar a desconcentração empresarial de atividades para outrem, um terceiro à empresa". Lembra ainda que "Outro silogismo criado para designar o fenômeno (também externo ao Direito) foi a *terciarização*, referindo-se ao setor terciário da economia, composto pelos serviços em geral, onde se sitiam as empresas terceirizantes. Contudo, este epíteto não chegou a solidificar-se na identificação do fenômeno social, econômico e justrabalhista aqui examinado" (DELGADO, Mauricio Godinho. *Curso de direito do trabalho*. 3. ed. São Paulo: LTr, 2004. p. 428).

Há de se observar que a terceirização é, por natureza, ilícita, uma vez que é da sua essência a precarização do trabalho humano. Todavia, mesmo em face dessa lógica negativa[303], alguns dispositivos legais autorizaram a terceirização em hipóteses, porém, bem específicas, apenas naquelas atividades em que este fenômeno passou a ser uma realidade inevitável.

A Súmula n. 331 do TST reúne as hipóteses de terceirizações permitidas pelos legisladores e tribunais. De acordo com ela, são terceirizações lícitas as relacionadas:

i) à intermediação de mão de obra pela empresa de trabalho temporário (Lei n. 6.019/74);

ii) aos serviços de vigilância (Lei n. 7.102/83);

iii) aos serviços de conservação e limpeza;

iv) aos serviços especializados ligados à atividade-meio;

v) aos serviços para a Administração Pública.

A existência de pessoalidade e/ou subordinação direta nas terceirizações dos serviços de vigilância, conservação e limpeza, assim como dos serviços especializados ligados à atividade-meio do tomador, conferem a elas a natureza de terceirização ilícita, com os seus respectivos efeitos.

Antes de adentrar nos seus efeitos, é válido diferenciar a terceirização da intermediação de mão de obra realizada pela empresa de trabalho temporário.

Enquanto o objeto do contrato de trabalho temporário[304] é a intermediação de mão de obra, ou seja, a colocação de seu empregado à disposição da empresa cliente, para, inserido na estrutura organizacional da contratante, prestar serviços de forma subordinada e pessoal, nas hipóteses: i) de necessidade transitória de substituição de pessoal regular e permanente ou ii) de acréscimo extraordinário de serviços, a terceirização tem como

---

(303) Nesse sentido, explica Rodolfo Pamplona Filho: "[...] é de uma obviedade ululante que, se um empregado, para exercer determinada atividade, deveria receber uma importância X, para que haja um intermediador de mão de obra — que, obviamente, não iria trabalhar de graça — é lógico que este se apropriaria de parte do capital que lhe seria destinado originalmente. Afinal de contas, o antigo empregador — agora tomador de serviços — não iria querer terceirizar a atividade para pagar mais pelo mesmo serviço. Todavia, mesmo com esta premissa matemática negativa, alguns dispositivos legais começaram a autorizar a terceirização, em hipóteses, porém, bem específicas"(PAMPLONA FILHO, Rodolfo. Terceirização e responsabilidade patrimonial da administração pública. Temas atuais de direito civil & direito do trabalho. 2. ed. Belo Horizonte: Leiditathi, 2006. p.125).

(304) O trabalho temporário é uma forma atípica de trabalho que surgiu no direito anglo-saxônico, criado pela empresa "Manpower". Posteriormente, foi importado para a Europa continental e para o Brasil. A aplicação desta forma de contratação na Europa é justificável em face das garantias de emprego existentes neste continente. A empresa que necessitasse contratar empregado de forma transitória não tinha como contratar e depois dispensar, salvo motivo justificado. No caso brasileiro, quando a lei do trabalho temporário entrou em vigência no ordenamento jurídico nacional, já não existia, na prática, restrições para a dispensa de trabalhadores após um curto período de labor, com exceção da pequena indenização pecuniária. (GIGLIO, Wagner. Contratos temporários na visão da OIT e na visão oficial do Brasil. In: FRANCO FILHO, Geogenor de Sousa (Coord.). Presente e futuro das relações de trabalho. São Paulo: LTr, 2000. p.407).

objeto contratual a prestação de um serviço especializado, o qual é realizado autonomamente pela empresa terceirizante, sem pessoalidade nem subordinação jurídica direta com o tomador do serviço.

Vale ainda consignar outras diferenças[305], ainda que secundárias, entre estas figuras jurídicas, quais sejam:

i) A terceirização não possui lei específica, já o contrato de trabalho temporário é regulado pela Lei n. 6.019/74;

ii) O contrato de trabalho temporário possui duração máxima de três meses, podendo durar até nove meses, prorrogáveis por mais três, com a autorização do órgão local do Ministério do Trabalho e Emprego, enquanto a terceirização não possui limitação temporal;

iii) O ordenamento trabalhista permite algumas hipóteses de terceirização, mas a única intermediação de mão de obra subordinada autorizada é a regulada pela Lei n. 6.019/74.

Apesar de figuras jurídicas distintas[306], são equiparadas pela jurisprudência do TST, atribuindo efeitos similares às situações de desvirtuamento desses institutos.

Tanto o contrato de trabalho temporário quanto a terceirização vêm sendo utilizados, no âmbito rural e urbano, com objetivos fraudulentos, com vistas à redução dos custos e à burla de direitos trabalhistas. No intuito de proteger os créditos laborais, os tribunais passaram a responsabilizar o tomador do serviço, de forma subsidiária ou solidária, quando estes contratos fossem realizados de maneira lícita ou ilícita, respectivamente.

Ainda quanto à responsabilidade das tomadoras do serviço no contrato de trabalho temporário, ocorrendo acidente de trabalho nas suas dependências, o trabalhador poderá acionar as duas empresas sucessivamente. "Porém, uma vez adimplidos os encargos pela cedente de mão de obra, pode ela regressivamente acionar a tomadora de mão de obra pela

---

(305) Como afirma Ciro Pereira da Silva, "há uma certa tendência em confundir a terceirização com a contratação de mão de obra temporária. Este é um processo totalmente diferente, regulado pela Lei n. 6.019/74, que permite a criação de empresas 'locadoras' de mão de obra para fins específicos, com picos de produção e por período predeterminado não superior a três meses. Já a terceirização propriamente dita, aquela em que a prestadora toma a seu cargo a tarefa de suportar a tomadora, em caráter permanente, com fornecimento de produtos e serviços, não mereceu até agora legislação própria" (SILVA, Ciro Pereira da. *A terceirização responsável:* modernidade e modismo. São Paulo: LTr, 1997. p. 28).

(306) De acordo com Rodrigo Carelli, são indícios da existência de intermediação de mão de obra: a) organização do trabalho pela contratante (gestão de mão de obra); b) falta de especialidade da empresa contratada (*Know-how* ou técnica específica); c) detenção de meios materiais para a realização dos serviços; d) realização da atividade permanente da tomadora, dentro de estabelecimento próprio da contratante; e) fiscalização da execução do contrato pela contratante; f) ordens e orientações procedimentais por parte da contratante; g) prevalência do elemento "trabalho humano" no contrato; h) remuneração do contrato baseada em número de trabalhadores; i) prestação de serviços para uma única tomadora etc. Salienta, ainda, que na técnica dos feixes de indícios, nenhum dos elementos é por si só determinante, devendo haver convergência deles para a verificação da existência da intermediação de mão de obra (CARELLI, Rodrigo de Lacerda. *Formas atípicas de trabalho*. São Paulo: LTr, 2004. p. 50).

culpa eventual no acidente ocorrido, ou pela natureza da atividade, pelos danos causados na execução do contrato"[307].

Já na hipótese de falência da empresa de trabalho temporário, a empresa cliente será responsável solidariamente pelas obrigações e débitos tributários e trabalhistas, conforme os arts. 16 da Lei n. 6.019/74 e 31 da Lei n. 8.212/91, com redação da Lei n. 9.711/98.

Nas terceirizações ilícitas e nos contratos de trabalho temporário ilegais, além da atribuição da responsabilidade solidária aos tomadores de serviço, há a possibilidade da configuração do vínculo de emprego entre este e o obreiro.

Vale ainda consignar que há vedação explícita na Lei n. 6.019/74 e no Decreto n. 73.841/74 quanto à utilização do contrato de trabalho temporário rural, o que o tornaria ilegal, estabelecendo um vínculo empregatício entre o rurícola e o produtor rural. Rodrigo Carelli defende a impossibilidade da utilização dessa forma de contratação no âmbito rural, asseverando que:

> Por ser clara e trazer expressamente a vedação, e ainda mais se tratando de exceção à regra geral de contratação, o que por si só já merecia interpretação restritiva, não há como aceitar a exigência de empresa de trabalho temporário rural, devendo o vínculo ser tomado diretamente com o empregador [...][308].

Porém, há na doutrina entendimento em contrário, defendendo a aplicação do contrato de trabalho temporário com base no tratamento igualitário dispensado pela CF/88 aos trabalhadores urbanos e rurais[309].

Diante dos riscos supramencionados, a terceirização e ao contrato de trabalho temporário tornaram-se formas de contratação inseguras e com grandes chances de prejuízo econômico.

Ademais, não resolveriam a demanda de trabalho existente no campo, uma vez que a terceirização e contrato de trabalho temporário devem constituir nada mais que "técnicas complementares de porte limitado, destinadas a remediar certas situações muito precisas, a fim de não fraudar o jogo do mercado de emprego, trazendo assim prejuízo aos trabalhadores permanentes"[310] da empresa tomadora do serviço.

e) Consórcio de empregadores rurais

Antes de adentrar no estudo do consórcio de empregadores rurais, faz-se necessário estabelecer uma premissa básica. Consórcio de empregadores é gênero que comporta duas espécies, consórcio de empregadores urbanos e consórcio de empregadores rurais, não existindo diferença ontológica entre elas.

---

(307) CARELLI, Rodrigo de Lacerda. *Formas atípicas do trabalho*. São Paulo. LTr, 2004. p. 38.
(308) CARELLI, Rodrigo de Lacerda. *Formas atípicas de trabalho*. São Paulo: LTr, 2004. p. 24.
(309) SÜSSEKIND, Arnaldo *et al. Instituições de direito do trabalho*. 15. ed. São Paulo: LTr, 1995. p. 269.
(310) PÉLISSIER, Jean; SUPIOT, Alain; JEAMMAUD, Antoine *apud* CARELLI, Rodrigo de Lacerda. *Formas atípicas de trabalho*. São Paulo: LTr, 2004. p. 20.

É um instituto trabalhista que pode ser aplicado tanto no campo quanto no meio urbano. No entanto, pelo fato de ter sido utilizado pela primeira vez no âmbito rural, iniciar-se-á o estudo dessa forma de contratação pela espécie campesina.

O consórcio de empregadores surgiu da necessidade econômica e socialmente sentida. Necessidade esta de criação de uma nova figura jurídica apta a solucionar ou atenuar o problema da demanda de trabalho ocasional, de curta duração e/ou de baixo volume[311], uma vez que as demais formas existentes até o momento mostraram-se incapaz de resolvê-lo.

Ao contrário do que ocorre normalmente, o primeiro impulso não veio do legislador. O consórcio de empregadores não teve origem em disposição normativa específica. Os produtores rurais buscando retirar o resultado econômico mais proveitoso possível e de forma segura, criou uma figura jurídica apta a solucionar o problema que lhes ameaçava a atividade econômica e condenava o trabalhador à informalidade. Passaram a se reunir com o intuito único de contratar empregado(s) para prestarem serviços de forma indistinta aos consorciados[312].

Essa figura jurídica não atribui ao grupo de produtores rurais personalidade jurídica própria. Cada consorciado manteve sua individualidade, ainda que unidos e solidariamente responsáveis pelas dívidas trabalhistas e previdenciárias dos empregados contratados. É característica dessa forma de contratação a solidariedade e a ausência de personalidade jurídica.

Apesar de ser uma solução encontrada pelos produtores rurais, o consórcio de empregadores traz benefícios para uma gama de sujeitos, quais sejam: empregadores[313],

---

(311) "Todos conhecemos certas peculiaridades da relação de trabalho rural que dificultam a *empregabilidade* [...] e a retribuição economicamente racional da prestação do empregado. Duas delas avultam imediatamente: o caráter sazonal da maioria das atividades agrícolas e a intermitência da prestação *dentro da jornada*, sobretudo na atividade pecuária. Essas características acabam tornando-se fonte de embaraços ao desenvolvimento rigorosamente preciso da *comutatividade* do contrato individual de emprego. Em consequência, retrai-se o interesse de contratação formal do trabalhador rústico, favorecendo a prestação marginal de trabalho, à feição de bico ou biscate e os constrangedores conflitos originários de sua prática" (PINTO, José Augusto Rodrigues. *Curso de direito individual do trabalho:* noções fundamentais de direito do trabalho, sujeitos e institutos de direito individual. São Paulo: LTr, 2004. p. 608).

(312) De acordo com Maurício Mazur, o consórcio de empregadores é uma criação paranaense. "O advogado Dirceu Galdino, de Maringá, em respostas a consultas jurídicas formuladas por cooperativas agrícolas que pretendiam regular a contratação de mão de obra por seus fornecedores, idealizou o modelo do consórcio de empregadores rurais ainda no ano de 1994, conseguindo implementá-lo em 1995, após longo debate com a Procuradoria do INSS, contando com o apoio da DRT-PR. Para Vera Olímpia Gonçalves, "a primeira tentativa de implantação do modelo ocorreu em território paulista, por intermédio da Federação da Agricultura no Estado de São Paulo (FAESP), mas devido a entraves de ordem legal, mais especificamente no que diz respeito à legislação previdenciária, a experiência não prosperou". Maurício Mazur rebate essa afirmativa asseverando que: "acredito que a experiência paulista esteve limitada ao condomínio de produtores rurais, este sim, com diversos obstáculos trabalhistas e previdenciários, afinal o consórcio de empregadores rurais foi concebido justamente para resolver esses problemas, dentro do ambiente legalista" (MAZUR, Maurício. *Consórcio de empregadores rurais*. Curitiba: Juruá, 2002. p. 31-32). Para maiores informações sobre o surgimento no consórcio de empregadores rurais, conferir Anemar Amaral (AMARAL, Anemar Pereira. *Condomínio de empregadores:* uma alternativa para a contratação no meio rural. Disponível em: <http://www.prt15.gov.br>. Acesso em: 22 dez. 2005), Daniel Rabelo (RABELO, Daniel Botelho. Consórcio de Empregadores — Contraponto Jurídico à Desarticulação do Direito do Trabalho. *In:* José Roberto Freire Pimenta *et al*. (Coords.). *Direito do trabalho — evolução, crise, perspectivas*. São Paulo: LTr, p. 314).

(313) "VANTAGENS DOS EMPREGADORES CONSORCIADOS: a) contratação direta de mão de obra para atender a necessidade ocasional, de curta duração ou de baixo volume; b) garantia legal e segurança jurídica, com redução

empregados[314], INSS[315], MPT[316], MTE, sindicatos[317], Estado e sociedade. Além de combater o êxodo rural, reduzir a rotatividade e formalizar a relação jurídica entre o tomador e o prestador de serviço, atribuiu a esses trabalhadores direitos laborais e previdenciários mínimos existenciais[318].

A despeito de inexistir regulamentação específica sobre o instituto, os produtores rurais não enfrentaram qualquer entrave normativo trabalhista para sua utilização, afinal essa figura jurídica preserva o contrato de emprego entre o trabalhador e os consorciados.

Todavia, não se pode afirmar o mesmo no âmbito previdenciário. Foi necessária a adoção de medida judicial para o reconhecimento dos consórcios de empregadores rurais como grupo de pessoas físicas, o que reduziu substancialmente os encargos previdenciários[319].

do número de ações judiciais trabalhistas; c) desburocratização de registros trabalhistas e previdenciários dos empregados comuns; d) aproveitamento da estrutura conjunta do consórcio, com facilidades de administração dos recursos humanos; e) rateio dos custos de medicina e de segurança do trabalho, inalterados na pluralidade de empregadores; f) manutenção de mão de obra permanente cada vez mais especializada; g) redução dos custos com extinções contratuais, por rateio entre todos consorciados; h) eliminação da concorrência de salário com o produtor rural vizinho para a contratação e a manutenção do trabalhador em época de maior demanda de serviço; i) possibilidade de negociação coletiva direta entre consórcio e o sindicato da categoria profissional, de modo que atenda às peculiaridades do grupo sem que os interesses estejam diluídos entre todos os demais membros da categoria econômica; j) encargos sociais de pessoa física, sem os acréscimos exigidos da pessoa jurídica." (MAZUR, Maurício. Consórcio de empregadores rurais. Curitiba: Juruá, 2002. p.47).

(314) "VANTAGENS DOS EMPREGADOS DE CONSÓRCIOS: a) contratação direta e manutenção de contrato de emprego, ainda que a necessidade de trabalho de cada produtor rural seja ocasional, de curta duração ou de baixo volume, afinal o que interessa é a necessidade de trabalho, sazonal ou de maior duração pela coletividade dos produtores rurais reunidos em grupo; b) inserção no mercado de trabalho formal, com suas garantias trabalhistas e previdenciárias; c) durabilidade da relação de trabalho; d) responsabilidade solidária dos empregadores por seus direitos trabalhistas e previdenciários; e) fixação com sua família em localidade próxima à de atendimento do consórcio rural."(MAZUR, Maurício. Consórcio de empregadores rurais. Curitiba: Juruá, 2002. p.48).

(315) "VANTAGENS DO INSS: a) aumento global de arrecadação previdenciária pela formalização de contratos de trabalho; b) responsabilidade solidária dos empregadores pelas contribuições previdenciárias; c) facilidades de fiscalização previdenciária, agora concentrada em apenas um nome coletivo e com documentação reunida em um único espaço físico."(MAZUR, Maurício. Consórcio de empregadores rurais. Curitiba: Juruá, 2002. p. 49).

(316) "VANTAGENS DO MINISTÉRIO PÚBLICO DO TRABALHO: a) resgate do trabalho informal; b) responsabilidade solidária dos empregadores pelas obrigações trabalhistas; c) melhoria das condições de saúde e segurança do trabalho, pelo rateio dos custos entre os consorciados; d) facilidade de fiscalização trabalhista, agora concentrada em apenas um nome coletivo e com documentação reunida em um único espaço físico." (MAZUR, Maurício. Consórcio de empregadores rurais. Curitiba: Juruá, 2002. p. 50).

(317) "VANTAGENS DOS SINDICATOS DE TRABALHADORES RURAIS: a) resgate da representação dos inúmeros trabalhadores rurais que estavam excluídos do mercado formal; b) potencial expansão do quadro de associados; c) fortalecimento da representatividade sindical, com poder de negociação coletiva direta com os empregadores consorciados; d) aumento global de arrecadação de contribuintes sindicais, tanto de representados quanto de associados." (MAZUR, Maurício. Consórcio de empregadores rurais. Curitiba: Juruá, 2002. p. 47-51).

(318) Nesse diapasão Otávio Brito Lopes: "o consórcio de empregadores surgiu, antes mesmo de qualquer iniciativa legislativa, como uma opção dos atores sociais para combater a assustadora proliferação de cooperativas de trabalho fraudulentas, e como forma de fixar o trabalhador rural no campo, estimular o trabalho formal, reduzir a rotatividade excessiva de mão de obra, reduzir a litigiosidade no meio rural, garantir o acesso dos trabalhadores aos direitos trabalhistas básicos (férias, 13º salário, FGTS, repouso remunerado, Carteira de Trabalho e Previdência Social) e à previdência social" (LOPES, Otávio Brito. Uma nova modalidade de contratação pode ser uma alternativa viável no combate à informalidade das relações trabalhistas entre produtores rurais. Revista Consulex, v. 5, n. 111, ago. 2001. p. 12).

(319) Inicialmente, a Divisão de Arrecadação e Fiscalização do INSS no Paraná deferiu ao consórcio de empregadores rurais a matrícula previdenciária de pessoa física (FPAS n. 604 e CEI final 8), mas depois alterou para a matrícula previdenciária

O deferimento da matrícula previdenciária de pessoa física teve como argumento o fato de os consórcios de empregadores rurais, na sua maioria, serem compostos por pessoas naturais, as quais se reúnem apenas com o único intuito de contratar empregados para prestarem serviços de forma indistinta aos empregadores[320]. Os consorciados não possuem a intenção de conjugar suas atividades econômicas, pelo contrário, muitos são até concorrentes[321].

Após período de intensos debates e disputas judiciais, o consórcio de empregadores passou a ser regulamentado[322]. Primeiro pela Portaria n. 107, de 6.7.1999, do MTE[323], por intermédio da DRT/MG, ao criar o Grupo Gestor de Implantação do Condomínio de Empregadores Rurais (GICER), que tinha como objetivo acompanhar o processo de implantação desta forma de contratação no meio rural[324]. Posteriormente pela Circular 56/99 do Ministério da Previdência e Assistência Social[325], permitindo cada produtor rural tivesse dois Cadastros Específicos no INSS (CEI), um individual, "pela qual promoveria o registro de seus empregados permanentes e recolheria as contribuições legais" e outro coletivo, "pelo qual seriam recolhidas as contribuições dos empregados comuns ao grupo do consórcio"[326].

de associação de empregadores (FPAS n. 523 e CEI final 0), dispensando tratamento de empresa a quem não passava de grupo de pessoas físicas e, com isso, aumentando significativamente os encargos previdenciários. A legalidade do ato administrativo foi questionada em mandados de seguranças (autos 98.0018274-8, 1ª vara da Justiça Federal de Curitiba-PR; Autos 98.0004018-2, 6ª vara da Justiça Federal de Curitiba-PR), onde foram concedidas medidas liminares e tutelas de mérito garantindo ao consórcio a matrícula inicial. (MAZUR, Maurício. *Consórcio de empregadores rurais.* Curitiba: Juruá, 2002. p. 34). Anemar Pereira Amaral (AMARAL, Anemar Pereira. *Condomínio de empregadores:* uma alternativa para a contratação no meio rural. Disponível em: <http://www.prt15.gov.br>. Acesso em: 22 dez. 2005.) e Daniel Botelho Rabelo argumentaram ainda que o consórcio de empregadores "não teria finalidade lucrativa e, portanto, não haveria que falar em 'faturamento bruto'. Além disso, seria ele uma 'pessoa coletiva' sem fim em si mesma, mero 'gestor de negócio' ou ainda 'procurador' gracioso de uma coletividade de empregadores. Sendo assim, jamais poderia ser equiparado a uma empresa, cuja essência é o lucro" (RABELO, Daniel Botelho. Consórcio de empregadores — contraponto jurídico à desarticulação do direito do trabalho. *In:* PIMENTA, José Roberto Freire *et al.* (Coords.). *Direito do trabalho — evolução, crise, perspectivas.* São Paulo: LTr, p. 315-316).

(320) Deve-se ressaltar que apesar da grande maioria dos consórcios de empregadores rurais serem compostos por produtores rurais pessoas físicas, nada impede que sejam compostos por pessoas jurídicas e entes despersonalizados.

(321) Impende destacar que as obrigações tributárias dos consorciados permanecem individualizadas, porque não há comunhão de atividade econômica entre eles, devendo responder cada qual pelos seus encargos de sua produção agrícola ou pecuária, inclusive os incidentes sobre a mão de obra utilizada. Em sentido similar assevera Dirceu Galdino (GALDINO, Dirceu. Uma forma vantajosa de registrar empregados sem intermediação. *Revista LTr,* São Paulo, v. 61, n. 2, p. 185, fev. 2003).

(322) FONSECA, Ricardo Tadeu Marques da. Consórcio de empregadores: uma alternativa imediata para a empregabilidade. *Repertório IOB de jurisprudência,* v. 2, n. 2, p. 32, jan. 2000.

(323) BRASIL. Ministério do Trabalho e Emprego. Portaria n. 107, de 6 de julho de 1999. Disponível em: <http://www.mte.gov.br>. Acesso em: 21 jun. 2007.

(324) RABELO, Daniel Botelho. Consórcio de empregadores — contraponto jurídico à desarticulação do direito do trabalho. *In:* PIMENTA, José Roberto Freire *et al.* (Coords.). *Direito do trabalho — evolução, crise, perspectivas.* São Paulo: LTr, p. 317.

(325) BRASIL. Ministério do Trabalho e Emprego. *Condomínio de Empregadores:* um novo modelo de contratação no meio rural. Brasília: MTE, SIT, 2000, p. 38.

(326) RABELO, Daniel Botelho. Consórcio de empregadores – contraponto jurídico à desarticulação do direito do trabalho. *In:* PIMENTA, José Roberto Freire *et al.* (Coords.). *Direito do trabalho – evolução, crise, perspectivas.* São Paulo: LTr, p. 320.

Novamente, o MTE, por meio da Portaria 1.964/99 de 1º.12.1999[327], dispôs sobre consórcio de empregadores, orientando a ação dos auditores fiscais do trabalho na fiscalização e na divulgação desta forma de contratação, como, também, esclarecendo alguns aspectos sobre o pacto de solidariedade e a matrícula CEI exigidos na formação deste modelo de contratação.

Registra-se que, a despeito da Portaria 1.964/99 ter estabelecido alguns dispositivos acerca da constituição do consórcio de empregadores rurais, eles não podem ser tidos como obrigatórios[328]. O referido instituto deve ter a sua constituição considerada válida por qualquer instrumento, até mesmo na ausência da formalização, diante do princípio da informalidade, corolário do princípio da primazia da realidade.

Em 9 de julho de 2001 entrou em vigor a Lei n. 10.256[329], que alterou a Lei n. 8.212/91, acrescentando-lhe o art. 25-A e seus parágrafos, equiparando o "consórcio simplificado de produtores rurais" ao empregador rural pessoa física e estabelecendo responsabilidade em relação às obrigações previdenciárias.

Não obstante a existência de dispositivo previdenciário normatizando o instituto no âmbito rural, não há, ainda, regra trabalhista dispondo sobre essa figura jurídica. Há, sim, em trâmite no Congresso Nacional, um projeto de lei (Projeto de Lei n. 3.811) que, entre outras disposições, altera a Lei n. 5.889/73 para também considerar como empregador rural "a união de produtores rurais, pessoas físicas, mediante ajuste escrito, com a finalidade de contratar trabalhadores rurais para a prestação de serviços exclusivamente aos seus integrantes"[330], os quais "serão responsáveis solidários pelas obrigações decorrentes da relação de emprego"[331].

Mesmo sem regramento trabalhista específico, essa forma de contratação foi adotada pelos produtores rurais[332], propiciando a formalização de inúmeros contratos de emprego em todo o país, demonstrando a sua grande contribuição para o desenvolvimento social e econômico da área rural brasileira.

---

(327) BRASIL. Ministério do Trabalho e Emprego. Portaria n. 1.964, de 1º de dezembro de 1999. Disponível em: <http://www.mte.gov.br>. Acesso em: 21 jun. 2007. (Anexo – A)

(328) PINTO, José Augusto Rodrigues. *Curso de direito individual do trabalho:* noções fundamentais de direito do trabalho, sujeitos e institutos de direito individual. São Paulo: LTr, 2004. p. 610.

(329) "Art. 25-A Equipara-se ao empregador rural pessoa física o consórcio simplificado de produtores rurais, formado pela união de produtores rurais pessoas físicas, que outorga a um deles poderes para contratar, gerir e demitir trabalhadores para prestação de serviços, exclusivamente, aos seus integrantes, mediante documento registrado em cartório de títulos e documentos. [...] § 3º Os produtores rurais integrantes do consórcio de trata o *caput* serão responsáveis solidários em relação às obrigações previdenciárias". (Anexo – B)

(330) Art. 1º do Projeto de Lei n. 3.811, que altera o art. 3º, II, da Lei n. 5.589/73.

(331) Art. 1º do Projeto de Lei n. 3.811, que altera o art. 3º, § 3º, da Lei n. 5.589/73.

(332) De acordo com o Ministério do Trabalho e Emprego, foram registrados cento e três consórcios de empregadores rurais em todo o País em 2002, sendo cinquenta e um em São Paulo, trinta e um em Minas Gerais, doze no Paraná, dois em Goiás, dois no Mato Grosso, dois em Pernambuco, um em Alagoas, um no Maranhão e um no Distrito Federal. Reunindo 3.446 (três mil e quatrocentos e quarenta e seis) empregadores rurais e 65.587 (sessenta e cinco mil e quinhentos e oitenta e sete) empregados. Dados extraídos da tabela do Ministério do Trabalho e Emprego contida na obra de Maurício Mazur (MAZUR, Maurício. *Consórcio de empregadores rurais.* Curitiba: Juruá, 2002. p. 81-84).

A necessidade de aplicação do consórcio de empregadores experimentada pelos empregadores rurais hoje é sentida pelos empregadores das grandes cidades. A cada dia torna-se mais inevitável a aplicação desse instituto no âmbito urbano.

Sendo algo inevitável, o jurista deve estar preparado para conviver com ele. Por isso, inicia-se, no próximo capítulo, a análise da utilização do consórcio de empregadores no âmbito urbano. O estudo será realizado em capítulo apartado não só pela sua importância e necessidade, mas também pelo fato de ser o objeto central deste trabalho.

3.2.2. Definição

Definir consiste na atividade intelectual de apreender e desvelar os elementos componentes e o nexo lógico que os mantém integrados[333]. Portanto, para definir consórcio de empregadores urbanos, faz-se necessário desvelar seus elementos integrantes (objeto e sujeitos) e a natureza do vínculo que os preservam unidos (nexo causal).

Por questão de coerência com o que foi afirmado em outros tópicos, apropriado é conceituar o gênero, consórcio de empregadores, e posteriormente realizar as devidas adequações, construindo o conceito das suas espécies.

Adotando a premissa de que não há diferença ontológica entre as espécies consorciais, é válido partir do conceito de consórcio de empregadores rurais não só por já possuir definição legal, mas em face do estágio mais avançado de sua ideia.

De acordo com a Portaria n. 1.964/99 do Ministério do Trabalho e Emprego, consórcio de empregadores rurais é "a união de produtores rurais, *pessoas físicas*, com a *única finalidade de contratar, diretamente, empregados rurais* [...]"[334] (grifos nossos).

Com base nesse conceito, é possível identificar o objeto do consórcio de empregadores. Segundo Luiz Fernando Duque e Sônia Toledo Gonçalves, a razão da celebração desse negócio jurídico "é a contratação de empregados"[335], que, de acordo com Aurélio Pires, devem "prestar serviços a todos os integrantes do Consórcio"[336].

Nesse sentido, os consorciados unem-se com a finalidade única de contratar empregado(s) para prestar(em) serviços de forma indistinta para todos os integrantes do consórcio de empregadores[337].

---

(333) DELGADO, Mauricio Godinho. *Curso de direito do trabalho*. São Paulo: LTr, 2004. p. 49.

(334) Art. 1º da Portaria n. 1.964/99 do Ministério do Trabalho e Emprego.

(335) BRASIL. Ministério do Trabalho e Emprego. *Condomínio de empregadores:* um novo modelo de contratação no meio rural. Brasília: MTE, SIT, 2000. p. 17. Nelson Mannrich possui entendimento similar (MANNRICH, Nelson. Consórcio de empregadores rurais. *Repertório IOB de Jurisprudência*, n. 20/2000, caderno 2, segunda quinzena de outubro de 2000, São Paulo, p. 396).

(336) PIRES, Aurélio. Consórcio de empregadores rurais. *Revista LTr*, v. 65, n. 10, out. 2001, São Paulo, p. 1.210.

(337) Coaduna com o exposto Otávio Calvet (CALVET, Otávio Amaral. *Consórcio de empregadores urbanos:* uma realidade possível: redução dos custos: redução dos custos e do desemprego. São Paulo: LTr, 2002. p. 29) e José Augusto Rodrigues Pinto (PINTO, José Augusto Rodrigues. *Curso de direito individual do trabalho:* noções fundamentais de direito do trabalho, sujeitos e institutos de direito individual. São Paulo: LTr, 2004. p. 614).

Outro elemento que deve ser analisado são os sujeitos. Os consórcios podem ser constituídos por pessoas naturais, jurídicas e por entes despersonalizados. Todavia, existem entendimentos mais restritivos que negam a possibilidade de pessoas jurídicas e entes despersonalizados comporem a espécie rural.

Nos conceitos legais[338], a composição dos consórcios de empregadores rurais foi limitada às pessoas físicas. Entretanto, não há razão plausível para que pessoas jurídicas titulares de empresas e entes despersonalizados não possam consorciar-se entre si ou com pessoas físicas. A referida vedação é uma questão de política legislativa, a qual deve ser repensada antes que seja desprezada pela realidade social[339].

Com a simples análise literal dos termos que compõe a denominação "consórcio de empregadores" é possível observar a inconsistência da restrição legal. Todos os entes aptos a figurar no polo de empregador podem consorciar-se para contratar empregado(s) de forma compartilhada.

Nesse sentido, tanto as pessoas naturais quanto as jurídicas (*v.g.*: construtoras, *shopping center*, "empresas rurais") e entes despersonalizados (*v.g.*: condomínios, espólios, famílias ou o próprio consórcio de empregadores) podem compor o consórcio de empregadores.

O terceiro ponto a ser desvelado é a natureza jurídica do nexo que vincula os consorciados[340]. Tal nexo possui natureza negocial, assemelhada à existente nos contratos, mas dela se distancia, uma vez que os interesses das partes no consórcio de empregadores são comuns e não contrapostos, como ocorre na figura contratual clássica.

Agora, apresentados os elementos (sujeitos e objeto) e a natureza jurídica do vínculo que une os consorciados, é possível conceituar consórcio de empregadores como um negócio jurídico (ajuste de vontades ou acordo) celebrado entre diversos entes — pessoa física, pessoa jurídica e entes despersonalizados — com a finalidade única de contratar empregado(s) para prestar(em) serviços aos componentes deste consórcio de forma compartilhada[341].

---

(338) Restrição apresentada no parágrafo único do art. 1º da Portaria n. 1.964/99, do Ministério do Trabalho, no art. 25-A da Lei n. 8.212/91, acrescentado pela Lei n. 10.256/2001 e no art. 1º do Projeto de Lei n. 3.811, que visa acrescentar o inciso II no art. 3º da Lei n. 5.589/73.

(339) "Assim pensamos porque a História tem mostrado fartamente [...] que a realidade social é muito mais forte do que a do direito laboratorial da norma — motivo pelo qual, aliás, *Anatole France* testemunhou, com grande acuidade, ter visto muitas vezes a sociedade revogar o direito, mas nunca ter visto o direito revogar a sociedade." (PINTO, José Augusto Rodrigues. *Curso de direito individual do trabalho:* noções fundamentais de direito do trabalho, sujeitos e institutos de direito individual. São Paulo: LTr, 2004. p. 617).

(340) A análise da natureza jurídica do vínculo que une os consorciados será realizada de forma detalhada no item subsequente "natureza jurídica".

(341) Ao discorrer sobre o consórcio de empregadores urbanos, em seu livro específico sobre o tema, Otávio Calvet define o instituto em questão como "um ajuste de vontade de diversos entes (pessoas físicas, jurídicas ou entes despersonalizados) com a finalidade única de contratar empregados para prestarem serviços indistintamente a todos os seus integrantes" (CALVET, Otávio Amaral. *Consórcio de empregadores urbanos:* uma realidade possível: redução dos custos e do desemprego. São Paulo: LTr, 2002. p. 29). Na busca da definição do instituto em tela, José Augusto Rodrigues Pinto conceitua consórcio de empregadores como "um ajuste de vontade de

Conceito simples e apriorístico, exposto com intuito de servir de base para elaboração de uma definição mais completa, capaz de responder algumas questões atreladas a este instituto[342].

Vale consignar neste momento, sem a fundamentação adequada[343], que a união dos consorciados, apesar de não constituir ente jurídico com personalidade jurídica própria, atribui aos seus componentes responsabilidade solidária. Que a vinculação dos empregados contratados não é com o consórcio de empregadores, mas sim, com os consorciados, como bem explica Otávio Calvet:

> Não tendo o consórcio personalidade jurídica própria, mas sendo um mero convênio, um acordo de interesses comuns, forçoso se torna reconhecer que as pessoas contratadas como empregados manteriam vínculo de emprego não com a figura do consórcio, que sequer admite este tipo de interpretação, mas com os próprios integrantes dele. Ao visualizarmos, então, uma relação de emprego assim estabelecida, teríamos de um lado a pessoa física do empregado e, do outro, a presença de vários empregadores simultaneamente, cada um com os direitos e deveres inerentes à figura clássica do empregador[344].

Não há a formação de múltiplos contratos de trabalho, mas apenas de uma relação jurídica de emprego compartilhada entre os empregadores consorciados e o empregado. É inviável, portanto, defender a tese do empregador único propagada por Arnaldo Süssekind[345] e Mauricio Godinho Delgado[346], uma vez que o empregador não é o consórcio. A adoção desse entendimento não só iria de encontro com a real intenção dos

---

empregadores pessoas físicas ou jurídicas, objetivando a admissão e utilização em comum de empregados para execução de serviços no interesse e sob subordinação individualizados das respectivas empresas individuais ou coletivas"(PINTO, José Augusto Rodrigues. *Curso de direito individual do trabalho:* noções fundamentais de direito do trabalho, sujeitos e institutos de direito individual. São Paulo: LTr, 2004. p. 603).

(342) De acordo com José Augusto Rodrigues Pinto, algumas dúvidas são inerentes a essa figura jurídica, quais sejam: "A constituição do *Consórcio* gera um ente jurídico de personalidade própria, diversa dos instituidores? Sua figura é assimilável por algumas das várias semelhantes já consolidadas na ordem doutrinária e legal? Qual a natureza da responsabilidade entre os consorciados pelas dívidas trabalhistas?" (PINTO, José Augusto Rodrigues. *Curso de direito individual do trabalho:* noções fundamentais de direito do trabalho, sujeitos e institutos de direito individual. São Paulo: LTr, 2004. p. 604). Essas perguntas serão respondidas de forma fundamentada nos itens seguintes.

(343) A fundamentação será apresentada nos itens seguintes, uma vez que está atrelada às perguntas inerentes a esta figura jurídica.

(344) CALVET, Otávio Amaral. *Consórcio de empregadores urbanos:* uma realidade possível: redução dos custos e do desemprego. São Paulo: LTr, 2002. p. 29.

(345) "Se o consórcio não tem personalidade jurídica, nem lhe corresponde à solidariedade a que alude a CLT, (art. 2º, § 2º), certo é, no entanto, que ele é considerado empregador daqueles que para ele, ou para cada uma das empresas que o constituíram, prestarem serviços na condição de empregados." (SÜSSEKIND, Arnaldo.*Curso de direito do trabalho*. Rio de Janeiro: Renovar, 2002. p. 202).

(346) "Trata-se, afinal, de situação que não é estranha ao ramo justrabalhista do país, já tendo sido consagrada em contexto congênere, na qual ficou conhecida pelo epíteto de *empregador único* (Enunciado 129, TST). Consórcio é empregador único de seus diversos empregados, sendo que seus produtores rurais integrantes podem se valer da força de trabalho, respeitados os parâmetros justrabalhistas, sem que configure contrato específico e apartado com qualquer deles; todos eles são as diversas dimensões desde *empregador único*." (grifos do autor) (DELGADO, Mauricio Godinho. *Curso de direito do trabalho*. São Paulo: LTr, 2004. p. 426).

participantes ao consorciarem-se, como também contrariaria a natureza de mero negócio jurídico desse instituto[347].

Conclui-se que o consórcio de empregadores é um negócio jurídico (acordo) celebrado por empregadores de diversas naturezas (pessoa física, pessoa jurídica e entes despersonalizados), todos responsáveis solidariamente pelos créditos laborais, sem a constituição de ente jurídico com personalidade jurídica própria, com a finalidade única de contratar empregado(s) para prestar(em) serviços aos componentes desse consórcio de forma indistinta, formando uma única relação jurídica de emprego compartilhada entre os empregadores consorciados e o empregado.

Para apresentar o conceito das suas espécies, basta acrescentar o adjetivo *urbanos* ou *rural* ao termo *empregadores*, uma vez que sua configuração depende apenas da caracterização dos empregadores como urbanos ou rurais[348].

Portanto, a espécie urbana, por exemplo, pode ser definida como um negócio jurídico (acordo) celebrado por diversos tipos de empregadores *urbanos* (pessoa física, pessoa jurídica e entes despersonalizados), todos responsáveis solidariamente pelos créditos laborais, sem a constituição de ente jurídico com personalidade jurídica própria, com a finalidade única de contratar empregado(s) para prestar(em) serviços aos componentes desse consórcio de forma indistinta, formando uma única relação jurídica de emprego compartilhada entre os empregadores consorciados e o empregado.

3.2.3. Figuras jurídicas semelhantes: similitudes e diferenças dessas figuras e o consórcio de empregadores

Conforme demonstrado, o consórcio de empregadores é um negócio jurídico caracterizado pelos seus entes pactuantes (pessoa física, pessoa jurídica e entes despersonalizados) e sua finalidade (intenção única de contratar empregados para prestarem serviços para os componentes deste consórcio). Com base nesses critérios, é possível diferenciá-lo de figuras assemelhadas, o que se passa a realizar de forma sintetizada[349]:

a) Sociedade

Segundo Orlando Gomes, "sociedade é um negócio jurídico pelo qual duas ou mais pessoas se obrigam mutuamente a somar esforços e recursos para o exercício de atividade econômica, em proveito comum". Para a sua existência é necessário possuir os seguintes

---

(347) CALVET, Otávio Amaral. *Consórcio de empregadores urbanos:* uma realidade possível: redução dos custos e do desemprego. São Paulo: LTr, 2002. p. 29.

(348) Esta caracterização é residual, ou seja, será empregador urbano todo aquele que não for rural. Para a Lei n. 5.889/73, empregador rural é "a pessoa física ou jurídica, proprietária ou não, que explore atividade agroeconômica, em caráter permanente ou temporário, diretamente ou através de prepostos e com auxílio de empregados" (art. 3º) ou "a pessoa física ou jurídica que, habitualmente, em caráter profissional, e por conta de terceiros, execute serviços de natureza agrária, mediante utilização do trabalho de outrem" (art. 4º). Acrescenta-se às pessoas físicas e jurídicas os entes despersonalizados que realizem as atividades mencionadas.

(349) Na exposição das figuras assemelhadas limitar-se-á a apresentar algumas diferenças para com o consórcio de empregadores. Não haverá uma explanação, de forma aprofundada, acerca de cada uma dessas figuras, uma vez que fugiria aos limites desta obra.

elementos: "a) fim comum, a ser alcançado pela cooperação dos sócios; b) contribuição dos sócios em esforços comuns, ou recursos; c) *affecio societatis*"[350].

As sociedades podem ser classificadas em: i) personalizadas, divididas em simples e empresarial; ii) não personalizadas[351]. Para a constituição de ambas as espécies, é indispensável a coexistência dos elementos supramencionados.

Dentre as sociedades não personificadas, encontram-se as sociedade em conta de participação e as sociedades comuns, as quais, por sua vez, dividem-se em sociedade de fato e sociedade irregular.

Enquanto a sociedade de fato é aquela que funciona sem a redução a termo do seu estatuto ou contrato social, a sociedade irregular é aquela organizada por escrito, mas sem a necessária inscrição dos atos constitutivos no registro peculiar.

Realizada essa breve exposição acerca das sociedades e de seus elementos, é possível apresentar alguns argumentos que inviabilizam a configuração do consócio de empregadores como uma sociedade.

O consórcio de empregadores não possui personalidade jurídica, o que, por si, já impediria a sua caracterização como uma sociedade personificada. Ratifica este entendimento José Augusto Rodrigues Pinto, ao asseverar que:

> As figuras do *Consórcio de Empregadores e da Sociedade* são também juridicamente diversas pela circunstancia de que a constituição do primeiro *não gerar nenhum ser jurídico*, ou seja, não ter o condão de dotar de *personalidade jurídica própria, distinta dos consorciados*, sua criação. O contrário exatamente ocorre com a *Sociedade*. Isso obriga a concluir que no Consórcio o empregado se subordina separadamente a todo o complexo de empregadores que o admitiu, enquanto na *Sociedade* o empregador e o contrato de emprego são rigorosamente únicos[352].

O consórcio pode ser composto pelas mais variadas espécies de empregadores — pessoas físicas, jurídicas, entes despersonalizados, que possuam finalidade lucrativa ou não —, que se consorciam com a finalidade única de contratar empregado. É possível, por exemplo, verificar consórcios formados por empregadores sem fins lucrativos (empregadores por equiparação).

Já as sociedades, necessariamente, possuem finalidade lucrativa. Esse fato inviabiliza a categorização do consórcio de empregadores como uma sociedade. Tanto a sociedade *simples* quanto a *empresarial* visam o lucro, sendo este um dos elementos diferenciadores para com as associações e consórcios de empregadores.

---

(350) GOMES, Orlando. *Contratos*. 25. ed. Rio de Janeiro: Forense, 2002. p. 393-394.
(351) DINIZ, Maria Helena. *Tratado teórico e prático dos contratos*. São Paulo: Saraiva, 2003. v. 4, p. 113-123.
(352) PINTO, José Augusto Rodrigues. *Curso de direito individual do trabalho*. São Paulo: LTr, 2004. p. 605.

Ademais, a ausência nos consórcio de empregadores do *affectio societatis*, elemento típico das espécies societárias (sociedade personificadas e não personificada[353]), reforça a distinção entre estas figuras jurídicas.

No consórcio de empregadores, cada consorciado possui sua atividade econômica paralela, podendo até concorrer entre si. Nesse sentido, não é possível falar em *affectio societatis* entre os entes que compõem o consórcio de empregadores.

Da mesma forma não é possível falar em esforço comum, pois cada consorciado arca apenas com as suas despesas. Afirmam Mário Campos de Oliveira Júnior e Sérgio Roberto Giatti Rodrigues que:

> [...] Cada qual usufrui das vantagens e dos encargos de forma individualizada. Não há bens e perdas divididos entre eles. Cada qual assume, de *"per si"*, não se podendo, pois, falar em proveito comum, afastando-se qualquer alegação de que haja uma sociedade de fato[354].

Assim, conclui-se, pelos argumentos apresentados, que o consórcio de empregadores não pode ser configurado como uma sociedade, seja ela personificada (simples ou empresária) ou não (comum ou sociedade em conta de participação).

b) Associação

As associações são pessoas jurídicas de direito privado constituídas de pessoas que reúnem os seus esforços para a realização de fins não econômicos[355]. Não há, entre os membros associados, direitos e obrigações recíprocas, nem intenção de dividir resultados, sendo os objetivos altruísticos, científicos, artísticos, beneficentes, religiosos, educativos, culturais, políticos, esportivos ou recreativos[356].

O traço distintivo entre sociedade e associações, como observado, reside no fato de as associações não visarem lucro[357]. Esse elemento (fim ideal), também, inviabiliza a caracterização do consórcio de empregadores como associações.

O consórcio de empregadores não possui fins culturais, educacionais, esportivos, religiosos, recreativos, morais, como também não possui patrimônio próprio. Apenas objetiva a contratação de mão de obra e a dissolução das despesas pelos seus integrantes.

---

(353) Salienta-se que entre os sócios da sociedade de fato ou irregular não deixa de existir esse elemento anímico, que justamente as diferenciam dos consórcios de empregadores.

(354) OLIVEIRA JÚNIOR, Mário Campos de; RODRIGUES, Sérgio Roberto Giatti. Condomínio de empregadores: registro de empregados, em nome coletivo de empregadores, sem intermediação. Um novo modelo de contratação no meio rural. *Jus Navigandi*, Teresina, ano 4, n. 45, set. 2000. Disponível em: <http://www1.jus.com.br/doutrina/texto.asp?id=1196>. Acesso em: 15 abr. 2005.

(355) Art. 53 do CC/2002 – Constituem-se as associações pela união de pessoas que se organizem para fins não econômicos. Parágrafo único. Não há, entre os associados, direitos e obrigações recíprocos.

(356) GONÇALVES, Carlos Roberto. *Direito civil brasileiro:* parte geral. São Paulo: Saraiva, 2003. p. 199.

(357) A circunstância de as associações realizarem negócios jurídicos lucrativos para a sua manutenção ou aumento do seu patrimônio não desnatura a sua natureza associativa. O que não pode ocorrer é a partição dos lucros entres os associados.

À ausência de fins ideais é somada a falta de personalidade jurídica e de *affectio societatis*[358]. A inexistência desses elementos impede a categorização do consórcio como uma associação.

c) Condomínio

Quando determinado direito pertencer a vários indivíduos ao mesmo tempo, estar-se-á diante de uma comunhão. "Se recair tal comunhão sobre um direito de propriedade tem-se, na concepção de Bonfante, o condomínio ou compropriedade"[359]. Nesse diapasão, afirma Caio Mário da Silva Pereira que haverá condomínio "quando a mesma coisa pertencer a mais de uma pessoa, cabendo a cada uma delas igual direito, idealmente, sobre o todo e cada uma de suas partes".

Percebe-se, com base nos conceitos supramencionados, que o condomínio está atrelado à ideia de propriedade — de comunhão ou partição desta —, coletividade e indivisibilidade[360]. Qualquer figura jurídica que não esteja vinculada, concomitantemente, a esses elementos caracterizadores, não pode ser classificada como condomínio.

O consórcio de empregadores é uma dessas figuras que não pode ser considerada condomínio, pois os consorciados não possuem copropriedade da energia do trabalhador contratado, haja vista que ela está atrelada ao ser humano, o qual não é coisa e consequentemente não pode ser apropriado, nem ser propriedade de outro homem[361].

Otávio Calvet, por outro viés, diferencia o consórcio de empregadores do condomínio:

> Em primeiro lugar, inviável considerar-se o consórcio como mero **condomínio**, já que este pressupõe copropriedade, o que não ocorre no caso em análise. No consórcio de empregadores, não há necessidade de que os diversos integrantes tenham propriedade comum. No modelo rural, por exemplo, cada produtor utiliza da mão de obra disponibilizada através do consórcio em sua própria fazenda, sem que haja uma interpenetração de atividades entre os diversos empregadores.
>
> Ademais, entendemos que sequer existe necessidade de se perquirir acerca de direito de propriedade na questão, vez que a relação de emprego se materializa no campo obrigacional, sendo de há muito ultrapassada a noção de que o

---

(358) De acordo com Carlos Roberto Gonçalves, o *affectio societatis* é elemento essencial a qualquer associação e sociedade (GONÇALVES, Carlos Roberto. *Direito civil brasileiro:* parte geral. São Paulo: Saraiva, 2003. p. 200).

(359) DINIZ, Maria Helena. *Curso de direito civil brasileiro.* v 4., 17. ed. São Paulo: Saraiva, 2003. v. 4, p. 180.

(360) "Caracterizando-se por sua feição corporativa e pelo caráter de indivisibilidade, já que o bem pertence à coletividade e não aos condôminos que somente têm direito de usar e gozar da coisa em razão da vinculação corporativa" (DINIZ, Maria Helena. *Curso de direito civil brasileiro.* 17. ed. São Paulo: Saraiva, 2003. v. 4, p. 180).

(361) "O consórcio de empregadores também não permite inferir a configuração de *Condomínio*, o qual pressupõe, conforme o próprio nome indica, a co-propriedade de coisa objeto da relação, além de um inevitável enlace de interesses dos sujeitos constitutivos, elementos decididamente ausentes na figura do *Consórcio de Empregadores.*" (grifos do autor) (PINTO, José Augusto Rodrigues. *Curso de direito individual do trabalho:* noções fundamentais de direito do trabalho, sujeitos e institutos de direito individual. São Paulo: LTr, 2004. p. 605).

empregador deve ser detentor de estabelecimento para desenvolver suas atividades. Exemplifique-se com as empresas virtuais que operam na Internet contratando empregados que trabalham em domicílio[362].

Portanto, além do labor do empregado não ser passível de apropriação e, consequentemente, não possuir coproprietário, não há a necessidade, para a formação do consórcio de empregadores, que os consorciados possuam estabelecimento para desenvolver suas atividades, muito menos em comunhão. Nesse sentido, a desvinculação da noção de propriedade impede a configuração dessa figura jurídica como um condomínio.

d) Grupo econômico

Tanto o grupo econômico trabalhista como o consórcio de empregadores são frutos do fenômeno da concentração de empresas, e por isso guardam semelhanças.

O grupo econômico, assim como o consórcio de empregadores, independe de qualquer formalidade para a sua constituição. São formados por uma pluralidade de entes das mais diversas naturezas. Em ambos há a responsabilidade solidária pelas dívidas trabalhistas.

A figura do grupo econômico trabalhista, que já foi analisada no segundo capítulo, está regulada e definida nos arts. 2º, § 2º, da CLT e 3º, § 2º, da Lei n. 5.889/73:

> CLT – Art. 2º Considera-se empregador a empresa, individual ou coletiva, que, assumindo os riscos da atividade econômica, admite, assalaria e dirige a prestação pessoal de serviço.
>
> [...]
>
> § 2º Sempre que uma ou mais empresas, tendo, embora, cada uma delas, personalidade jurídica própria, estiverem sob a direção, controle ou administração de outra, constituindo grupo industrial, comercial ou de qualquer outra atividade econômica, serão, para os efeitos da relação de emprego, solidariamente responsáveis à empresa principal e cada uma das subordinadas.
>
> Lei n. 5.889/73 – art. 3º Considera-se empregador rural, para efeitos desta Lei, a pessoa física ou jurídica, proprietário ou não, que explore atividade agroeconômica, em caráter permanente ou temporário, diretamente através de prepostos e com auxílio de empregados.
>
> [...]
>
> § 2º Sempre que uma ou mais empresas, embora tendo cada uma delas personalidade jurídica própria, estiverem sob a direção, controle ou administração de outra, ou ainda quando, mesmo guardando cada uma sua autonomia, integrem grupo econômico ou financeiro rural, serão responsáveis solidariamente nas obrigações decorrentes da relação de emprego.

Apesar das similitudes, o consórcio de empregadores não se enquadra na figura jurídica do grupo econômico trabalhista. Percebe-se a veracidade dessa afirmativa, de forma mais evidente, quando o consórcio é composto de integrantes concorrentes no mercado.

Falta ao consórcio de empregadores a coordenação e, mais ainda, a direção de atividades diferenciadas para a obtenção de resultado econômico integrado. Nele, cada empregador persegue resultado inteiramente desligado dos demais, oriundo de planejamento e direção

---

(362) CALVET, Otávio. Op. cit., p. 31.

próprios. Não existe, assim, atividade empresarial coordenada, nem resultado econômico integrado[363]. Há, apenas, uma contratação patronal coletiva do mesmo trabalhador.

Para os adeptos da tese do empregador único[364], há uma distinção clara entre a relação empregatícia existente nas figuras em comparação. Enquanto no consórcio a relação de emprego se forma com uma constelação de empregadores, no grupo econômico há um único empregador. Esse mesmo entendimento pode ser extraído das palavras de Edilton Meirelles ao tratar do tema consórcio de empregadores rurais:

> Se se entender, todavia, que da união dos empregadores rurais surge a figura de apenas um empregador (que seria a empresa laboral empregadora), estar-se-á diante de um verdadeiro grupo econômico, pois formado a partir do conjunto dos empregadores rurais que se agrupam. Não nos quer parecer, porém, que seja do interesse dos diversos empregadores rurais se agruparem para formar uma nova empresa rural (policorporativa) quando se unem no 'consórcio de empregadores'.[365]

Já para os defensores da solidariedade passiva[366], o consórcio de empregadores se distinguiria do grupo econômico, pois no primeiro haveria também a solidariedade ativa. Conclui Otávio Calvet que:

> A teoria apresentada do consórcio de empregadores resolve a velha questão da natureza da responsabilidade atribuída aos integrantes do grupo econômico: apenas passiva (como a jurisprudência já reconhece). Já os integrantes que efetivamente contratam o empregado deteriam os direitos e obrigações (responsabilidade ativa e passiva) pelo fato de serem ao mesmo tempo empregadores em consórcio do trabalhador e, não por serem 'empregador único'.[367]

Portanto, pelos motivos expostos, não se pode equiparar o consórcio de empregadores ao grupo econômico trabalhista, apesar das similitudes, pois estas se tornam superficiais em face das diferenças.

e) Consórcio administrativo ou mercantil

Os consórcios administrativo (ou convênio administrativo) e mercantil (também chamado de consórcio civil ou comercial) são figuras semelhantes ao consórcio de empregadores, mas não idênticas. Justamente por possuírem inúmeras similitudes[368]

---

(363) PINTO, José Augusto Rodrigues. *Curso de direito individual do trabalho:* noções fundamentais de direito do trabalho, sujeitos e institutos de direito individual. São Paulo: LTr, 2004. p. 605.

(364) Foram apresentados, no segundo capítulo, alguns doutrinadores que defendem a tese do empregador. Vide "Relação de Emprego", no tópico referente à solidariedade no grupo econômico trabalhista.

(365) MEIRELES, Edilton. *Grupo econômico trabalhista.* São Paulo: LTr, 2002. p. 349.

(366) Foram apresentados, no segundo capítulo, alguns doutrinadores que defendem a solidariedade apenas passiva. Vide "Relação de Emprego", no tópico referente à solidariedade no grupo econômico trabalhista.

(367) CALVET, Otávio Amaral. *Consórcio de empregadores urbanos:* uma realidade possível: redução dos custos e do desemprego. São Paulo: LTr, 2002. p. 66.

(368) São algumas das semelhanças existentes: ausência de personalidade jurídica; os interesses dos consorciados não são contrapostos, mas sim paralelos; não há a necessidade de coordenação nem direção entre as empresas consorciadas.

a doutrina trabalhista adotou o termo *consórcio* para denominar o instituto laboral em questão.

Configura-se o consórcio comercial quando diversas empresas somam esforços para a execução de um empreendimento específico, sem a criação de uma nova pessoa jurídica. Cada empresa consorciada continua a possuir personalidade jurídica própria, conforme dispõe o art. 278 da Lei n. 6.404/76:

> Art. 278 – As companhias e quaisquer outras sociedades, sob o mesmo controle ou não, podem constituir consórcio para executar determinado empreendimento, observando o disposto neste capítulo.
>
> § 1º O consórcio não tem personalidade jurídica e as consorciadas somente se obrigam nas condições previstas no respectivo contrato, respondendo cada uma por suas obrigações, sem presunção de solidariedade.

Nota-se que para a formação do consórcio mercantil é desnecessário que exista entre as empresas coligadas vínculo de subordinação ou coordenação, elemento essencial para a configuração dos grupos econômicos trabalhistas.

A referida reunião de esforços para executar uma atividade que nenhuma das empresas consorciadas teria capacidade para realizar sozinha, "formaliza-se mediante um contrato, no qual são estabelecidas as obrigações, sem presunção de solidariedade"[369]. Tal contrato, além de estipular o tempo de duração do consórcio[370], deve ser arquivado no registro de comércio e devidamente publicado[371].

Apesar de a formalização ser realizada por intermédio de um contrato escrito, esta figura negocial diferencia-se do contrato clássico, pois naquele não existe oposição entre os interesses das partes, mas sim objetivos comuns e paralelos.

Já os consórcios administrativos são acordos firmados entre entidades estatais, autarquias, fundações ou parestatais, sempre da mesma espécie, para a realização de objetivos de interesse comum dos partícipes[372].

---

(369) CALVET, Otavio Amaral. *Consórcio de empregadores urbanos:* uma realidade possível: redução dos custos e do desemprego. São Paulo: LTr,2002, p. 22-23. De acordo com Fábio Ulhoa Coelho, excepcionalmente, há presunção de solidariedade quanto à obrigações relacionadas com os direitos do consumidor (art. 28, § 3º, do CDC), e nas licitações (art. 33, V, da Lei n. 8.666/93)(COELHO, Fábio Ulhoa. *Manual de direito comercial.* 13. ed. São Paulo: Saraiva, 2002. p. 213).

(370) A estipulação do prazo em contrato está vinculada ao objetivo do consórcio mercantil, ou seja, a realização de um empreendimento, o que demonstra que é da essência desse negócio a limitação temporal.

(371) Art. 279 – O consórcio será constituído mediante contrato aprovado pelo órgão da sociedade competente para autorizar a alienação de bens do ativo permanente, do qual constarão: I – a designação do consórcio, se houver; II – o empreendimento que constitua o objeto do consórcio; III – *a duração*, endereço e foro; IV – a definição das obrigações e responsabilidade de cada sociedade consorciada, e das prestações específicas; V – normas sobre recebimento de receitas e partilha de resultados; VI – normas sobre administração do consórcio, contabilização, representação das sociedades consorciadas e taxa de administração, se houver; VII – forma de deliberação sobre assuntos de interesse comum, com o número de votos que cabe a cada consorciado; VIII – contribuição de cada consorciado para as despesas comuns, se houver. Parágrafo único. *O contrato de consórcio e suas alterações serão arquivados no registro do comércio do lugar da sua sede, devendo a certidão do arquivamento ser publicada.* (grifos nossos)

(372) MEIRELLES, Hely Lopes. *Direito administrativo.* 17. ed. São Paulo: Malheiros, 1992. p. 356.

O que caracteriza o consórcio e o distingue do convênio é que este é celebrado entre pessoas jurídicas de espécies diferentes e aquele só é entre entidades da mesma espécie[373]. Nesse sentido, pode-se afirmar que o consórcio e o convênio administrativo ocorrem quando diversos entes administrativos ajustam a consecução de um objetivo em comum de interesse público.

Assim como no consórcio mercantil, o consórcio administrativo:

> Não cria nova personalidade jurídica, mantendo cada integrante do ajuste sua personalidade jurídica própria. Por outro lado, não se pode confundir a presente figura com o contrato propriamente dito, já que no consórcio o interesse dos participantes é comum, e não contraposto, como comumente ocorre nos contratos. Ainda, não se visa obtenção de lucro num consórcio administrativo, mas apenas viabilização de um empreendimento em comum que envolve interesse público[374].

Com base no exposto, já é possível diferenciar o consórcio de empregadores das figuras supracitadas.

No consórcio de empregadores, cada consorciado tem sua meta particular e envergadura bastante para atendê-la. A consorciação entre os empregadores ocorre com a finalidade única de contratar empregados para prestarem serviços para os componentes desse consórcio e não de realizar um empreendimento. Ademais, nos consórcio de empregadores há solidariedade entre os entes consorciados, o que não ocorre nos consórcios mercantil e administrativo.

Para a constituição dos consórcios mercantil e administrativo é necessário o preenchimento de formalidades, o que não ocorre com o consórcio de empregadores[375]. Além do mais, este não possui a sua existência limitada ao período da execução do serviço, requisito inerente às figuras dos consórcios comercial e administrativo.

A respeito das diferenças e semelhanças entre tais figuras jurídicas, José Augusto Rodrigues Pinto observa que:

> No direito comum, podemos encontrar boas semelhanças do *Consórcio Civil de empresas* e seu equivalente *Consórcio Administrativo de entes de direito público* com o *Consórcio de Empregadores*. O *Consórcio Civil* aparece sempre que duas ou mais empresas se reúnem (*sem associar-se*) para executar uma atividade que nenhuma delas teria envergadura para consumar sozinha [...] Entretanto, essa *reunião* visa alcançar um só resultado para o qual as consorciadas contribuíram

---

(373) José dos Santos Carvalho Filho prefere utilizar o termo convênio administrativo por entender ser este mais genérico, englobando a espécie consórcio administrativo (CARVALHO FILHO, José dos Santos. *Manual de direito administrativo*. 4. ed. Rio de Janeiro: Lumens Juris, 1999. p. 159-161).

(374) CALVET, Otavio Amaral. *Consórcio de empregadores urbanos:* uma realidade possível: redução dos custos e do desemprego. São Paulo: LTr, 2002. p. 24.

(375) Em tópico posterior, será demonstrada a desnecessidade de solenidades para a formação do consórcio de empregadores.

com o esforço conjunto. No *Consórcio de Empregadores*, cada consorciado tem suas metas particulares e envergadura bastante para atingi-las. Além disso, o *Consórcio Civil*, do mesmo modo que o seu correspondente *Administrativo*, exibe relações de emprego inteiramente separadas das empresas que se consorciam. Cada uma admite os seus próprios empregados, não havendo azo para a utilização compartilhada de sua energia, nem *solidariedade passiva trabalhista* entre elas[376].

Conclui-se, portanto, que, mesmo diante das semelhanças, não se pode atribuir natureza de consórcios mercantil ou administrativo ao consórcio de empregadores em função das diferenças apresentadas.

f) Contrato de trabalho em regime de tempo parcial

Disposto no art. 58-A da CLT[377], o contrato de trabalho em regime de tempo parcial é um dos institutos flexibilizantes adotados pelo ordenamento jurídico trabalhista. Ele reduz a duração do trabalho com a adequação correspondente da contraprestação.

É atrativo tanto para o empregador quanto para o empregado. Possibilita a adaptação do serviço à necessidade da empresa, além de viabilizar o emprego àqueles que precisam dividir o seu tempo entre o serviço e outra atividade, como por exemplo, o estudo.

Este instituto está submetido a todas as regras aplicadas ao contrato individual do trabalho, salvo em relação às férias e horas extraordinárias. Possui um regime de férias diferenciado disposto no art. 130-A da CLT[378], sendo vedado o labor em horas além da ordinária.

O contrato de trabalho em regime de tempo parcial também pode ser considerado um negócio jurídico precarizante, conforme observa Murilo Sampaio:

> [...] como a mais ofensiva precarização o contrato parcial (Medida Provisória n. 1.709/17.790). Sem adentrar no debate acerca da constitucionalidade formal da Medida Provisória, o contrato parcial é extremamente ofensivo aos ditames

---

(376) PINTO, José Augusto Rodrigues. *Curso de direito individual do trabalho:* noções fundamentais de direito do trabalho, sujeitos e institutos de direito individual. São Paulo: LTr, 2004. p. 605-606.

(377) Art. 58-A – Considera-se trabalho em regime de tempo parcial aquele cuja duração não exceda a vinte e cinco horas semanais. § 1º O salário a ser pago aos empregados sob o regime de tempo parcial será proporcional à sua jornada, em relação aos empregados que cumprem, nas mesmas funções, tempo integral. § 2º Para os atuais empregados, a adoção do regime de tempo parcial será feita mediante opção manifestada perante a empresa, na forma prevista em instrumento decorrente de negociação coletiva.

(378) Art. 130-A – Na modalidade do regime de tempo parcial, após cada período de doze meses de vigência do contrato de trabalho, o empregado terá direito a férias, na seguinte proporção: I – dezoito dias, para a duração do trabalho semanal superior a vinte e duas horas, até vinte e cinco horas; II – dezesseis dias, para a duração do trabalho semanal superior a vinte horas, até vinte e duas horas; III – quatorze dias, para a duração do trabalho semanal superior a quinze horas, até vinte horas; IV – doze dias, para a duração do trabalho semanal superior a dez horas, até quinze horas; V – dez dias, para a duração do trabalho semanal superior a cinco horas, até dez horas; VI– oito dias, para a duração do trabalho semanal igual ou inferior a cinco horas. Parágrafo único. O empregado contratado sob o regime de tempo parcial que tiver mais de sete faltas injustificadas ao longo do período aquisitivo terá o seu período de férias reduzido à metade.

e valores da Carta Magna. Acatar que o salário mínimo, disposto no art. 7º, VI, da Constituição Federal que, com os valores estabelecidos na legislação infraconstitucional efetivamente não cumpre o quanto preconizado na Lei maior, possa ser, ainda, reduzido proporcionalmente ao tempo de trabalho, é também concordar que, para esses trabalhadores, somente lhes restará uma vida parcial — aquela também proporcional ao salário recebido — implicando em refeições parciais, moradia parcial, higiene parcial, entre outras parcialidades. Esta norma, portanto, é manifestamente violadora da dignidade humana, não obstante ser cotidianamente corroborada pela sociedade e pelos tribunais[379].

Destaque-se que o contrato de trabalho em regime de tempo parcial, apesar do fim altruísta, acaba precarizando os direitos laborais, pois não se pode presumir que o empregado possuirá mais de um contrato dessa natureza e que a soma dos seus vencimentos será superior a um salário mínimo.

Segundo José Augusto Rodrigues Pinto, o contrato de trabalho em regime de tempo parcial é o que melhor explica a razão existencial do consórcio de empregadores. Os seus objetivos são semelhantes, pois ambos os institutos possuem como escopo a redução dos custos do empregador, no item mão de obra, e em contrapartida fomenta a criação de novos empregos para os obreiros.

Chega a afirmar que "a comunhão de fins entre *Consórcio de Empregadores* e o Contrato a Tempo Parcial abre a faculdade de celebração de um contrato individual com o conteúdo de trabalho a tempo parcial para o empregador"[380].

No entanto, consórcio de empregadores e contrato a tempo parcial não se confundem na substância, já que o primeiro é um convênio empresarial destinado a possibilitar a pluralização de sujeitos no polo subjetivo econômico do contrato individual de emprego, enquanto o segundo institui um regime de contratação consistente em redução articulada da prestação do trabalho e de sua retribuição[381].

Ademais, diferentemente do consórcio de empregadores, o contrato de trabalho em regime de tempo parcial viabiliza a burla dos direitos laborais. Por exemplo, a celebração de três contratos dessa natureza poderia levar o trabalhador a laborar por mais de 50 (cinquenta) horas semanais, à supressão dos intervalos e repousos, dentre outros prejuízos físicos, sociais e econômicos.

Assim, o consórcio de empregadores não pode ser considerado um conjunto de contratos a tempo parcial com diversos empregadores diferentes, pois, apesar de proporcionar a redução dos custos da empresa e fomentar o emprego, como acima explanado, mantém o mesmo patamar civilizatório mínimo que o empregado teria se tivesse um único empregador, o que não acontece no contrato de trabalho em regime de tempo parcial[382].

---

(379) OLIVEIRA, Murilo Sampaio Carvalho. *Repensando o princípio da proteção na contemporaneidade*. 2006. 200 f. Dissertação (Mestrado em Direito) — Faculdade de Direito, Universidade Federal da Bahia. Salvador, 2006. p. 50.
(380) PINTO, José Augusto Rodrigues. *Curso de direito individual do trabalho*. São Paulo: LTr, 2004. p. 608.
(381) PINTO, José Augusto Rodrigues. *Curso de direito individual do trabalho*. São Paulo: LTr, 2004. p. 607.
(382) Apesar de aparentemente ser mais interessante a contratação de empregados por intermédio do contrato a tempo parcial do que a utilização do consórcio de empregadores, em razão da solidariedade existente entre os consorciados,

3.2.4. Denominações

O instituto em questão recebe da doutrina e legislação diversas nomenclaturas, sendo as mais comuns: registros de empregados em nome coletivo de empregadores, pluralidade de empregadores, condomínio de empregadores, consórcio simplificado de produtores rurais e consórcio de empregadores.

Acredita-se que a terminologia "consórcio de empregadores" é a mais adequada dentre as propostas. É a única denominação que consegue veicular a ideia de reunião solidária de empregadores, sem personalidade jurídica, que contratam conjuntamente empregados para laborarem exclusivamente para eles. Ademais, é sintético, de usual pronúncia e fácil lembrança, servindo inclusive para melhor divulgação do modelo.

3.2.5. Natureza jurídica

Afirmar a natureza jurídica de algo é, nas palavras de Rodolfo Pamplona Filho, responder à pergunta: "que é isso para o direito?"[383]. Portanto, estabelecer a natureza jurídica do consórcio de empregadores é indicar em que categoria jurídica ele se enquadra.

O instituto em questão tem natureza prismática. Para o seu estudo, é necessária a sua decomposição em dois ângulos de observação: a) do negócio jurídico; b) dos sujeitos do contrato empregatício.

A análise sob viés negocial deve iniciar pelo conceito de negócio jurídico. Colocando-se de lado as discussões relacionadas às teorias explicativas, apresenta-se a definição proposta por Antônio Junqueira de Azevedo:

> [...] negócio jurídico é todo fato jurídico consistente na declaração de vontade, a que o ordenamento jurídico atribui os efeitos designados como queridos, respeitados os pressupostos de existência, validade e eficácia impostos pela norma jurídica que sobre ele incide[384].

é válido fazer as seguintes observações: a) o contrato a tempo parcial não abrange os empregados que possuem jornada especial reduzida. Dessa forma, não pode ser utilizado em substituição do consórcio de empregadores quando objetivar contratar tais empregados; b) ademais, a referida forma de contratação não teria utilidade para os empregadores que eventualmente necessitam da utilização do labor extraordinário do seu empregado, seja ultrapassando a jornada ordinária de 8 horas ou de 25 horas semanais; c) Por fim, com base na interpretação sistemática e teleológica do ordenamento jurídico trabalhista, entende-se não ser possível a celebração de uma multiplicidade de contratos a tempo parcial por um mesmo empregado, quando o somatório da duração de trabalho ultrapasse as 8 horas diárias e 44 horas semanais, bem como não assegure os intervalos intrajornada e interjornada, os repousos semanal e anual (férias). Não há de se falar em autonomia privada do empregado, quando o seu exorcício fere direitos enquadrados como patamar civilizatório mínimo.

(383) GAGLIANO, Pablo Stolze; PAMPLONA FILHO, Rodolfo. *Novo curso de direito civil:* parte geral. São Paulo: Saraiva, 2002. p. 191.

(384) AZEVEDO, Antônio Junqueira de. *Negócio jurídico.* Existência, validade e eficácia. 3. ed. São Paulo: Saraiva, 2000. p. 16.

Podem ser classificados com base em diferentes critérios[385]. Todavia, apenas as classificações "quanto ao número de declarantes" e "quanto ao número de atos necessários" interessam para a finalidade restrita deste trabalho.

Quanto ao número de declarantes ou de manifestações de vontades necessárias ao seu aperfeiçoamento, os negócios jurídicos são classificados em: a) unilaterais[386]; b) bilaterais; ou c) plurilaterais[387].

Os negócios jurídicos unilaterais são aqueles que se aperfeiçoam com a manifestação de apenas uma das partes[388], ou seja, "pela declaração de vontade de uma só pessoa, ou de várias que concorrem para a declaração única"[389]. Os bilaterais perfazem-se com manifestações de vontade de ambas as partes, coincidentes sobre o objeto[390]. Já os plurilaterais são negócios jurídicos que envolvem mais de duas partes e que se aperfeiçoam com a manifestação de vontade delas.

Orlando Gomes prefere classificá-los[391] em apenas duas espécies, unilaterais e plurilaterais, inserindo nesta última categoria os negócios bilaterais. Entretanto, não deixa de distinguir, pelo modo de sua constituição, os contratos dos acordos, exemplos típicos dos negócios bilaterais e plurilaterais, respectivamente:

> No contrato, as partes têm interesses contrapostos, ou pelo menos divergentes, motivo por que procuram harmonizá-los, ajustando as respectivas declarações a uma vontade comum, ou, como esclarece Barrero, o contrato resulta da manifestação de duas partes com intentos recíprocos. No acordo, os sujeitos têm o mesmo intento. Concorrem para a formação do negócio *ex diversis motibus animi in unum consentium*, pelo que constituem uma soma de vontades ligadas entre si. Por outras palavras, no acordo aos diversos móveis corresponde uma causa[392].

---

(385) Diversas são as classificações e os critérios classificatórios dos negócios jurídicos. De acordo Carlos Roberto Gonçalves, "a doutrina não se mostra uniforme no tocante à sua classificação. Em geral, consideram-se: a) número de declarantes; b) vantagens para as partes; c) momento da produção dos efeitos; d) modo de existência; e) formalidades a observar; f) número de atos necessários; g) modificações que podem produzir; h) modo de obtenção dos resultados etc.". (GONÇALVES, Carlos Roberto. *Direito civil brasileiro:* parte geral. São Paulo: Saraiva, 2003. p. 285).

(386) Os negócios jurídicos unilaterais se subdividem em unipessoais e pluripessoais ou plúrimos, que por sua vez dividem-se em colegiais e conjuntos. Também podem ser classificados em receptícios e não receptícios.

(387) Esta categoria engloba as espécies: a) bilaterais e b) plurilaterais *stricto sensu*.

(388) Não se pode confundir parte com pessoas. Cada parte por estar composta por uma ou por várias pessoas.

(389) GOMES, Orlando. *Introdução ao direito civil*. 10. ed. Rio de Janeiro: Forense, 1990. p. 311.

(390) GONÇALVES, Carlos Roberto. *Direito civil brasileiro:* parte geral. São Paulo: Saraiva, 2003. p. 286.

(391) A classificação dos negócios jurídicos proposta por Orlando Gomes toma por base os seguintes critérios diretivos: 1) quanto ao número de partes e processo de formação do negócio [a) unilaterais; b) plurilaterais]; 2) quanto aos efeitos [a) negócios de disposição; b) negócios declaratórios]; 3) quanto à causa da atribuição patrimonial [a) negócios a título oneroso; b) negócios a título gratuito]; 4) quanto à composição [a) negócio simples; b) negócio complexo]; 5) quanto à forma [a) formais; b) não formais]. (GOMES, Orlando. *Introdução ao direito civil*. 10. ed. Rio de Janeiro: Forense, 1990. p. 310-315).

(392) GOMES, Orlando. *Introdução ao direito civil*. 10. ed. Rio de Janeiro: Forense, 1990. p. 331.

Os acordos caracterizam-se como uma espécie negocial diferenciada dos contratos, uma vez que envolvem manifestações de vontade paralelas e convergentes, que se destinam à adoção de decisões comuns em assuntos de interesses de uma coletividade.

Sendo o consórcio de empregadores uma união de empregadores (pluralidade de partes) com o intuito único de contratar empregado (interesses convergentes e paralelos), afirmar-se que, sob o ângulo negocial, o referido instituto possui a natureza jurídica de *acordo*, como pode ser visualizado na figura a seguir:

Figura 1 — Negócio jurídico com natureza de acordo.

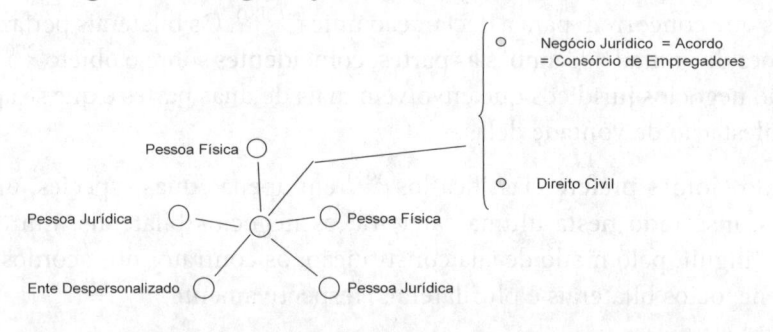

○ Negócio Jurídico = Acordo = Consórcio de Empregadores

Pessoa Física ○

○ Direito Civil

Pessoa Jurídica ○ ── ○ ── ○ Pessoa Física

Ente Despersonalizado ○   ○ Pessoa Jurídica

Obs. Sem Personalidade Jurídica. Interesses Convergentes.

Ainda sob o viés negocial, é possível asseverar que o consórcio de empregadores compõe um negócio jurídico coligado.

Quanto ao número de atos necessários, os negócios jurídicos são classificados em: simples, complexos e coligados.

O negócio jurídico simples é aquele que se constitui por um único ato; já o complexo resulta da fusão de vários atos sem eficácia independente. Compõe-se de declarações de vontades, que se completam, emitidas por um único ou por diversos sujeitos, para a obtenção dos efeitos pretendidos na sua unidade.

O negócio coligado é composto por negócios jurídicos distintos, que conservam cada qual a sua autonomia, apesar de estarem vinculados substancialmente. De acordo com Carlos Roberto Gonçalves:

> Não se trata somente de contratos perfeitamente distintos celebrados no mesmo instrumento, porque então haveria apenas união meramente formal. O que caracteriza o negócio coligado é a conexão mediante vínculo que una o conteúdo dos dois contratos. É necessário que os vários negócios se destinem à obtenção de um mesmo objetivo[393].

---

(393) GONÇALVES, Carlos Roberto. *Direito civil brasileiro:* parte geral. São Paulo: Saraiva, 2003, p. 292. Santoro-Passarelli assinala, na análise do negócio coligado, a existência de negócios autônomos, cada qual produzindo os seus efeitos, mas todos ligados ou sincronizados para a realização da função fundamental (SANTORO-PASSARELLI, Francesco. *Teoria geral do direito civil*. Tradução de Manoel de Alarcão. Coimbra: Atlântica, 1967. p. 178). Segundo José de Abreu Filho, "os negócios coligados se apresentam sempre conexos, todos destinados à consumação de objetivos comuns. Entre eles, segundo assimilação pacífica, haverá um nexo que produz consequências peculiares, como,

Não se confunde com o negócio complexo, pois apesar de apresentarem-se unidos, dando a impressão de constituírem um só, não deixa de ser uma junção de diferentes negócios jurídicos, conforme bem ressalta Orlando Gomes[394].

Diante do exposto, conclui-se que o consórcio de empregadores e o contrato de emprego formam um negócio jurídico coligado[395], uma vez que apesar de serem negócios jurídicos distintos (acordo e contrato), estão vinculados pelo mesmo objetivo, o de contratar empregado[396].

Analisado sob o ângulo dos sujeitos do contrato empregatício, o instituto em tela possui natureza jurídica de *empregador plúrimo*[397], expressão utilizada em contraposição ao termo *empregador único*.

A relação jurídica de emprego é composta por sujeitos e um vínculo que os une. Sujeitos estes conhecidos como empregado(s) e empregador(es). Tanto no polo do obreiro quanto no polo patronal, é possível a pluralidade de sujeitos, sem a formação de relações jurídicas de emprego distintas.

Na contratação de empregado(s) pelo consórcio de empregadores, forma-se uma única relação empregatícia, na qual a vinculação do(s) empregado(s) contratado(s) não é com o consórcio de empregadores, mas com os consorciados[398].

---

por exemplo, a de que a validade, a eficácia ou a execução de um deles se projete sobre a validade, a eficácia e a execução do outro" (ABREU FILHO, José. *O negócio jurídico e sua teoria geral*. 5. ed., São Paulo: Saraiva, 2003. p. 100).

(394) "Como há negócios compostos de vários atos ou declarações de vontade sem que percam sua estrutura unitária e negócios se apresentam unidos dando a impressão de constituírem um só, é preciso distinguir o *negócio complexo*, que é único, do *negócio coligado*, que se compõe de vários."(GOMES, Orlando. *Introdução ao direito civil*. 10. ed. Rio de Janeiro: Forense, 1990. p. 373).

(395) Luigi Cariota Ferrara, em sua obra "O negócio Jurídico", assevera que há negócio jurídico fiduciário indireto toda vez que se faz uso de uma via oblíqua, diferente da natural, para atingir o fim desejado. Já o procedimento indireto seria a combinação de negócios jurídicos indiretos e distintos, unidos por um único fim, que ultrapassa a causa e o fim típico de cada negócio (FERRARA, Luigi Cariota. *El negocio jurídico*. Madri: Aguilar, 1956. p. 212 -213). Partindo dessa concepção, Washington Luiz da Trindade entende que o consórcio de empregadores possui natureza de negócio jurídico fiduciário indireto. Entendimento este exposto no exame de qualificação do dissertante e nas aulas da disciplina "Novos Quadros da Economia". É válido salientar que a classificação adotada pelo professor Washington Luiz da Trindade é pertinente, no entanto, não exclui a natureza jurídica de *acordo* do consórcio de empregadores. Ademais, a concepção de procedimento indireto assemelha-se ao conceito de negócio coligado. Portanto, pode-se afirmar que o consórcio de empregadores faz parte de um procedimento indireto.

(396) Nas palavras de José Augusto Rodrigues Pinto, "O Consórcio de Empregadores é um modo emergente de estabelecer um negócio jurídico necessariamente voltado para a formação de outros tantos, os contratos individuais de empregos que celebrará com os trabalhadores".(PINTO, José Augusto Rodrigues. *Curso de direito individual do trabalho:* noções fundamentais de direito do trabalho, sujeitos e institutos de direito individual. São Paulo: LTr, 2004. p. 617.)

(397) Termo também utilizado por José Augusto Rodrigues Pinto para referir-se ao consórcio de empregadores. (PINTO, José Augusto Rodrigues. *Curso de direito individual do trabalho:* noções fundamentais de direito do trabalho, sujeitos e institutos de direito individual. São Paulo: LTr, 2004. p. 616.)

(398) "Não tendo o consórcio personalidade jurídica própria, mas sendo um mero convênio, um acordo de interesses comuns, forçoso se torna reconhecer que as pessoas contratadas como empregados manteriam vínculo de emprego não com a figura do consórcio, que sequer admite este tipo de interpretação, mas com os próprios integrantes dele. Ao visualizarmos, então, uma relação de emprego assim estabelecida, teríamos de um lado a pessoa física do

Não existindo múltiplos contratos de trabalho, mas, sim, uma única relação jurídica de emprego compartilhada entre os empregadores consorciados e o empregado, não só inviabiliza a defesa da tese de um único empregador, como permite afirmar que, sob a ótica da relação empregatícia, o consórcio de empregadores configura-se como uma pluralidade de empregadores.

Em suma, sob o viés negocial, o consórcio de empregadores não só configura-se como um *acordo*, como faz parte de um *negócio jurídico coligado*. Já sob a óptica dos sujeitos da relação de emprego, caracteriza-se como um *empregador plúrimo*, conforme se visualiza na figura abaixo:

Figura 2 — Natureza jurídica do Consórcio de Empregadores.

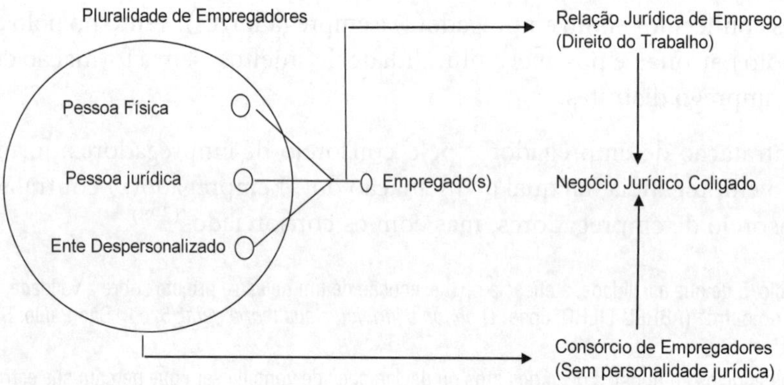

Apresentada a natureza jurídica do consórcio de empregadores, buscar-se-á, no próximo capítulo, demonstrar a possibilidade de sua aplicação imediata nas grandes cidades independentemente de legislação específica.

---

empregado e, do outro, a presença de vários empregadores simultaneamente, cada um com os direitos e deveres inerentes à figura clássica do empregador". (CALVET, Otávio Amaral. *Consórcio de empregadores urbanos: uma realidade possível:* redução dos custos e do desemprego. São Paulo: LTr, 2002. p. 29).

Capítulo IV
Aplicação do Consórcio de Empregadores no Âmbito Urbano

4.1. Apresentação do capítulo

Neste capítulo, buscar-se-á demonstrar a possibilidade de aplicar imediatamente o consórcio de empregadores no âmbito urbano, independentemente de regulamentação específica. Com esse intuito, iniciar-se-á pela apresentação da realidade vivenciada nas grandes cidades, demonstrando a necessidade de sua utilização no ambiente urbano.

Posteriormente, serão expostas algumas situações urbanas nas quais essa nova forma negocial mostra-se como uma alternativa benéfica para entes envolvidos, bem como serão apresentados os fundamentos que autorizam a sua utilização imediata.

Logo em seguida, serão identificados os benefícios que o instituto em questão oferece aos atores sociais, demonstrando a capacidade dele em reduzir os índices de desemprego e de trabalho informal no âmbito urbano.

Neste capítulo, ainda, serão apontadas, não só as críticas apresentadas quanto ao uso do consórcio de empregadores urbanos como as suas soluções.

Por fim, mesmo não defendendo a necessidade de regulamentação específica do consórcio de empregadores no âmbito urbano, serão expostas as suas vantagens.

4.2. Necessidade da aplicação do consórcio de empregadores no âmbito urbano

Os problemas sociais encontrados no âmbito rural, que levaram à criação dos consórcios de empregadores, são também encontrados nas grandes cidades, porém de forma potencializada, isso porque os seus agentes causadores incidem de forma direta nos centros urbanos.

Altas taxas de desemprego, crescimento do trabalho informal, precarização das relações laborais com a redução dos direitos e garantias trabalhistas são algumas das dificuldades encontradas no mercado de trabalho urbano. Problemas esses reflexos das crises vivenciadas pelo Estado contemporâneo.

Como visto nos capítulos introdutórios[399], deram causa a essa situação de crise várias circunstâncias como: a globalização, a adoção do neoliberalismo e dos avanços tecnológicos, a reestruturação do processo produtivo e a tendência flexibilizante[400].

Esse contexto social requer do juslaboralista conduta mais ativa. Faz-se necessário o desenvolvimento de alternativas que permitam a construção de uma realidade melhor. Mecanismos que, sem precarizar a atividade laboral, atendam às necessidades da sociedade contemporânea.

Com o discurso de manutenção dos postos de trabalhos e a redução dos custos operacionais, diversas formas atípicas de contrato de trabalho foram criadas, adequando-se ao modelo produtivo toyotista e à política neoliberal. No entanto, essas figuras jurídicas[401] passaram a produzir efeitos não desejados, reduzindo a proteção trabalhista estabelecida na legislação laboral.

Todavia, há de se observar que nem todas as novas formas contratuais trabalhistas são maléficas para o empregado, retirando-lhe a tutela do Direito do Trabalho. Pelo contrário, existem institutos, como o consórcio de empregadores, que têm como finalidade superar a crise de emprego, reafirmando a proteção trabalhista.

Apesar de parecer paradoxal, o consórcio de empregadores consegue conjugar, dentro do possível, os anseios de correntes antagônicas, a liberalizante e a protecionista, sem sofrer as críticas naturalmente deferidas a elas.

A corrente liberalizante, expressão genuína do neoliberalismo, defende a flexibilização trabalhista, enquanto a protecionista pugna pela reafirmação dos princípios peculiares do Direito do Trabalho e da dignidade da pessoa humana do trabalhador.

O consórcio de empregadores é um modelo contratual flexível[402]. Não segue o modelo clássico, formado por um vínculo jurídico entre um empregado e um empregador. No polo patronal da relação jurídica de emprego há pluralidade de sujeitos responsáveis solidariamente pelos créditos trabalhistas, o que, ao invés de precarizar os direitos laborais do empregado, reforça a garantia do seu adimplemento e reduz os custos operacionais com segurança.

---

(399) Como visto no primeiro capítulo, esta situação urbana é reflexo das crises do Estado, do Trabalho e do Direito. Murilo Sampaio sintetiza os reflexos das referidas crises no Direito do Trabalho: "[...] o contexto crítico que perfaz a crise do Estado (decorrente da globalização e do neoliberalismo), a crise da ciência (advinda das críticas pós-modernas ao cientificismo e ao positivismo), a crise do Direito (inserta na crise da ciência, mas acrescida das críticas ao formalismo, patrimonialismo e individualismo) e a crise das formas tradicionais de trabalho, notadamente o emprego, engendram a crise do Direito do Trabalho, uma vez que atingem seus pilares principais, quais sejam, o Estado, o Direito e o Trabalho" (OLIVEIRA, Murilo Sampaio Carvalho. *Repensando o princípio da proteção na contemporaneidade*. 2006. 200 f. Dissertação (Mestrado em Direito) — Faculdade de Direito, Universidade Federal da Bahia. Salvador, 2006. p. 57).

(400) Esta é a conjuntura contemporânea, já que o Brasil importou o modelo neoliberal. Em pleno século XXI, a humanidade está enfrentando o desemprego em massa, o alarmante índice de trabalhadores informais, o aviltamento da dignidade do trabalhador, a necessidade frenética de redução dos custos empresariais, e uma forte tendência flexibilizatória das normas protetivas trabalhistas.

(401) Novas formas contratuais como: terceirização, contrato de trabalho temporário, cooperativas e contrato a tempo parcial.

(402) Uma das dimensões da flexibilização, também conhecida como flexibilização quanto à forma de contratar.

As críticas atribuídas aos institutos flexibilizantes não se aplicam ao consórcio de empregadores, uma vez que não só mantém os postos de trabalho existentes, como diminui os índices de desemprego e de trabalho informal, sem reduzir as garantias e os direitos laborais estabelecidos na legislação trabalhista.

Viabiliza a formação de uma relação de emprego por prazo indeterminado entre consorciados e empregados dos mais diversos tipos, tanto os especializados e multifuncionais, suprindo o déficit de mão de obra apta a trabalhar com tecnologia avançada, quanto os desqualificados, atendendo a necessidade de trabalho braçal[403].

Ademais, o consórcio de empregadores, quando aplicado ao âmbito rural, em contexto semelhante, não só respondeu positivamente aos anseios da sociedade campesina, como trouxe significativos benefícios para os diversos atores sociais — trabalhadores, tomadores de serviço, INSS, MTE, MPT e sindicatos.

Perante o sucesso obtido no campo e as necessidades atuais vivenciadas nas metrópoles conjugados com a aptidão em solucionar ou atenuar os problemas existentes nas grandes cidades, a adoção do consórcio de empregadores passou a ser recomendada no âmbito urbano, principalmente em atividades em que haja descontinuidade da prestação laboral.

Os principais argumentos contrários à utilização desse instituto no âmbito urbano são a falta de regramento e a vedação da pluralidade de empregadores em uma mesma relação empregatícia. Ambos são falaciosos, um pela inconsistência e o outro pela inexistência, como será visto no tópico respectivo.

No entanto, mesmo que os argumentos supramencionados fossem robustos, as "supostas barreiras" impostas pela legislação trabalhista não deveriam constituir dogmas intransponíveis na busca de soluções alternativas que viabilizem a estabilidade socioeconômica da relação capital-trabalho, pois o Direito é dinâmico e deve se amoldar aos novos princípios e realidades da sociedade urbana.

Sendo o Direito instrumento de acomodação social, entre a resistência à transformação e as necessidades que se impõem pelos fatos, o papel a ser exercido, nesse campo, pelos operadores do Direito, é fazer com que o ordenamento reflita a realidade contemporânea ou antecipe a conjuntura futura.

Diante da realidade apresentada, a aplicação dessa forma contratual no âmbito urbano é mais do que possível, chega a ser "*inevitável* ou *irreversível*, na medida em que se imporá, cedo ou mais tarde, ao nosso ordenamento jurídico trabalhista, pela mesma trilha do *Consórcio Rural*"[404].

---

(403) Estando o mundo de trabalho divido em dois grandes grupos de trabalhadores, os profissionais especializados e os não especializados, o consórcio de empregadores pode ser considerado benéfico para todos os tipos de empregado.

(404) PINTO, José Augusto Rodrigues. *Curso de direito individual do trabalho:* noções fundamentais de direito do trabalho, sujeitos e institutos de direito individual. São Paulo: LTr, 2004. p. 614.

4.2.1. Hipóteses de aplicação do consórcio de empregadores no âmbito urbano

Sabe-se que o consórcio de empregadores nasceu no campo, onde foram oferecidas as primeiras premissas de sua justificação. No entanto, é nas grandes cidades que o referido instituto encontra solos mais férteis para florescer.

Aclimata-se com maior facilidade nas metrópoles, em razão da incidência direta e potencializada dos agentes causadores das crises do Estado, do Direito e do Trabalho. A aplicação dos consórcios de empregadores no âmbito urbano não só é possível como se tornou inevitável e irreversível.

A sua casuística e seus benefícios são ampliados diante do caótico contexto socioeconômico do meio urbano. Inúmeras são as situações nas quais é viável a sua utilização.

Apenas para efeito ilustrativo passa-se a citar algumas hipóteses nas quais os empregadores podem consorciar-se para contratar empregado(s) de forma compartilhada.

a) Consórcio de condomínios edilícios

Nas grandes cidades, áreas para construção vêm se tornando, a cada dia, mais valiosas e escassas. É crescente o número de edifícios, residenciais e comerciais, que são construídos em um mesmo terreno, na busca da otimização do espaço e aumento do lucro.

A proximidade das construções viabiliza não só o compartilhamento das áreas externas e construções em comum — v.g.: portaria, quadra poliesportiva, piscina, auditório, estacionamento etc. —, mas também do trabalho dos empregados, sem a perda da individualidade de cada condomínio edilício.

Empregados, das mais diversas categorias, podem ser contratados pelo consórcio de condomínios edilícios, desde trabalhadores braçais, como jardineiros, vigias, porteiros, manobristas, até profissionais especializados, como professores de educação física, técnicos em informática e administradores de empresas. A abrangência desse instituto demonstra a sua importância para a sociedade urbana.

b) Consórcio de proprietários de imóveis residenciais

A ineficiência da Administração Pública na prestação dos serviços públicos vem levando os proprietários de imóveis residenciais urbanos, não condominiais, a se consorciarem.

Diante dos alarmantes índices de violência vivenciados nas metrópoles, os referidos proprietários passaram a reunir-se com intuito de contratar profissionais para prestarem serviço de vigilância e segurança das vias públicas e dos bairros onde suas residências estão localizadas.

Mais recentemente, em face do precário serviço de limpeza urbana, partiram para a contratação de empregados para a limpeza das calçadas, terrenos abandonados e das praças situadas próximas aos seus domicílios.

Portanto, a possibilidade da constituição do consórcio de proprietários de imóveis residenciais apresenta-se como mais uma das hipóteses de aplicação do consórcio de empregadores no âmbito urbano.

c) Consórcio de empregadores domésticos

A utilização do consórcio de empregadores também se justifica no âmbito doméstico.

Com o crescimento da participação das mulheres no mercado de trabalho, as atividades domésticas indispensáveis, que antes eram por estas desempenhadas, foram partilhadas entres os familiares ou atribuídas a uma empregada contratada para realizá-las.

No entanto, nem todas as famílias possuem capacidade econômica para manter uma relação empregatícia de tal natureza. Já outras, mesmo possuindo renda suficiente, não necessitam da prestação do serviço doméstico de forma contínua. A utilização de trabalhadores autônomos, denominados "diaristas", passou a ser a alternativa para essas famílias.

Essa realidade não só aumentou a precarização das relações de trabalho no âmbito doméstico como a insegurança dos tomadores de serviço, em face das inúmeras condenações em reclamações trabalhistas.

Na tentativa de solucionar tais problemas, foi proposto pelo deputado Eduardo Valverde (PT-RO) o Projeto de Lei de n. 2.892/2004[405], regulamentando o consórcio de empregadores domésticos.

Nessa nova modalidade de contratação, os empregadores podem compartilhar os serviços dos empregados domésticos, responsabilizando-se solidariamente pelas obrigações trabalhistas e previdenciárias. Na defesa dessa espécie de consórcio, Fábio Luis de Araújo Rodrigues explica que:

> Duas ou três famílias poderiam formar o consórcio e contratar o empregado doméstico para realizar as tarefas de responsabilidade deste último na residência de cada um dos consorciados, na periodicidade por estes estipulada, v.g.,

---

(405) A Comissão de Trabalho, Administração e Serviço Público da Câmara dos Deputados rejeitou o projeto de lei 2892/04 do deputado Eduardo Valverde (PT-RO), que permite a contratação de empregados domésticos por meio de consórcio de empregadores familiares. De acordo com o autor do projeto, o objetivo dele, é estimular o registro do trabalhador diarista. Afirma que o *status* de empregado doméstico é mais vantajoso e protegido do que a condição de diarista. Já a relatora, deputada Ann Pontes (PMDB-PA), considera que a eventualidade é a principal vantagem da jornada do diarista. Assevera que quem não desejar mais exercer a atividade poderá, a qualquer momento, procurar um emprego registrando-se como doméstico. A deputada supõe que a maioria dos diaristas não faz essa opção por interesse próprio pelo fato de receber uma remuneração maior. Ela lembra que esses trabalhadores podem registrar-se na Previdência Social como autônomos. Em que pese as argumentações da relatora, acredita-se que a sugestão apresentada pelo Deputado Eduardo Valderde não retira dos empregados domésticos a opção de ser "diarista". Além do mais, entende-se que, muitas vezes, os empregados domésticos não optam por ser "diarista", mas simplesmente assim trabalham por falta de melhor alternativa. Muitos foram dispensados como domésticos e recontratados como "diaristas" pelos empregadores que, em vista da redução do seu poder aquisitivo, não tiveram mais como arcar integralmente com os direitos laborais. Ademais, pouquíssimas "diaristas", embora tenham essa possibilidade, contribuem para a Previdência Social, estando, consequentemente, impedidos de usufruir dos benefícios previdenciários.

durante seis dias da semana (observando assim o repouso semanal remunerado) o empregado realizaria serviços por dois dias em cada lar. Os consorciados acertariam entre si a parcela do salário que caberia a cada um; elegeriam uma espécie de preposto responsável pelas assinaturas na CTPS; acertariam também entre si a data do gozo de férias do empregado e demais peculiaridades da relação de emprego[406].

A consorciação de empregadores domésticos mostra-se como um mecanismo apto a solucionar problemas supramencionados, como afirma Willian Walter Ripper:

> Seria resolvida, v.g., a grave informalidade que impera no setor, possibilitando aos empregados domésticos — em especial os diaristas — serem efetivamente registrados e entrarem para a formalidade. Viabilizaria aos empregadores, através deste consórcio, a manterem registrados os trabalhadores domésticos, posto que, seriam rateados os custos inerentes à contratação formal e da manutenção do contrato, bem como a responsabilidade por eventual indenização referente a esta contratação [...] seria solidária para todos os consorciados. Assim, podemos avaliar que a mesma empregada diarista que trabalhava na informalidade [...] possa passar à formalidade. Todos ganham com isso, inclusive o Estado[407].

A adoção dessa modalidade negocial tornaria a relação empregatícia doméstica menos dispendiosa para os empregadores e mais lucrativa para os empregados, formalizando-a e, por consequência, reduzindo o risco e o número de ações judiciais[408].

d) Consórcio de incorporadores e construtores civis

De acordo com os estudos feitos por Helio Zylberstajn, professor de Economia do Trabalho, entre os principais problemas relacionados à atividade de construção civil, estão a ausência de formalização das relações empregatícias e os elevados custos com as resilições[409].

É típico dessa atividade a alta rotatividade de mão de obra. Os trabalhadores são contratados para laborar em fases específicas da construção[410]. Ao término dessas fases, são extintos os seus contratos.

---

(406) RODRIGUES, Fábio Luís de Araújo. Consórcio de empregadores domésticos. *Jus Navigandi*, Teresina, ano 6, n. 54, fev. 2002. Disponível em: <http://www1.jus.com.br/doutrina/texto.asp?id=2631>. Acesso em: 15 abr. 2005. Por exemplo, durante seis dias da semana (observando assim o repouso semanal remunerado) o empregado realizaria serviços por dois dias em cada lar.

(407) RIPPER, Willian Walter. Consórcio de empregadores em meio urbano: possibilidade analógica e equitativa. *Revista LTr*, v. 127, n. 41, p. 572, maio 2006.

(408) No mesmo diapasão, assevera Fábio Luis de Araújo Rodrigues: "Acredito que esta modalidade de contratação poderia se tornar menos dispendiosa para os empregadores e mais lucrativa tanto para os empregados, que teriam a segurança de um emprego; bem como para os cofres públicos, já que estaria assegurada a contribuição previdenciária que certamente as diaristas não recolhem" (RODRIGUES, Fábio Luís de Araújo. Consórcio de empregadores domésticos. *Jus Navigandi*, Teresina, ano 6, n. 54, fev. 2002. Disponível em: <http://www1.jus.com.br/doutrina/texto.asp?id=2631>. Acesso em: 15 abr. 2005).

(409) Nelson Mannrich ressalta que a aplicação do consórcio de empregadores no âmbito da construção civil também reduziria os custos com a admissão dos operários, uma vez que diminuiria a rotatividade de empregados contratados.

(410) A construção civil, numa visão macro, é divida nas fases de infraestrutura, de superestrutura e de acabamento.

A curta duração das referidas atividades, leva à informalidade das relações trabalhistas na construção civil e a excessivos gastos com extinções contratuais.

Ademais, resta demonstrado que a ausência de formalização da relação trabalhista tem como consequência o desrespeito às normas de proteção da saúde e segurança do trabalho, que contribui para aumentar as estatísticas de acidentes laborais, especialmente num setor que já é bastante desolado com estas contingências.

Com base nessas informações, o pesquisador supramencionado afirma que a construção civil seria um setor altamente beneficiado com a utilização do consórcio de empregadores, pois atacaria os principais problemas deste segmento.

> Nesse novo conceito, o trabalhador se "registraria" no condomínio e começaria a trabalhar numa das empresas a ele filiadas. Na eventualidade de que seu trabalho não fosse mais necessário, ele não seria desligado, pois continuaria vinculado ao consórcio. Ficaria disponível para ser aproveitado nas demais empresas. Esse novo conceito teria dois efeitos muito interessantes. Primeiro, as empresas não teriam que pagar as verbas indenizatórias quando o trabalhador terminasse o trabalho para a qual foi contratado. Esse fato teria um impacto positivo sobre os salários, que se elevariam em consequência da própria ação do mercado. O segundo impacto seria igualmente importante: o conceito de compartilhamento da mão de obra provocaria nas empresas um forte incentivo a investir coletivamente no capital humano do segmento. Todas as empresas poderiam contribuir para um fundo de treinamento, com uma alíquota sobre a folha de salários. Nenhuma empresa investiria isoladamente. Todas investiriam coletivamente. O risco deixaria de ser assumido por uma empresa e passaria a ser compartilhado por todas, proporcionalmente ao uso que cada uma faz da mão de obra do setor[411].

Igualmente, manifesta-se Ricardo Tadeu Marques da Fonseca:

> Imaginem-se, por exemplo, pequenos empreiteiros da construção civil, agrupando-se em consórcios para gerir equipes, alternando trabalho de encanadores, eletricistas e pedreiros especializados, conforme a necessidade de cada um dos empreiteiros. [...] Seria uma alternativa de barateamento de custos para os empregadores, que propiciaria a volta do setor para o mercado formal de trabalho[412].

Os estudos mencionados demonstraram, ainda, que a renda auferida pelos trabalhadores desse setor é proporcional à duração do contrato, dado esse que reforça a importância

---

(411) ZYLBERSTAJN, Hélio. Consórcio de empregadores pode ser a saída para informalidade. Disponível em: <http://construbusiness.itsmall.com.br/.../azul/not_cias/cons_rcio_de_empregadores_pode_ser_sa_da_para_informalidade>. Acesso em: 7 abr. 2007.

(412) FONSECA, Ricardo Tadeu Marques da. Consórcio de empregadores: uma alternativa imediata para a empregabilidade. *Repertório IOB de jurisprudência*, v. 2, n. 2, jan. 2000, p. 34.

da adoção do instituto no âmbito da construção civil, aumentando a permanencia dos trabalhadores sob o manto protetivo do Direito do Trabalho e os seus vencimentos[413].

e) Consórcio de empresários

O consórcio de empregadores também possui grande utilidade para os empresários, em especial os proprietários de estabelecimentos localizados em *shopping centers*. Eles podem consorciar-se e contratar empregados para lhes prestar serviços de forma compartilhada. Serviços estes que, ordinariamente, são terceirizados ou que, apesar de não serem essenciais para sua atividade econômica, serviriam como diferencial do serviço ou produto comercializado.

Normalmente, os restaurantes *fast-food* são aglutinados em um mesmo local, conhecido como "área de alimentação". Esse espaço possui a estrutura física necessária para que os clientes realizem suas refeições. No entanto, é indispensável que ele seja mantido, organizado e higienizado constantemente. Para essas atividades, empregados poderiam ser contratados por empresários organizados na forma de consórcio de empregadores.

Poderia ser utilizado, também, com intuito de contratar empregado(s) para a entrega dos "pedidos *delivery*". Com formalização de uma relação de emprego, esses trabalhadores passariam a estar sob manto das legislações trabalhista e previdenciária, o que seria de suma importância para tais profissionais, uma vez que é elevado o índice de acidentes de trabalho na entrega dos pedidos, impedindo que fiquem desamparados na ocorrência de infortúnio.

Ao invés de terceirizar os referidos serviços, contratariam empregados que prestariam o seu labor de forma subordinada, por uma quantia inferior e sem o risco de serem responsabilizados, solidaria ou subsidiariamente, pelas dívidas trabalhistas da empresa terceirizada.

Outra hipótese é a utilização do consórcio de empregadores na contratação de trabalhadores para servir de manobristas ou "guardadores de carros" nos *shopping centers* de menor porte, onde não haja estacionamento ou este seja insuficiente para a demanda. Esses serviços oferecidos trariam aos clientes maior conforto, segurança e tranquilidade para realizarem as suas compras, servindo como diferencial dos produtos e serviços comercializados.

As contratações não se limitam aos manobristas, "guardadores de carros", empregados encarregados da limpeza e organização das "áreas de alimentação". O consórcio de empresários pode servir de instrumento para a contratação de profissionais especializados como contadores, administradores, advogados, publicitários etc.

Analisado sob o enfoque individualizado, não existiria demanda para a contratação desses trabalhadores. No entanto, somada a necessidade de cada consorciado à possibili-

---

(413) Apresentado no 1º Fórum de RH Construtivo, o consórcio de empregadores despertou o interesse tanto do presidente do SindusCon-SP, Artur Quaresma Filho, como do presidente do Sindicato dos Trabalhadores da Construção Civil, Antonio de Souza Ramalho. "O consórcio é uma alternativa para a concorrência leal, já que nem sempre a terceirização é feita da forma certa", observou Artur Quaresma. "Seria uma forma de o trabalhador acabar com a incerteza de perder o emprego no fim de cada obra", completou Antônio Ramalho.

dade de compartilhamento dos serviços, profissionais altamente qualificados poderiam ser contratados como empregados, evitando os riscos já conhecidos da terceirização.

f) Consórcio de empregadores de jovens

Partindo de alguns dados coletados nos seus estudos, Helio Zylberstajn propõe a criação do consórcio de empregadores de jovens.

De acordo com o citado pesquisador, os jovens possuem o maior índice de desemprego entre grupos etários. No entanto, a razão para a elevada taxa não seria a dificuldade de ser admitido, mas, sim, de manter-se empregado por muito tempo[414]. Assevera, ainda, que a política do "primeiro emprego" adotada para reduzir os referidos índices é equivocada, gerando o deslocamento do desemprego para outros grupos, e consequentemente o desperdício de recursos públicos[415].

Aduz que a rotatividade de emprego é típica desse grupo etário, sendo necessária para a formação de um futuro vínculo empregatício mais duradouro. Entretanto, não deixa de consignar que ela possui um custo elevado para os empregadores.

Com base nessas premissas, sugere a utilização do consórcio de empregadores de jovens como uma solução para a redução do índice de desemprego desse grupo etário, pois viabilizaria a rotatividade, "com menor tempo de procura e com menores custos para a empresa"[416].

> Uma empresa do consórcio contrataria um jovem formalmente. Se não desse certo, ele seria liberado para procurar outra empresa do mesmo consórcio. Demoraria menos para encontrar uma nova vaga, pois o jovem se candidataria automaticamente a todas as vagas oferecidas no consórcio. [...] A troca de emprego dentro do mesmo consórcio não seria um desligamento. Enquanto o jovem estivesse "rodando" entre as empresas do consórcio, nenhuma delas teria que pagar o aviso prévio nem a multa do FGTS.[...] O consórcio reduziria o

---

(414) "Na verdade, os jovens não têm dificuldade de arranjar emprego. Ou, pelo menos, a dificuldade dos jovens não é maior que a dos trabalhadores mais velhos. Há sim empregos para os jovens. O problema não é esse. Ocorre que os jovens têm dificuldade em permanecer muito tempo nos primeiros empregos." ZYLBERSTAJN, Hélio. Consórcio de empregadores pode ser a saída para informalidade. Disponível em:<http://construbusiness.itsmall.com.br/.../azul/not_cias/cons_rcio_de_empregadores_pode_ser_sa_da_para_informalidade.>. Acesso em: 7 abr. 2007.

(415) "[...] Mas as políticas de subsídio custam muito caro e em geral fracassam. Ou não reduzem o desemprego entre os jovens, ou deslocam o desemprego destes para outros grupos, pois as empresas substituem os trabalhadores que normalmente contratariam por jovens, para ganhar o subsídio que o governo lhes oferece. No Brasil, uma política de subsídio ao primeiro emprego seria um duplo engano. Primeiro, devido à probabilidade de fracasso, que é grande. Segundo, por ser um desperdício de recursos num momento de severa restrição fiscal. O que fazer? Por que o diagnóstico que leva ao subsídio está errado?." ZYLBERSTAJN, Hélio. Consórcio de empregadores pode ser a saída para informalidade. Disponível em:<http://construbusiness.itsmall.com.br/.../azul/not_cias/cons_rcio_de_empregadores_pode_ser_sa_da_para_informalidade.>.Acesso em: 7 abr. 2007.

(416) "Para reduzir o desemprego dos jovens, seria melhor ajudar o mercado a fazer a rotatividade necessária entre os jovens, mas com menor tempo de procura de emprego e com menores custos para as empresas. Como? Uma possível solução seria o Consórcio de Empregadores de Jovens [...]." ZYLBERSTAJN, Hélio. Consórcio de empregadores pode ser a saída para informalidade. Disponível em:<http://construbusiness.itsmall.com.br/.../azul/not_cias/cons_rcio_de_empregadores_pode_ser _sa_da_para_informalidade.>.Acesso em: 7 abr. 2007.

custo de contratar jovens, porque o pagamento das verbas rescisórias ocorreria apenas uma vez e seria rateado no consórcio. Para os jovens, os custos e o tempo de procura de emprego a cada desligamento seriam grandemente reduzidos.

Depois de certo tempo, caso o jovem não tenha se fixado de forma duradoura a nenhuma das empresas consorciadas, "seria finalmente desligado, com o pagamento de todos os direitos, rateados entre as empresas que tivessem utilizado seu trabalho. Se, por outro lado, o jovem se fixasse em alguma das empresas, esta o efetivaria e ele se desligaria do consórcio"[417].

Ressalta que as maiores vantagens desse consórcio não são nenhuma das acima mencionadas, mas, sim, a ausência de utilização de recursos públicos e o grande alcance social:

> A maior vantagem do consórcio é que o governo não gastaria nada. Seria um programa de grande alcance social, sem custos para os contribuintes, pois utilizaria recursos existentes. As empresas se organizariam voluntariamente em consórcios cobrindo regiões ou bairros das grandes cidades. Os consórcios poderiam "adotar" bairros de periferia, empregando os jovens que neles residem. Seriam cadastrados nas agências públicas existentes (Sine, Centros de Solidariedade, Centrais de Emprego e Renda etc). Os jovens à procura de emprego também se cadastrariam nessas agências, formando "pools" de trabalhadores disponíveis na região. Num momento em que as empresas demonstram que estão dispostas a assumir sua responsabilidade social, não seria difícil mobilizá-las para ajudar os jovens a se tornarem mais experientes no mercado de trabalho. Principalmente porque ao ajudá-los, as empresas estariam também se ajudando, reduzindo os custos de encontrar os jovens que melhor se adaptam às suas próprias vagas[418].

As hipóteses apresentadas até o momento são meramente exemplificativas. Não é possível enumerá-las taxativamente. Todos os empregadores, sejam eles pessoas físicas, jurídicas ou entes despersonalizados, podem consorciar-se para contratar empregado(s).

Além do mais, não há restrição quanto às espécies de empregados contratados, nem quanto às funções por eles exercidas, podendo ser na atividade-fim ou na atividade-meio dos consorciados. Nesse sentido, assevera José Augusto Rodrigues Pinto:

> [...] A viabilidade é claríssima quando todos tiverem a mesma atividade-fim (exemplo, vários condomínios residenciais, em relação ao vigilante), mas não deixa de ser possível em termos apenas de atividade-meio (por exemplo,

---

(417) ZYLBERSTAJN, Hélio. Consórcio de empregadores pode ser a saída para informalidade. Disponível em: <http://construbusiness.itsmall.com.br/.../azul/not_cias/cons_rcio_de_empregadores_pode_ser_sa_da_para_informalidade>. Acesso em: 7 abr. 2007.

(418) ZYLBERSTAJN, Hélio. Consórcio de empregadores pode ser a saída para informalidade. Disponível em: <http://construbusiness.itsmall.com.br/.../azul/not_cias/cons_rcio_de_empregadores_pode_ser_sa_da_para_informalidade>. Acesso em: 7 abr. 2007.

indústrias diversas que utilizem programas computadorizados, em relação ao técnico de manutenção do equipamento)[419].

Também não há limitação quanto à quantidade de funções realizadas. Um único empregado pode exercer atividades diferentes para cada consorciado, atendendo as exigências do mercado de trabalho pós-fordista, uma vez que não há impedimento normativo, nem lógico[420], para tanto.

Apesar de não ser cabível enumerar todas as hipóteses de consórcios de empregadores aplicáveis no âmbito urbano, pode-se estabelecer uma regra geral: sempre que dois ou mais empregadores urbanos necessitarem de empregados para prestar serviço de forma subordinada e compartilhada, será possível constituir o consórcio de empregadores.

Percebe-se, portanto, não só a viabilidade prática da sua utilização nas grandes cidades, como a relevância social desse instituto, apesar de existirem argumentos jurídicos inconsistentes negando a sua aplicação no âmbito urbano. Dentre os principais argumentos contrários à utilização dessa espécie consorcial estão: a falta de regramento e a vedação da pluralidade de empregadores em uma mesma relação empregatícia.

4.3. Possibilidade de aplicação imediata sem norma-regra específica

A ausência de regramento não impede a utilização do consórcio de empregadores nas grandes cidades. Desde que inexistam vedações de ordem legal ou principiológica, é facultada a contratação de empregados por intermédio do consórcio de empregadores no âmbito urbano, com fundamento no princípio da legalidade privada (art. 5º, II, da CF/88)[421] e no art. 444 da CLT[422].

Soma-se a essa argumentação a força normativa dos princípios laborais e a eficácia dos direitos fundamentais trabalhistas que fazem parte da base normativa do consórcio de empregadores urbanos.

---

(419) PINTO, José Augusto Rodrigues. *Curso de direito individual do trabalho:* noções fundamentais de direito do trabalho, sujeitos e institutos de direito individual. São Paulo: LTr, 2004. p. 615.

(420) Acredita-se, portanto, que não há limitação a uma única atividade a ser prestada a todos consorciados, como defendido por José Augusto Rodrigues Pinto: "Por isso, só podemos imaginar a constituição de Consórcio entre pessoas físicas ou jurídicas que necessitem do empregado para **um tipo de trabalho que se preste a todas elas**" (grifos nossos) (PINTO, José Augusto Rodrigues. *Curso de direito individual do trabalho:* noções fundamentais de direito do trabalho, sujeitos e institutos de direito individual. São Paulo: LTr, 2004. p. 608).

(421) Otavio Calvet possui o mesmo entendimento: "Se não há qualquer norma proibindo a pluralidade de empregadores, deve-se reconhecer, pelo princípio da legalidade insculpido no art. 5º, II, da CRFB/88, que, existindo a manifestação da vontade neste sentido, é possível que uma pluralidade de interessados efetue a contratação de empregados com o escopo de adquirir a energia de trabalho destes de forma subordinada. [...] Recorde-se que o contrato de trabalho é regido pelo direito privado, prevalecendo a autonomia da vontade para reger suas suposições em tudo aquilo que não contrarie as normas de ordem pública ou as disposições estipuladas na esfera da autonomia coletiva da vontade conforme o art. 444 da CLT". (CALVET, Otávio Amaral. *Consórcio de empregadores urbanos: uma realidade possível:* redução dos custos e do desemprego. São Paulo: LTr, 2002. p. 32).

(422) Art. 444 da CLT – As relações contratuais de trabalho podem ser objeto de livre estipulação das partes interessadas em tudo quanto não contravenha às disposições de proteção ao trabalho, aos contratos coletivos que lhes sejam aplicáveis e às decisões das autoridades competentes.

Ademais, é possível estender os efeitos das regras aplicadas ao consórcio de empregadores rurais à espécie urbana, por intermédio da interpretação extensiva ou da analogia, a depender da corrente que seja adotada.

4.3.1. Fundamentos

São inúmeros os fundamentos da aplicação imediata do consórcio de empregadores nas grandes cidades. Eles podem ser divididos em três classes, de acordo com o argumento nuclear utilizado: a) compatibilidade com ordenamento laboral; b) eficácia dos direitos fundamentais trabalhistas; c) utilização de processos hermenêuticos.

a) Compatibilidade com ordenamento trabalhista

Os defensores da aplicação do consórcio de empregadores ressaltam a possibilidade da sua aplicação no âmbito urbano, em face da sua compatibilidade com o ordenamento trabalhista[423].

Argumentam que a ausência de vedação normativa e o modelo atual de despersonalização da figura do empregador autorizam o referido entendimento.

Não há no ordenamento jurídico brasileiro norma que impeça a pluralidade de empregadores no polo passivo da relação empregatícia[424]. Pelo contrário, existem dispositivos que autorizam a multiplicidade de sujeitos no polo de uma relação jurídica de emprego. O art. 2º, § 2º, da CLT, por exemplo, ao criar o instituto do Grupo Econômico, admite que diversas empresas figurem no polo patronal, muito embora, por ficção jurídica, sejam consideradas como um único empregador.

Da mesma forma, o contrato de equipe autoriza a pluralidade de sujeitos no polo obreiro. Os empregados manter-se-iam vinculados ao empregador por uma unidade indissociável de interesses, formando uma única relação jurídica[425].

Mesmo não sendo suficientemente regulada pela legislação laboral, a possibilidade da multiplicidade de sujeitos em um único ou em ambos os polos da relação de emprego é aceita pela doutrina e jurisprudência[426].

---

(423) Nesse sentido, doutrinam Maurício Mazur (MAZUR, Maurício. *Op. cit.*, p. 64), Renato Saraiva (SARAIVA, Renato. *Direito do trabalho*. São Paulo: Método, 2005. p. 68), José Augusto Rodrigues Pinto (PINTO, José Augusto Rodrigues. *Op. cit.*, p. 603), Ricardo Tadeu (FONSECA, Ricardo Tadeu Marques da. *Op. cit.*, p. 33), Mauricio Godinho Delgado (DELGADO, Mauricio Godinho. *Op. cit.*, p. 427), Walter Willian Ripper (RIPPER, Willian Walter. Consórcio de empregadores em meio urbano: possibilidade analógica e equitativa. *Revista LTr*, v. 127, n. 41, maio 2006, p. 570) e Otavio Calvet (CALVET, Otavio. *Op. cit.*, p. 31).

(424) "Como principal fundamento à consorciação de empregadores, cumpre evidenciar a simples **ausência de impedimento** no nosso ordenamento jurídico para que, no polo passivo da relação de emprego, figure mais de uma pessoa simultaneamente como empregador. Se não há qualquer norma proibindo a pluralidade de empregadores, deve-se reconhecer, pelo princípio da legalidade esculpido no art. 5°, II, da CRFB, que, existindo manifestação de vontade neste sentido, é possível que uma pluralidade de interessados efetue a contratação de empregados com escopo de adquirir a energia de trabalho destes de forma subordinada." (CALVET, Otavio. *Op. cit.*, p. 31).

(425) Não se olvida que, em face do silêncio normativo, há entendimentos no sentido do contrato de equipe ser composto por diversas relações individuais de emprego, apesar de ser formalizado em um único instrumento de contrato. (DELGADO, Mauricio Godinho. *Curso de direito do trabalho*. 3. ed. São Paulo: LTr, 2004. p. 519).

(426) É clara a aceitação pela doutrina e jurisprudência, chegando ao ponto de manuais da disciplina classificarem os contratos de trabalho, conforme o número de sujeitos, em individuais ou plúrimos.

Inexistindo qualquer norma proibindo que mais de um sujeito figure simultaneamente no polo passivo de uma relação empregatícia, pelo princípio da legalidade privada, aplicável ao Direito do Trabalho, deve-se reconhecer a possibilidade do uso desta figura negocial.

De acordo com o citado princípio, positivado no art. 5º, II, da CF/88, "ninguém está obrigado a fazer ou deixar de fazer alguma coisa senão em virtude de lei"[427]. As partes, portanto, possuem liberdade para estabelecer o contrato na forma que lhes convier, desde que não contrariem as normas de ordem pública ou disposições estipuladas em negociação coletiva.

É nesse sentido que dispõe o art. 444 da CLT:

> As relações contratuais de trabalho podem ser objeto de livre estipulação das partes interessadas em tudo quanto não contravenha às disposições de proteção ao trabalho, aos contratos coletivos que lhes sejam aplicáveis e às decisões das autoridades competentes.

Não se olvida que "existe uma forte limitação na autonomia da vontade no campo das relações trabalhistas pelo caráter público que envolve a proteção do hipossuficiente na relação de emprego". No entanto, "é certo também que o Estado em momento algum pretendeu limitar nessa relação obrigacional o número de envolvidos no polo patronal, mesmo porque tal acontecimento em nada prejudica ao empregado", pelo contrário o beneficia[428].

Reforça a presente fundamentação o argumento de que a pluralidade de empregadores se adequa com o modelo atual de despersonalização do empregador. A impessoalidade característica do tomador de serviço permite que uma relação empregatícia possua múltiplos empregadores, sucessiva e/ou simultaneamente[429].

Ademais, com a igualdade entre os empregados urbanos e rurais, estabelecida pela CF/88, não mais se aceita que os trabalhadores urbanos sejam privados de usufruir dos benefícios oriundos do consórcio de empregadores, os quais já são sentidos pelos rurícolas.

Deve-se salientar que a compatibilidade do consórcio de empregadores é com o ordenamento jurídico trabalhista e não com as normas aplicadas às relações laborais existentes no campo.

---

(427) "Segundo o princípio da legalidade [...], no âmbito das relações entre particulares, o princípio aplicável é o da autonomia da vontade, que lhes permite fazer tudo o que a lei não proíbe. [...] corresponde ao que já vinha explícito no art. 4º da Declaração dos Direitos do Homem e do Cidadão, de 1789: 'a liberdade consiste em fazer tudo aquilo que não prejudica a outrem; assim, o exercício dos direitos naturais de cada homem não tem outros limites que os que asseguram aos membros da sociedade o gozo desses mesmos direitos. Esses limites somente podem ser estabelecidos em lei." (DI PIETRO, Maria Sylvia Zanella. *Direito administrativo*. 5. ed. São Paulo: Atlas, 1995. p. 61). Nesse mesmo sentido, Celso Antônio Bandeira de Mello (MELLO, Celso Antônio Bandeira de. *Curso de direito administrativo*. 11. ed. São Paulo: Malheiros, 1999. p. 63.) e Hely Lopes Meirelles (MEIRELLES, Hely Lopes. *Direito administrativo brasileiro*. 17. ed. São Paulo: Malheiros, 1992. p. 83).

(428) CALVET, Otavio Amaral. *Consórcio de empregadores urbanos:* uma realidade possível: redução dos custos e do desemprego. São Paulo: LTr, 2002. p. 32.

(429) Otavio Calvet possui o mesmo entendimento: "a despersonalização relativa à figura do empregador, pacificamente reconhecida pela doutrina, permite a multiplicidade de entes patronais, inexistindo incompatibilidade entre o conceito clássico de empregador e o nesta obra defendido". (CALVET, Otavio Amaral. *Consórcio de empregadores urbanos:* uma realidade possível: redução dos custos e do desemprego. São Paulo: LTr, 2002. p. 32).

Nesse sentido, não existindo incompatibilidade entre a legislação trabalhista[430] e o consórcio de empregadores, uma vez que é pacificamente aceita a sua utilização no ambiente campesino, não há razão para argumentar pela impossibilidade da sua aplicação nas grandes cidades.

b) Eficácia dos direitos fundamentais trabalhistas

Aos argumentos anteriormente citados, soma-se o da eficácia dos direitos fundamentais trabalhistas.

Partindo das conclusões expostas no primeiro capítulo, pode-se afirmar que, existindo normas laborais — independentemente da sua espécie (regra ou/e princípio) e da sua positivação (explícita ou implícita no ordenamento jurídico) — qualificadas como direitos fundamentais, que permitam ou incentivem a utilização do instituto *consórcio de empregadores* no âmbito urbano, não haverá necessidade de se esperar a promulgação de uma lei específica para sua aplicação imediata, uma vez que já possui base normativa.

A distinção das normas trabalhistas em regra e/ou princípios, nesse tópico, perde um pouco da sua funcionalidade, uma vez que ambas as espécies possuem força normativa[431] e podem ser caracterizadas como direitos fundamentais sociais. O importante é identificar quais são as normas trabalhistas que possuem natureza de direito fundamental e se caracterizam-se como integrante da base normativa do consórcio de empregadores.

Para configurarem-se como normas fundamentais, é necessário possuir embasamento no princípio da dignidade da pessoa humana, decorrer do regime ou princípios fundamentais constitucionais ou guardar relação direta com as normas contidas no Título II da CF/88[432].

Nesse sentido, tanto os princípios quanto as regras trabalhistas garantidoras do patamar civilizatório mínimo do trabalhador tem a natureza jusfundamental.

Partindo dessa premissa, assevera-se que a base normativa do consórcio de empregadores urbanos possui a referida natureza, uma vez que esse instituto incentiva a formalização das relações jurídicas de emprego, garantindo o mínimo existencial para

---

(430) Ressalte-se que há dispositivos previdenciários regulando consórcio de empregadores rurais, mas ainda não há regulamentação no âmbito trabalhista.

(431) As normas jurídicas que regulam uma situação jurídica específica — determinando, proibindo ou facultando uma ação humana —, devem ser tratadas como regras, enquanto as normas que expressam uma diretriz, prescrevendo uma conduta humana em conformidade com os valores jurídicos, sem a determinação de uma hipótese de incidência específica, devem ser caracterizadas como princípios. Essa distinção apresenta-se de forma mais clara quando há conflito entre regras ou entre princípios, conforme exposto no primeiro capítulo.

(432) Ingo Sarlet conjuga a fundamentalidade formal e material sem perder a abertura ao reconhecimento de novas normas de direitos fundamentais. "Direitos fundamentais são, portanto, todas aquelas posições jurídicas concernentes às pessoas, que, do ponto de vista do direito constitucional positivo, foram por seu conteúdo e importância (fundamentalidade em sentido material), integradas ao texto da Constituição e, portanto, retiradas da esfera de disponibilidade dos poderes constituídos (fundamentalidade formal), bem como as que, por seu conteúdo e significado, possam lhes ser equiparados, agregando-se à Constituição Material, tendo, ou não, assento na Constituição formal (aqui considerada a abertura material do Catálogo)." (SARLET, Ingo Wolfgang. *Dignidade da pessoa humana e direitos fundamentais*. 5. ed. Porto Alegre: Livraria do Advogado, 2005. p. 89).

os trabalhadores. Portanto, além de servirem de fundamento para a aplicação imediata dessa nova forma negocial, são direitos fundamentais, produzindo os efeitos típicos dessa categoria.

Diante da multiplicidade de direitos fundamentais que incentivam o uso do instituto em tela, torna-se difícil enumerá-los. A diversidade de classificações e terminologias adotadas para denominar os princípios aplicáveis ao Direito do Trabalho potencializa a aridez desta tarefa[433].

Entretanto, é possível condensá-las no princípio da dignidade da pessoa humana, uma vez que grande parte dos direitos fundamentais, a seguir enumerados, deriva desse princípio. Nesse sentido, pode-se estabelecer o princípio da dignidade da pessoa humana como o fundamento *mater* do consórcio de empregadores urbanos.

A título exemplificativo, passa-se a apresentar algumas normas jusfundamentais trabalhistas que autorizam a aplicação dessa nova forma negocial.

Como exposto anteriormente, o principal fundamento do consórcio de empregadores urbanos é o princípio da dignidade da pessoa humana. Tal princípio possui um conceito vago e impreciso, que se encontra em permanente construção e desenvolvimento. De acordo com Ingo Sarlet:

> Assim sendo, temos por dignidade da pessoa humana a qualidade intrínseca e distintiva reconhecida em cada ser humano que o faz merecedor do mesmo respeito e consideração por parte do Estado e da comunidade, implicando, neste sentido, um complexo de direitos e deveres fundamentais que assegurem a pessoa tanto contra todo e qualquer ato de cunho degradante e desumano, como venham a lhe garantir as condições existenciais mínimas para uma vida saudável, além de proporcionar e promover a sua participação ativa e corresponsável nos destinos da própria existência e da vida em comunhão com os demais seres humanos[434].

O trabalho digno é um dos elementos do complexo de direitos fundamentais que compõe o princípio da dignidade da pessoa humana[435]. Por intermédio do trabalho prestado de forma digna, o ser humano garante as condições mínimas para uma vida saudável.

---

(433) O leque de princípios peculiares do Direito do Trabalho varia de autor para autor, tanto na quantidade quanto na classificação. Américo Plá Rodriguez assevera que em 14 (quatorze) autores que examinou, pode contabilizar 25 (vinte e cinco) princípios diferentes, embora alguns recebessem denominações diversas e fossem englobados num só (RODRIGUEZ, Américo Plá. *Princípios do direito do trabalho*. 3. ed. São Paulo: LTr, 2000. p. 313-314). Parafraseando Luiz Pinho Pedreira, acredita-se que "seria fastioso e inútil reproduzir aqui o catálogo de princípios de cada doutrinador" (PEDREIRA. Luiz Pinho. *Direito do trabalho:* principiologia. São Paulo: LTr, 1997. p. 20). O autor, com base na classificação de Américo Plá Rodrigues, aponta como princípios peculiares do Direito do Trabalho: a) princípio da proteção (e suas regras); b) princípio da continuidade da relação de emprego; c) princípio da primazia da realidade; d) princípio da irrenunciabilidade.

(434) SARLET, Ingo Wolfgang. *Dignidade da pessoa humana e direitos fundamentais na Constituição Federal de 1988.* 5. ed. Porto Alegre: Livraria do Advogado, 2005. p. 59-60.

(435) A dignidade é uma qualidade intrínseca do ser humano, a qual deve ser protegida e reconhecida, servindo como limite e tarefa do Estado e da comunidade.

Para Gabriela Delgado, o patamar civilizatório mínimo é composto por três eixos de proteção, complementares e interdependentes[436]. O primeiro deles refere-se aos direitos trabalhistas estabelecidos nos tratados e convenções internacionais ratificadas pelo Brasil. Já o segundo e terceiro eixos referem-se aos direitos dos trabalhadores que estão previstos na CF/88 e na CLT, respectivamente.

Asseguram, especialmente: i) o direito à remuneração que promova a existência digna do trabalhador e de sua família; ii) o direito à segurança e à higiene no trabalho; iii) a proteção ao emprego; iv) o direito ao descanso e ao lazer; v) o direito à limitação razoável das horas de trabalho, tanto diárias como semanais; vi) o direito à remuneração dos repousos e dos feriados; vii) o direito de greve, o direito de os trabalhadores organizarem sindicatos e de se filiarem ou não a eles[437].

Não basta reconhecer o trabalho digno como valor e direito fundamental, é necessário torná-lo viável. Assim, é papel do jurista fomentar "toda e qualquer manifestação do valor trabalho digno, ou seja, [...] considerar todas as formas de inserção do homem na sociedade, que se façam pelo trabalho e que possam dignificá-lo"[438].

O consórcio de empregadores figura-se como uma das formas de inserção do homem na sociedade. Favorece a criação de novos postos de trabalho e a formalização das relações laborais, fornecendo trabalho digno às massas de desempregados e trabalhadores informais, e por via de consequência reafirma o princípio da dignidade da pessoa humana.

A adoção do consórcio de empregadores no âmbito rural gerou diversos empregos, e não há razão, como afirma Otavio Calvet, para "que se pense que no âmbito urbano a consequência seria diferente".

> Ao contrário, basta olharmos para qualquer núcleo de atividade econômica que verificaremos algum tipo de labor informal, seja por impossibilidade do empresário, que mesmo contra a vontade permite o labor informal como alternativa (reprovável) para o barateamento deste fator de sua produção, seja porque o costume de décadas empurra certos tipos profissionais para a informalidade diante da, por enquanto, incompatibilidade de seu tipo de serviço com a vinculação habitual preconizada pela CLT[439].

Com a geração de novos postos de trabalho digno, reduzindo o índice de desemprego e de trabalho informal, o consórcio concretiza valores constitucionais como: i) valorização do trabalho humano (art. 170, *caput*, da CF/88); ii) justiça social (art. 170, *caput*, da CF/88);

---

(436) Além dos instrumentos internacionais de proteção aos direitos humanos, ratificados pelo Estado brasileiro, também integram o primeiro eixo as Convenções Internacionais da Organização Internacional do Trabalho (OIT) que foram ratificadas pelo País. Referidos instrumentos internacionais destacam um patamar civilizatório universal de direitos para o ser humano trabalhador, reconhecendo o direito de toda pessoa levar uma vida digna (DELGADO, Gabriela Neves. *Direito fundamental ao trabalho digno*. São Paulo: LTr, 2006. p. 215).

(437) DELGADO, Gabriela Neves. *Direito fundamental ao trabalho digno*. São Paulo: LTr, 2006. p. 215.

(438) DELGADO, Gabriela Neves. *Direito fundamental ao trabalho digno*. São Paulo: LTr, 2006. p. 209.

(439) CALVET, Otavio Amaral. *Consórcio de empregadores urbanos:* uma realidade possível: redução dos custos e do desemprego. São Paulo: LTr, 2002. p. 35.

iii) função social (art. 170, II, da CF/88); iv) busca pelo pleno emprego (art. 170, VIII, da CF/88); v) incremento do bem-estar e a justiça social (art. 193, *caput*, da CF/88).

Na defesa da aplicação imediata do consórcio no âmbito urbano, Otavio Calvet sustenta que:

> [...] sendo patente que o consórcio viabiliza a geração de empregos, encontra este fundamento no art. 170, VIII, da CRFB. Ademais, ao retirar o trabalhador da economia informal e inseri-lo na proteção estatal da relação de emprego, possibilita o consórcio de empregadores a valorização do trabalho humano, princípio que informa a ordem econômica em nosso país como se observa do *caput* do art. 170 da Carta Magna. No mesmo sentido, percebe-se que o reflexo benéfico da utilização do consórcio patronal respalda a concretização de um dos fundamentos da nossa República, qual seja, "os valores sociais do trabalho" (art. 1º da CRFB), estando por fim condizente com o objetivo de bem-estar e justiça social preconizado pelo art. 193 do mesmo diploma quando trata da "ordem social".

Ainda como fundamento da consorciação, podem-se apresentar os princípios da função social da empresa e do contrato, da boa-fé objetiva, da razoabilidade, os quais potencializam o princípio da solidariedade.

Em razão da relevância do princípio da solidariedade para esta obra, abre-se um parêntese para defender a sua existência no âmbito laboral[440].

Talvez por ser derivada de um fenômeno novo (concentração e crescimento das empresas) ou por influência do positivismo kelseniano, poucos autores tratam a solidariedade como norma de natureza principiológica[441]. Muitos se restringem a entendê-la como regra, e apenas observá-la quando expressamente positivada nas legislações laborais. O certo é que essa visão deve ser corrigida para adequar-se com o moderno Direito do Trabalho.

A norma de solidariedade trabalhista possui natureza principiológica em razão do seu conteúdo valorativo e do seu grau de abstração. Corolário do princípio protetor, irradia por todo o ordenamento jurídico trabalhista, tendo aplicação especial nas hipóteses de pluralidade de empregadores, como mecanismo de neutralização do risco de inadimplência dos créditos laborais.

Como exposto no capítulo anterior, diante da necessidade de crescimento, as empresas passaram a associar-se das mais diversas e complexas formas[442]. Figuras

---

(440) Entendimento já defendido em artigo da autoria do autor (ALMEIDA NETO, João Alves de. O princípio da solidariedade como mecanismo de efetividade dos direitos fundamentais. *Revista Jurídica dos Formandos em Direito da UFBA*, Salvador, EDUFBA, v. 7, n. 10, p. 79-94, 2007).

(441) José Augusto Rodrigues Pinto é um dos poucos doutrinadores que defende esse entendimento, tanto em seu manual como em artigo específico.

(442) No início, o crescimento das empresas era suficiente para atender às necessidades da globalização. Todavia, com o acirramento da concorrência e a necessidade da utilização de tecnologias cada dia mais avançadas, foi necessária a união entre empresas.

jurídicas, como o grupo empregador e consórcio de empregadores, foram criadas face dessa necessidade.

Da concentração de empresas também decorrem os fenômenos da despersonalização do empregador e personalização da empresa, fundamentos do princípio em questão.

Ao se personificar a empresa, atribui-se à ela, ainda que múltipla, a qualidade de empregador, e, consequentemente, as obrigações trabalhistas. Com base nesse entendimento, os entes que exercerem a referida atividade (empresa) passam a ser considerados solidariamente responsáveis por tais obrigações[443].

É interessante notar que a concentração econômica é um fenômeno imprescindível para um país em desenvolvimento, como o Brasil, apesar dos prejuízos causados aos direitos laborais.

A citada concentração aumenta a probabilidade do não cumprimento das obrigações trabalhistas, uma vez que, existindo pluralidade de devedores numa relação obrigacional, a presunção a ser extraída é de que a cada devedor cabe o cumprimento de sua parte ideal.

Nesse sentido, quanto maior for o número de responsáveis por uma obrigação, maior será a possibilidade de inadimplemento do crédito trabalhista na sua completude. Basta um dos empregadores não quitar as verbas trabalhistas que deve para que o empregado não perceba o seu crédito na totalidade.

Sendo inevitável o referido fenômeno, foi necessária a adoção do princípio da solidariedade como remédio às suas desvantagens. O risco do inadimplemento foi contrabalanceado com atribuição da responsabilidade solidária aos entes ocupantes do polo passivo da relação empregatícia.

Com a aplicação do princípio da solidariedade, o que antes configurava risco para os empregados passou a ser garantia, já que quanto maior for o número de devedores maior será a possibilidade de cumprimento dos direitos trabalhista, pois ele pode ser requerido de qualquer um dos empregadores, na sua totalidade.

Vale ressaltar que os dispositivos legais (§ 2º do art. 2º da CLT; § 2º do art. 3º da Lei n. 5.889/73; § 3º do art. 25-A da Lei n. 8.212/91) que trazem a solidariedade trabalhista são apenas reflexos positivados do princípio em questão. A existência de tais normas-regras não descaracteriza a natureza principiológica do valor solidariedade[444].

---

(443) A despersonalização do empregador não só fundamenta a solidariedade passiva na pluralidade de empregadores e no grupo empregador, mas também na terceirização da atividade-fim. Segundo José Cairo Júnior, "[...] a partir do momento em que se verifica a existência de uma empresa executando serviços por meio dos seus empregados dentro de uma outra empresa e inserida em uma ou algumas de suas atividades permanentes, a primeira passa a fazer parte integrante da segunda pela aplicação do princípio da despersonalização do empregador [...] nestas condições uma ou mais empresas passam, no plano fático, a constituir uma unidade de produção, comércio ou prestação de serviços, merecendo o mesmo tratamento no plano jurídico, ou seja, tornam-se solidariamente responsáveis pelas obrigações trabalhistas. Entender diversamente significaria negar efetividade ao direito protecionista laboral tendo em vista que as empresas prestadoras de serviços não necessitam possuir bens para executar suas atividades, sendo que esse procedimento serviria como fraude à aplicação do princípio da despersonalização do empregador" (CAIRO JÚNIOR, José. *Direito do trabalho*. Salvador: JusPodivm, 2006. v. 1, p. 186).

(444) Consigna-se, ainda, que havendo conflito entre o princípio em tela e qualquer outro existente no sistema juslaboral, deve ser aplicado o método da ponderação, relativizando-o apenas quando necessário.

O princípio em tela também se caracteriza como um direto fundamental, pois possui fundamentalidade, tanto formal quanto material. Além de estar positivado no art. 3º, I, da CF/88 entre os objetivos fundamentais, preenchendo o requisito formal, ele busca compensar o comprometimento na adimplência das obrigações trabalhistas e, consequentemente, garantir o patamar material mínimo para a subsistência do empregado[445].

Na qualidade de norma fundamental, o princípio da solidariedade trabalhista, em face da sua dimensão objetiva, deve servir de parâmetro de aplicação e interpretação, dirigindo não só a atuação do Poder Público como também as relações privadas trabalhistas[446].

O magistrado obriga-se a conformar o conteúdo das suas decisões ao princípio da solidariedade, aplicando-o diretamente diante da pseudo-lacuna ou da ilusória insuficiência normativa[447]. Deve, ainda, em face da vinculação negativa do Judiciário aos direitos fundamentais, não aplicar regras que violem o princípio em tela, dispondo dos instrumentos e técnicas de proteção à violação aos referidos direitos[448].

Acrescente-se que essa norma, por possuir presunção de eficácia imediata, conforme o § 1º do art. 5º da CF/88, aplica-se de forma imediata aos casos concretos.

Conclui-se que, uma vez demonstrado que o valor da solidariedade trabalhista possui natureza principiológica e jusfundamental, e que a este é atribuído todos os efeitos e consequências inerentes aos princípios e aos direitos fundamentais, ele deve ser aplicado ao consórcio de empregadores urbanos como mecanismo de efetividade e garantia dos direitos sociais fundamentais, servindo como fundamento para a aplicação imediata deste instituto.

---

(445) O empregado vive fundamentalmente de seu trabalho, por meio do qual proverá suas necessidades básicas e de sua família. A essencialidade da contraprestação é que ela caracteriza os direitos sociais trabalhistas como direitos fundamentais. Estes, além de encontrarem-se positivados na CF/88 (fundamentalidade formal), constituem o patamar civilizatório mínimo do trabalhador, possuindo fundamento na dignidade da pessoa humana (fundamentalidade material). Nesse sentido, sendo a principal função do princípio da solidariedade garantir o mínimo existencial para os trabalhadores, pode-se afirmar que ele preenche o requisito da fundamentalidade material. O princípio em tela surge como expressão do princípio protetor ao hipossuficiente economicamente, possuindo este fundamento na dignidade da pessoa humana.

(446) A eficácia dos direitos fundamentais nas relações privadas possui estreita conexão com o valor da solidariedade. Assevera Daniel Sarmento que os direitos fundamentais, antes ligados aos valores da liberdade e igualdade formal, devem ser rearticulados em face do valor da solidariedade, ampliando o seu campo de incidência e chamando os atores privados à construção de uma sociedade mais justa, centrada na dignidade da pessoa humana (SARMENTO, Daniel. *Direitos fundamentais e relações privadas*. Rio de Janeiro: Lumen Juris, 2004. p. 3). Nesse mesmo diapasão, afirma Peces-Barba Martinez que a solidariedade é um valor que fundamenta todos os direitos humanos e que incide também na liberdade e na igualdade, tornando-as mais humanas e justificando a liberdade promocional e a igualdade material (PECES-BARBAS MARTINEZ, Gregório. *Curso de derechos fundamentales*. Madrid: Universidad Carlos III, Boletín Oficial del Estado, 1999. p. 261-269).

(447) O Poder Judiciário deve adotar a "exegese normativa mais consentânea com a Constituição e que confira maior efetividade às disposições de direitos fundamentais, bem como exercer o dever de correção e aperfeiçoamento da legislação quando se trata de proteger os direitos fundamentais" (ZOLLINGER, Márcia Brandão. *Proteção processual aos direitos fundamentais*. JusPodivm, 2006. p. 41).

(448) O juiz — baseado na força normativa, na dimensão objetiva e na eficácia imediata do princípio da solidariedade — deve utilizar o valor da solidariedade para interpretar e julgar os casos concretos, independentemente da existência de regra prevendo o citado valor. O magistrado tem o dever de adotar esta conduta sob pena de não está cumprindo a sua função jurisdicional.

Do princípio da dignidade da pessoa humana deriva mais um fundamento do consórcio de empregadores urbanos: o princípio da proteção.

Pedra de toque do Direito do Trabalho, o princípio da proteção[449] tem como finalidade a produção de uma igualdade material por meio de normas protecionistas para com os mais fracos.

A proteção oriunda desse princípio se faz compromissária da dignidade, como se infere nas palavras de Alfredo J. Ruprecht: "[...] sua dignidade como ser humano lhe deve ser amplamente reconhecida e uma das formas efetivas de fazê-lo é criando desigualdades em seu favor, para compensar as que influem contra ele, protegendo-o contra o abuso patronal"[450].

Onde houver a desigualdade entre os sujeitos da relação de trabalho, indispensável será a incidência do princípio protetor, seja nas relações empregatícias ou nas relações de trabalho autônomo com dependência econômica.

Mesmo sendo um instituto flexibilizante, o consórcio de empregadores não mitiga a proteção trabalhista proposta pelo princípio em questão, pelo contrário, reforça-o. Com a formalização da relação de emprego, os trabalhadores, antes desprotegidos, passam a ser agasalhados pela legislação laboral e previdenciária. Ademais, seus créditos ganham um reforço de solvabilidade, em face do princípio da solidariedade inerente a essa figura consorcial, como bem expõe Otavio Calvet:

> Ainda como fundamento da consorciação, pode-se acrescentar que o empregado, ao se vincular a mais de um empregador simultaneamente, gozará de maior proteção quanto à solvabilidade de seus créditos (no caso em que os empregadores respondem todos pela integralidade do passivo trabalhista) sem redução de seus direitos laborais mínimos, donde se conclui que a presente interpretação está em consonância com o princípio protetivo que informa a ciência do direito do trabalho, sendo melhor para o empregado do que, simplesmente, fixar-se o vínculo com um único dos diversos tomadores do serviço.

Os demais princípios peculiares trabalhistas também são efetivados com a contratação de empregados por intermédio do consórcio de empregadores. Princípios como o

---

(449) Deste princípio peculiar decorrem todos os demais. Ele expandiu-se em três vertentes, as quais costumam ser chamadas de princípio. No entanto, acredita-se que o raciocínio mais adequado seja o de Américo Plá Rodriguez, que sustenta tratar-se de simples regras de aplicação do princípio da proteção: a do *in dubio pro misero* ou *pro operario*, a da *aplicação da norma mais favorável* e da *observância da condição mais benéfica*. "Estas três regras se identificam por serem peças de um sistema integrado de proteção. Mas se diferenciam por se relacionar cada uma delas com uma situação substantivamente distinta. Através da regra *in dubio pro misero* (na dúvida decida-se pelo mais fraco, economicamente), põe-se em jogo a *interpretação da norma*. Estabelece-se, então, que, sempre que uma norma permitir mais de uma interpretação, deve preferir-se a que mais favoreça ao empregado. [...] As duas outras regras dizem respeito à aplicação da norma. Distinguem-se entre elas porque a da aplicação da norma mais favorável orienta-se que, havendo mais de uma norma de sentido diverso aplicável a uma situação jurídica, deve preferir-se a que favoreça o empregado. Frequentemente, configura-se a hipótese quando a lei trabalhista, estabelecendo o direito mínimo do empregado, entra em confronto com a convenção coletiva, que dispõe mais generosamente sobre o mesmo direito" (PINTO, José Augusto Rodrigues Pinto. *Curso de direito individual do trabalho*. São Paulo: LTr, 2004. p. 77).

(450) RUPRECHT, Alfredo J. *Os princípios do direito do trabalho*. Tradução de Eldilson Alkmim Cunhal. São Paulo: LTr, 1995. p. 11.

da continuidade da relação de emprego, da primazia da realidade e irrenunciabilidade dos direitos laborais compõem a base normativa desse instituto.

Fruto de uma necessidade socialmente sentida, o consórcio de empregadores é a própria corporificação do princípio da primazia da realidade. Com intuito de reduzir os custos operacionais, sem precarizar os direitos mínimos dos trabalhadores, que são irrenunciáveis, os empregadores contratam empregado de forma compartilhada para prestarem serviços aos entes consorciados, garantindo, com isso, maior duração do vínculo empregatício.

O princípio da não discriminação também é concretizado com a aplicação desse instituto no âmbito urbano, uma vez que oferece tratamento isonômico aos sujeitos urbanos e rurais.

Nivela os empregadores ao fornecer, em igualdade de condições, a possibilidade de contratar prestadores de serviço na qualidade de empregados, o que, anteriormente, não era possível em face do elevado custo para manter uma relação de emprego.

Da mesma forma, viabiliza que diversos trabalhadores, antes desempregados ou trabalhando sem a formalização devida, possam ser contratados na condição de empregados. A garantia dos direitos laborais básicos é uma das formas de buscar a igualdade substancial.

Percebe-se, após a exposição de alguns direitos fundamentais sociais que compõe a base normativa do consórcio de empregadores, o quanto é indispensável a aplicação dessa nova forma negocial no âmbito urbano. Se não bastassem os benefícios desse instituto, a eficácia imediata das normas que compõem sua base normativa vincula não só os Poderes Públicos como os particulares à efetivação deles.

Na produção dos efeitos em questão, o Poder Judiciário tem um especial papel. O juiz — baseado na força normativa, na dimensão objetiva, nas eficácias imediata, vertical e horizontal dos direitos fundamentais trabalhistas — possui o dever de utilizá-los para interpretar e julgar os casos concretos, independentemente da existência de norma-regra. Nesse sentido, é necessária a adoção da conduta em tela, sob pena do não cumprimento, pelo magistrado, da sua função jurisdicional.

Com base nessas conclusões, pode-se afirmar que não há necessidade de se esperar a promulgação de uma lei específica para a sua aplicação imediata, uma vez que já possui base normativa.

c) Utilização de processos hermenêuticos

Os defensores do consórcio de empregadores sustentam a possibilidade da sua aplicação no âmbito urbano, por meio da analogia ou da interpretação extensiva dos dispositivos que regulam essa forma negocial no ambiente campesino.

Faz-se necessário, antes de qualquer análise conclusiva, estabelecer a diferença entre analogia e a interpretação extensiva.

No âmbito da hermenêutica jurídica *lato sensu*, inserem-se as atividades de interpretação, de integração e de aplicação do Direito[451]. A interpretação consiste no processo de determinação do sentido da norma, seja ela clara ou obscura. Para esse fim, existem diversos métodos de exegese, dentre os quais se encontra a interpretação extensiva[452].

Já a integração consiste no processo de suprimento das lacunas existentes no sistema jurídico. Na tarefa de preencher os vazios legislativos, o jurista utiliza-se da analogia, da equidade, dos princípios gerais do direito, dentre outros recursos integrativos.

A analogia está prevista nos arts. 4º e 7º da Lei de Introdução às Normas do Direito Brasileiro e no art. 8º da CLT. Conforme Carlos Maximiliano, a utilização desse recurso pressupõe a existência de três requisitos: i) que o caso concreto em exame não seja previsto em lei, do contrário tratar-se-ia de interpretação extensiva; ii) que exista um caso análogo, semelhante, objeto de previsão legal; iii) que a regra tomada como parâmetro integre o mesmo ramo do Direito a que pertence o caso omisso[453].

De forma equivocada, referem-se à analogia como um dos processos interpretativos. No entanto, é indispensável

> [...] a distinção entre a analogia e interpretação extensiva, argumentando que 'a analogia vem preencher um caso não previsto pelo legislador, ao passo que a interpretação lógico-extensiva vem apenas para dar desenvolvimento à lei escrita'. Na visão de Carlos Maximiliano 'a analogia ocupa-se com uma lacuna do Direito Positivo, com hipótese não prevista em nenhum dispositivo e resolve esta por meio de soluções estabelecidas para casos afins; a interpretação extensiva completa a norma existente, trata de espécie já regulada pelo Código, enquadrada no sentido de um preceito explícito, embora não se compreenda na letra deste'[454].

Enquanto a analogia pressupõe um vácuo normativo e atua como um recurso de integração do sistema jurídico preenchendo uma lacuna, a interpretação extensiva parte de uma norma e resolve um problema de insuficiência verbal, caracterizando-se como um dos métodos interpretativos[455]. Limita-se a incluir no conteúdo da norma um sentido que já estava ali contido, apenas não havia sido especificado pelo legislador.

---

(451) MAGALHÃES FILHO, Glauco Barreira. *Hermenêutica jurídica clássica*. Belo Horizonte: Mandamentos, 2002. p. 17.

(452) Quanto ao resultado ou aos efeitos, a interpretação pode ser classificada em: a) declarativa ou enunciativa; b) ab-rogante; c) restritiva; d) extensiva.

(453) MAXIMILIANO, Carlos. *Hermenêutica e aplicação do direito*. 9. ed. Rio de Janeiro: Forense, 1979. p. 212.

(454) BARROS, Alice Monteiro de. *Curso de Direito do Trabalho*. São Paulo: LTr, 2005. p. 141.

(455) MAGALHÃES FILHO, Glauco Barreira. *Hermenêutica jurídica clássica*. Belo Horizonte: Mandamentos, 2002, p. 84. Igualmente, assevera Miguel Reale. "[...] podemos dizer que o pressuposto do processo analógico é a existência reconhecida de uma lacuna na lei. Na interpretação extensiva, ao contrário, parte-se da admissão de que a norma existe, sendo suscetível de ser aplicada ao caso, desde que estendido o seu entendimento além do que usualmente se faz" (REALE, Miguel. *Lições preliminares de direito*. 27. ed. ajustada ao novo Código Civil, São Paulo: Saraiva, 2003. p. 297).

Na analogia, o jurista aplica uma norma específica a um caso para o qual não havia preceito legal, admitindo-se uma semelhança entre eles[456]. Na interpretação extensiva, existe lei regulando o caso concreto, no entanto, a análise literal do dispositivo restringe os efeitos apenas às hipóteses explícitas na lei, sendo necessária a utilização dela para o prolongamento dos seus efeitos a todos os casos implicitamente regulados[457].

Partindo dessa distinção, duas correntes se formam. A primeira sustenta a utilização da analogia. Defende a aplicação, no âmbito urbano, dos dispositivos que regulam o consórcio de empregadores rurais. Conforme argumenta Walter Wiliam Ripper, é

> Evidente, portanto, que ao pretendermos a aplicação em meio urbano da legislação ruralista do consórcio de empregadores, devemos nos valer da *interpretação por analogia*, sobretudo porque partimos da aplicação de uma norma específica ao geral (meio urbano) e por estarmos diante, certamente, de semelhança de casos — tratando-se de empregados e empregadores, independentemente do meio em que se encontram[458].

Para essa corrente, apenas o consórcio de empregadores rurais é regulado. Em face da lacuna existente no âmbito urbano e da semelhança entre as espécies, entendem ser possível a utilização da legislação que dispõe sobre o consórcio de empregadores rurais de forma analógica para regular, também, a espécie urbana.

> Por fim, já se pode invocar a aplicação analógica ao meio urbano do tratamento dispensado pelo meio rural, ao menos no estrito modelo constante do art. 25-A da Lei n. 8.212/91, não havendo razões para crermos que tal modalidade de contratação encontra justificativa apenas nas condições de trabalho típicas rurais, conclusão esta respaldada por Ricardo Tadeu Marques da Fonseca e Mauricio Godinho Delgado na obra já citada[459].

O TST, em seus julgados, além de utilizar a analogia para fundamentar a aplicação do consórcio de empregadores no âmbito urbano, exige que os requisitos formais[460] previstos no art. 25-A da Lei n. 8.212-91 sejam preenchidos.

---

(456) FERRAZ JUNIOR, Tercio Sampaio. Introdução ao estudo do direito: técnica, decisão, dominação. 4. ed. São Paulo: Atlas, 2003. p. 297.

(457) A *interpretação extensiva* deve ser considerada a partir da preexistência da norma legal, porém, discutida a sua aplicação ao caso, por meio de uma extensão da interpretação dessa norma já existente. Pressupõe que o dispositivo legal aplica-se aos casos que não são abrangidos pelo seu teor literal.

(458) RIPPER, Willian Walter. Consórcio de empregadores em meio urbano: possibilidade analógica e equitativa. *Revista LTr*, São Paulo, v. 127, n. 41, p. 571, maio 2006. Complementa asseverando que "É perfeitamente possível e viável a aplicação analógica de dispositivo de lei especial em caráter geral, desde que não sejam violados neste enlace os princípios e direitos fundamentais. A interpretação analógica, em especial a aplicação de lei por analogia, deve ocorrer na lacuna da lei, objetivando a busca da *equidade* para que em situações semelhantes haja o acompanhamento do Direito à evolução da sociedade".

(459) CALVET, Otávio Amaral. *Consórcio de empregadores urbanos:* uma realidade possível: redução dos custos e do desemprego. São Paulo: LTr, 2002. p. 34.

(460) "[...] 2. Cumpre anotar, no entanto, que, para o meio rural, a efetividade da proteção jurídica depende - agora, inclusive, sob o interesse previdenciário — de que sejam materializados os requisitos fixados pelas normas que

[...] 3. Afirma-se a possibilidade de extensão analógica do consórcio de empregadores ao meio urbano. Por expressa dicção legal (CLT, art. 8º), deve o Direito do Trabalho socorrer-se da analogia, atendendo aos fins sociais da norma aplicada e às exigências do bem comum. Tal processo imprescinde de lacuna no ordenamento, de molde que, em situações semelhadas e com olhos postos na mutação dos fatos, permita-se a evolução do Direito e ampla atenção aos fenômenos sociais, sempre garantida a integridade dos princípios e direitos fundamentais aplicáveis e a coerência da ordem jurídica.

Embora admissível a trasladação do instituto, não será lícito autorizar-se-lhe a despir-se de todos os seus requisitos essenciais durante o trajeto. É fundamental que as mesmas formalidades exigíveis para o universo rural persistam no urbano. A solidariedade não se presume (Código Civil, art. 296): sem a adoção dos protocolos exigidos em Lei, o modelo jurídico apegar-se-ia aos estatutos corriqueiros, instalando-se dúvidas quanto à titularidade, natureza e extensão de direitos e obrigações, com a iminência de vastos prejuízos e a consequente perda de todas as benesses já descritas. A aplicação analógica das normas de regência do modelo há se de fazer pela sua inteireza. 4. Não há que se cogitar de consórcio de empregadores urbanos, quando os reclamados assim não se qualificam e, obviamente, nunca o pretendendo, jamais adotaram quaisquer das formalidades necessárias a tanto. A identificação do instituto resulta em má aplicação do art. 25-A da Lei n. 8.212/91 [...][461].

Todavia, por ser oriundo de uma necessidade socialmente sentida, acredita-se que a aplicação do consórcio de empregadores no âmbito urbano independent de preenchimento de requisitos formais. Decorre da realidade fática, com fundamento no princípio da primazia da realidade. Entender o contrário seria negar a realidade[462], restringir a aplicação do instituto e inviabilizar que o consórcio de empregadores urbanos se adapte às necessidades mutantes da sociedade moderna.

A segunda corrente utiliza-se da interpretação extensiva para fundamentar a aplicação imediata do consórcio de empregadores no âmbito urbano. Partem da premissa que não há diferença ontológica entre as suas espécies.

Defendem que os dispositivos existentes regulam o gênero consórcio de empregadores, sendo necessária, apenas, a ampliação dos efeitos normativos à sua espécie urbana, a qual já estaria implicitamente regulada.

---

regulam a espécie. O consórcio simplificado de produtores rurais, "formado pela união de produtores rurais pessoas físicas, que outorgar a um deles poderes para contratar, gerir e demitir trabalhadores para prestação de serviços, exclusivamente, aos seus integrantes", ganhará corpo com o pacto de solidariedade (Código Civil, art. 256), registrado em cartório de títulos e documentos e que "deverá conter a identificação de cada produtor, seu endereço pessoal e o de sua propriedade rural", também com o "respectivo registro no Instituto Nacional de Colonização e Reforma Agrária — INCRA ou informações relativas a parceria, arrendamento ou equivalente e a matrícula no Instituto Nacional do Seguro Social — INSS de cada um dos produtores rurais". Ainda: "o consórcio deverá ser matriculado no INSS em nome do empregador a quem hajam sido outorgados os poderes, na forma do regulamento" (Lei n. 8.212/91, art. 25-A). [...]" (TST-RR-552/2008-002-24-40.0, Acórdão da 3ª Turma, relatado pelo Ministro Alberto Luiz Bresciani de Fontan Pereira)

(461) TST, no Acórdão da 3ª Turma, relatado pelo Ministro Alberto Luiz Bresciani de Fontan Pereira (TST--RR-552/2008-002-24-40.0).

(462) "[...] a lógica da realidade social é muito mais forte do que a do direito laboratorial da norma — motivo pelo qual, aliás, *Anatole France* testemunhou, com grande acuidade, ter visto muitas vezes a sociedade revogar o direito, mas nunca ter visto o direito revogar a sociedade".

Apesar de partirem de premissas opostas, tanto a analogia quanto a interpretação extensiva são técnicas aptas a fundamentar a aplicação do consórcio de empregadores no âmbito urbano.

Enquanto os adeptos da primeira corrente sustentam que há lacuna, os defensores da segunda corrente asseveram, de forma correta, que o consórcio de empregadores urbanos já possui base normativa.

Acredita-se que a interpretação extensiva é o método adequado para a aplicação imediata do consórcio de empregadores nas metrópoles. Não só por inexistir a lacuna necessária à analogia, mas principalmente, por se harmonizar com o proposto ao longo de todo o trabalho, ou seja, a existência de normas, princípios e regras, que fundamentam o consórcio de empregadores.

Ademais, a interpretação extensiva, quando associada à interpretação teleológica, atinge os fins sociais, as exigências do bem comum e os interesses públicos impostos pelo art. 5º da LICC e pelo art. 8º da CLT.

Com a extensão dos efeitos dos dispositivos legais às situações urbanas, realiza-se, também, a equidade não na qualidade de recurso integrativo, mas como mecanismo concretizador da justiça, da paz social e de atendimento às necessidades econômicas e sociais da comunidade. Nas palavras de Vicente Rao:

> É na aplicação do direito que a equidade assume papel mais relevante, não só para determinar a solução mais benigna, senão também, para provocar o tratamento igual dos casos iguais e desigual dos casos desiguais, o que importa a apuração prévia de todas as condições pessoais e reais das relações de fato[463].

A ampliação dos efeitos à espécie urbana, já implicitamente regulada, garante a equidade social, pois iguala situações que não ensejam tratamento de forma diferente[464]. Com a interpretação extensiva, há a satisfação de interesses de diversos atores sociais urbanos, o que por si só já autorizaria a utilização desse método interpretativo.

Os referidos benefícios justificam, sobremaneira, o uso da interpretação extensiva, teleológica e equitativa, uma vez que permite a "aplicação da norma ou da justiça à necessidade da sociedade, por um instituto lícito, eficaz e vantajoso"[465].

Diante do exposto, mais uma vez, afirma-se ser possível a aplicação imediata dessa forma negocial nas grandes cidades, sendo desnecessária a edição de lei específica. De

---

(463) RAO, Vicente. *O direito e a vida dos direitos*. 6. ed. São Paulo: Revista dos Tribunais, 2004. p. 552.

(464) "Evidente que os empregadores urbanos possuem semelhança com aos empregadores rurais, quanto mais à necessidade de implementação em meio urbano do consórcio de empregadores ('fato-tipo'), viabilizando futuras contratações, das quais serão extraídas e exteriorizadas as vantagens acima narradas" (RIPPER, Willian Walter. Consórcio de empregadores em meio urbano: possibilidade analógica e equitativa. *Revista LTr*, v. 127, n. 41, p. 572, maio 2006).

(465) RIPPER, Willian Walter. Consórcio de empregadores em meio urbano: possibilidade analógica e equitativa. *Revista LTr*, v. 127, n. 41, p. 572, maio 2006.

forma esquemática, apresentam-se no quadro a seguir, resumidamente, os fundamentos para a utilização do consórcio de empregadores no âmbito urbano:

Quadro1 — Fundamentos da aplicação dos consórcios de empregadores.

Fundamentos da aplicação imediata do consórcio de empregadores		
Compatibilidade com o ordenamento trabalhista	Eficácia da base normativa de natureza jusfundamental	Utilização de processos hermenêuticos
Princípio da legalidade privada (art. 5º, II, da CF/88), combinado com o art. 444 da CLT	Princípio da dignidade da pessoa humana; valorização do trabalho humano (art. 170, *caput*, da CF/88); justiça social (art. 170, *caput*, da CF/88; busca pelo pleno emprego (art. 170, VIII, da CF/88); incremento do bem-estar e a justiça social (art. 193, *caput*, da CF/88); princípio da função social da empresa e do contrato; princípio da boa-fé objetiva; princípio da razoabilidade; princípio da solidariedade; princípio da proteção; princípio da continuidade da relação de emprego; princípio da primazia da realidade; princípio da irrenunciabilidade dos direitos laborais; princípio da não discriminação.	Interpretação extensiva, associada à interpretação teleológica e equitativa dos dispositivos contidos na Lei n. 8.212/91
Despersonalização do empregador		Aplicação analógica da Lei n. 8.212/91
Princípio da Igualdade (art. 5º, *caput*, da CF/88 combinado com o art. 7º, *caput*, da CF/88)		

4.3.2. Benefícios da aplicação do consórcio de empregadores urbanos

O consórcio de empregadores trata-se de genuíno instituto jurídico emergente do fenômeno da *flexissegurança*, o qual concilia a flexibilidade e a segurança nas relações laborais. Harmoniza os interesses de empregados e empregadores, patrocinando evidentes benefícios, decorrentes da formalização da relação empregatícia, a diversos atores sociais urbanos.

As inúmeras vantagens e a diversidade de sujeitos beneficiados com a aplicação do consórcio de empregadores nas grandes cidades demonstram a relevância social desse novo negócio jurídico. Impõe-se, portanto, a análise pormenorizada das vantagens da sua utilização no âmbito urbano, sem o intuito de esgotá-las.

Mesmo sendo uma figura jurídica ainda pouco utilizada nos grandes centros urbanos, é possível perceber os benéficos que o consórcio de empregadores traz aos empregadores.

A contratação de empregados por intermédio do consórcio de empregadores permite a redução de custos operacionais. Viabiliza que empregadores possam "ratear as despesas com os empregados e utilizá-los de acordo com a sua estrita necessidade, otimizando o tempo de serviço dos obreiros e auferindo, com isso, maior rentabilidade"[466].

---

(466) CALVET, Otávio Amaral. *Consórcio de empregadores urbanos:* uma realidade possível: redução dos custos e do desemprego. São Paulo: LTr, 2002. p. 35.

Com a otimização do tempo e da mão de obra, essa nova forma negocial consegue adequar-se ao conceito básico de descentralização que informa a moderna estrutura empresarial pós-fordista, sem a necessidade de utilizar-se de técnicas de externalização, gerando mais postos de emprego.

A eliminação das referidas técnicas de subcontratação aumenta a segurança jurídica, com a redução do número de reclamações trabalhistas. Os empregadores consorciados, cumprindo com as suas obrigações laborais e previdenciárias, não mais estarão ameaçados de responder subsidiaria ou solidariamente pelas dívidas da empresa contratada para prestar o serviço. Segundo o Ministério do Trabalho e Emprego:

> Essa alternativa oferece segurança jurídica [...] porque não há a figura do intermediário. Sendo o trabalhador contratado diretamente por uma pluralidade de empregadores aos quais prestará seus serviços, com o registro garantido, afasta-se a possibilidade de ajuizamento de reclamações trabalhistas questionando a ilicitude da terceirização, o que garante [...] a certeza de que não pagarão mais de uma vez pelos mesmos serviços prestados[(467)].

Ademais, poderão contratar empregados para laborar na atividade-fim das empresas consorciadas, o que é vedado, em regra, nas terceirizações.

Os empregadores podem eleger um dos consorciados ou contratar um empregado para realizar o gerenciamento do consórcio — contratando, fiscalizando e administrando a mãode-obra. A destinação de uma pessoa específica para realizar tais atividades permite que essa figura jurídica obtenha resultados mais expressivos e também reduz os conflitos decorrentes do compartilhamento dos serviços.

O aproveitamento da estrutura conjunta do consórcio, além de facilitar a administração dos recursos humanos, viabiliza o cumprimento das obrigações trabalhistas relativas à medicina e segurança do trabalho, já que há divisão dos seus custos entre os consorciados, implicando no recrudescimento das vultosas condenações em ações acidentárias.

A adoção do consórcio no âmbito urbano permite que empregadores possam contratar profissionais, cada vez mais especializados, para atender suas necessidades de curta duração ou de baixo volume, uma vez que, apesar de ser breve a prestação do serviço para cada empregador, o vínculo empregatício com os consorciados é duradouro.

Deve-se ressaltar que os postos de trabalho abertos com o consórcio de empregadores não são só ocupados por empregados adaptados ao modelo pós-fordistas, ou seja, multiespecializados, mas também por trabalhadores braçais, sem especialização, os quais compõem grande parte da massa de desempregados e trabalhadores informais.

---

(467) BRASIL. Ministério do Trabalho e Emprego. *Condomínio de empregadores:* um novo modelo de contratação no meio rural. Brasília: MTE, SIT, 2000. p. 24.

Como afirmado acima, a contratação por intermédio dessa forma negocial, aumenta a duração do vínculo empregatício e, por via de consequência, diminui o impacto financeiro com as rescisões contratuais, não só pela redução da quantidade de extinções contratuais, mas também pelo rateio do seu custo entre todos consorciados.

Ainda, quanto aos benéficos que o consórcio de empregadores proporciona aos empregadores, pode-se apresentar a "desburocratização de registros trabalhistas e previdenciários dos empregados comuns" e a "redução dos encargos sociais e tributários".

A redução das contribuições previdenciárias e tributárias, ainda, não foi verificada no âmbito urbano, mas desde já se impõe.

Esse benefício incentivaria a implementação imediata do consórcio de empregadores nas grandes cidades, como sustentado por Adriana Estigara:

> A viabilização do consórcio de empregadores no contexto urbano, todavia, dependeria de uma redução da alíquota da contribuição previdenciária — cota empregador, a fim de estimular empregadores a, por intermédio dele, contratar, tal como ocorre no âmbito rural, em que os produtores rurais unidos em consórcio são considerados pessoas físicas para efeitos previdenciários, recolhendo tal tributo mediante alíquota inferior àquela que seria devida por uma empresa[468].

É necessário consignar que, com a diminuição da carga tributária e da alíquota da contribuição previdenciária, pagas pelos consorciados, não "se estará abrindo mão de uma receita, mas, ao contrário, estar-se-á criando novas fontes, posto que pode trazer para a formalidade milhares de trabalhadores, ao mesmo tempo que fomentará a iniciativa privada"[469].

Ademais, o tratamento diferenciado no âmbito tributário e previdenciário pretendido pelos consorciados coaduna-se com os princípios que regem estes ramos jurídicos, configurando-se como mais um fundamento para a sua aplicação imediata no âmbito urbano.

---

(468) ESTIGARA, Adriana. A viabilidade do pacto da solidariedade no âmbito urbano. Disponível em:<http://sisnet.adu-aneiras.com.br/lex/doutrinas/arquivos/210207.pdf>. Acesso em: 13.4.2007. Alan Pereira de Araujo, ao discorrer sobre o consórcio simplificado de produtores rurais, demonstra seguir o mesmo posicionamento da autora supramencionada (ARAÚJO, Alan Pereira de. Breves anotações sobre o consórcio simplificado de produtores rurais. *Jus Navigandi*, Teresina, ano 7, n. 66, jun. 2003. Disponível em: <http://jus2.uol.com.br/doutrina/texto.asp?id=4154>. Acesso em: 20 jul. 2007).

(469) Além de incentivar a contratação por intermédio do consórcio de empregadores, a redução dos encargos sociais e tributários aumentará a arrecadação estatal e contribuirá para o desenvolvimento do Brasil, como asseveram Adriana Estigara (ESTIGARA, Adriana. A viabilidade do pacto da solidariedade no âmbito urbano. Disponível em: <http://sisnet.aduaneiras.com.br/lex/doutrinas/arquivos/210207.pdf>. Acesso em: 13 abr. 2007) e João Cláudio Robusti (ROBUSTI, João Cláudio. O estrago da informalidade. Disponível em: <http://clipping.planejamento.gov.br/Noticias.asp?NOTCod=215452>. Acesso em: 13 abr. 2007.

De acordo com Adriana Estigara, os princípios tributários do bem comum[470], da equidade, da eficiência[471] e da capacidade retributiva, associados à função extrafiscal[472] dos tributos, autorizam o tratamento diferenciado do consórcio de empregadores, asseverando que:

> Assim, o tributo deixa de ser instrumento destinado apenas à obtenção de receita para o Estado, para realizar os princípios e objetivos constantes da Constituição Federal de 1988, de que já se falou, destinados à melhoria das condições de vida da população, à busca do pleno emprego, do fomento à iniciativa privada, tudo isto com a finalidade primacial de reforço à dignidade da pessoa humana. Face tais considerações não é difícil perceber que o abrandamento da tributação do consórcio de empregadores no contexto urbano trata-se de política pública destinada a realizar os valores constitucionais, compatíveis com as melhorias das condições socioeconômicas. Por meio da redução do tributo, o Estado promove política pública voltada à redução da informalidade no contexto do trabalho urbano, cujos benefícios são os vários já cotejados no presente[473].

Na seara previdenciária, o *"princípio da equidade na forma de participação no custeio"*[474] autoriza tratamento diferenciado para o consórcio de empregadores. Segundo Sérgio Pinto Martins, a referida norma é um desdobramento do princípio da equidade e do qual decorre a seguinte imposição:

> O trabalhador não pode contribuir da mesma maneira que a empresa, pois não tem as mesmas condições financeiras. Dever-se-ia, porém, estabelecer certas distinções também entre as empresas, pois é sabido que empresas maiores têm melhores condições de contribuir do que as microempresas. [...] A maior parte da receita da seguridade social virá, portanto, da empresa, que inclui no preço da mercadoria ou dos serviços prestados o custo da contribuição

---

(470) De acordo com Carlos Valder do Nascimento, o princípio do bem comum consiste no "somatório do esforço coletivo, alicerçado, fundamentalmente na base da solidariedade social, com um embrião formador do patrimônio comum destinado ao uso geral, é que constitui de modo inequívoco o Estado de bem-estar social ou do bem comum"(NASCIMENTO,Carlos Valder do. *Curso de direito tributário*. Rio de Janeiro: Forense, 1999. p. 67).

(471) De acordo com Adriana Estigara: "Somando-se ao princípio do bem-comum, tem-se os *princípios da equidade e da eficiência*, aquele diante do fato de que o objetivo do Direito Tributário é promover o desenvolvimento e este, com diz Carlos Valder do Nascimento, 'permitir que todos os contribuintes sejam tratados com igualdade no cumprimento de seus encargos de natureza fiscal'". ESTIGARA, Adriana. A viabilidade do pacto da solidariedade no âmbito urbano. Disponível em: <http://sisnet.aduaneiras.com.br/lex/doutrinas/arquivos/210207.pdf>. Acesso em: 13 abr. 2007.

(472) "O objetivo do tributo sempre foi de carrear recursos financeiros para Estado. No mundo moderno, todavia, tributo é largamente utilizado com objetivo de interferir na economia privada, estimulando atividades, setores econômicos ou regiões, desestimulando o consumo de certos bens e produzindo, finalmente, os efeitos mais diversos na economia. A esta função moderna do tributo se denomina função extrafiscal."(MACHADO, Hugo de Brito. *Curso de direito tributário*. 25. ed. São Paulo: Malheiros, 2004. p. 79).

(473) ESTIGARA, Adriana. A viabilidade do pacto da solidariedade no âmbito urbano. Disponível em: <http://sisnet.aduaneiras.com.br/lex/doutrinas/arquivos/210207.pdf>. Acesso em: 13 abr. 2007.

(474) ESTIGARA, Adriana. A viabilidade do pacto da solidariedade no âmbito urbano. Disponível em: <http://sisnet.aduaneiras.com.br/lex/doutrinas/arquivos/210207.pdf>. Acesso em: 13 abr. 2007.

previdenciária. Em última análise, quem vai pagar ou custear a seguridade social é o consumidor.[475]

Nesse sentido, assevera Marcelo Leonardo Tavares:

> Em relação às empresas, algumas podem arcar com o pagamento maior de contribuição, **dependendo do exercício da atividade econômica ou da utilização intensiva de mão de obra (art.195, § 9º), o que pode servir como estímulo para o desenvolvimento de determinados setores da economia e para equilibrar a relação de lucro da atividade com a capacidade de geração de empregos**. Outra previsão legislativa de cumprimento desse objetivo é a forma de pagamento diferenciada de tributos por micro e pequenas empresas, que reduz a imposição de carga tributária (Lei n. 9.137/96).[476] (grifos do autor)

Assim, conclui-se que o abrandamento da carga tributária é um dos benefícios do consórcio de empregadores urbanos que, apesar de ainda não visualizado, é indispensável em face da necessidade de harmonização com os princípios tributários e previdenciários.

Mesmo sendo uma invenção dos produtores rurais, o consórcio de empregadores é extremamente benéfico para os trabalhadores, em especial, para os obreiros urbanos.

Como afirmado anteriormente, essa figura jurídica emerge do fenômeno da *flexissegurança*, o qual concilia a flexibilidade e a segurança nas relações laborais. Consegue harmonizar os interesses de empregadores e empregados, formalizando as relações de trabalho e criando novos postos de emprego.

A adoção do consórcio de empregadores nas metrópoles promove a criação de novos postos de trabalho digno. Os trabalhadores, antes desempregados ou laborando na informalidade, passam a fazer parte de uma relação de emprego, com toda proteção a ela inerente.

A formalização[477] das relações trabalhistas garante aos obreiros direitos laborais mínimos existenciais, permitindo-lhes a inserção na sociedade. Da mesma forma, destaca Daniel Botelho que uma vantagens deste instituto é:

> [...] a formalização do contrato de trabalho. Com isso, trabalhadores que antes trabalhavam, em sua grande maioria, na informalidade, agora têm garantidos todos os direitos trabalhistas, tais como: piso salarial, férias, 13º salário, repouso semanal remunerado, FGTS, respeito à Convenção e/ou Acordo Coletivo de Trabalho. Uma terceira mudança é a questão da inclusão social destes

---

(475) MARTINS, Sérgio Pinto. *Direito da seguridade social*. Custei da seguridade social. Benefícios — Acidente do trabalho — assistência social saúde. 18. ed. São Paulo: Atlas, 2002. p. 79.

(476) TAVARES, Marcelo Leonardo. *Direito previdenciário*. São Paulo: Impetus, 2006. p. 145.

(477) A formalização da relação do emprego garante mais que direitos mínimos trabalhistas. Eleva a autoestima do trabalhador. A assinatura da carteira de trabalho, apesar de ser uma obrigação, é motivo de orgulho e facilitador da realização de simples ações, como, por exemplo, a compra a prazo. A relevância da formalização da relação de trabalho, fruto do consórcio de empregadores, pode ser percebida pelos depoimentos dos trabalhados na entrevista exibida pelo Globo Rural.

trabalhadores que, tendo um contrato de trabalho devidamente formalizado e sendo respeitados os seus direitos trabalhistas e sociais, passam a se sentir parte integrante da sociedade, como verdadeiros cidadãos[478].

Ademais, a formalização das relações de trabalho atribui ao empregado a qualidade de segurado da previdência social, agasalhando-lhe na ocorrência de infortúnios.

Não se olvida que ao trabalhador informal pode ser atribuída a qualidade de segurando da previdência social, desde que eles cumpram os requisitos estabelecidos na legislação previdenciária. No entanto, percebe-se que isso não ocorre com frequência, uma vez que esses obreiros acabam não contribuindo para o INSS.

Vale ressaltar que a contratação de empregados por intermédio do consórcio de empregadores urbanos não evita o acontecimento de infortúnios, mas diminui a possibilidade da sua ocorrência, já que, com o rateio dos custos operacionais, torna-se mais fácil o cumprimento das obrigações trabalhistas relativas à medicina de segurança do trabalho.

Outra vantagem que pode ser apresentada é a maior durabilidade dos contratos de trabalho. Profissionais que eram contratados para prestar serviços por um curto período, passam agora a prestá-los para uma pluralidade de empregadores, simultânea ou sucessivamente, viabilizando a realização do princípio da continuidade da relação de emprego.

O princípio da continuidade consiste na orientação das normas trabalhistas em emprestar ao contrato individual de emprego a maior duração possível, uma vez que, quanto mais duradoura for a relação de emprego, maior será o equilíbrio pessoal e familiar do empregado.

A maior durabilidade da relação empregatícia provoca "três correntes de repercussões favoráveis ao empregado envolvido". A primeira delas reside na "tendência à elevação dos direitos trabalhistas"[479]. A segunda consiste no "investimento educacional e profissional"[480] realizado no empregado. Já a terceira "situa-se na afirmação social do indivíduo favorecido"[481] pela permanência do contrato.

---

(478) RABELO, Daniel Botelho. Consórcio de empregadores – contraponto jurídico à desarticulação do direito do trabalho. *In:* José Roberto Freire Pimenta *et al.* (Coords). *Direito do trabalho — evolução, crise, perspectivas.* São Paulo: LTr, 2004. p. 329.

(479) "[...] seja pelo avanço da legislação ou da negociação coletiva, seja pelas conquistas especificadamente contratuais alcançadas pelo empregador em vista de promoções recebidas ou vantagens agregadas ao desenvolvimento de seu tempo de serviço no contrato." (DELGADO, Mauricio Godinho. *Curso de direito do trabalho.* São Paulo: LTr, 2004. p. 209).

(480) "[...] Quanto mais elevado o montante pago à força de trabalho (e essa elevação tende a resultar, ao lado de outros aspectos, da duração do contrato e conquistas dela decorrentes), mais o empresário ver-se-á estimulado a investir na educação e aperfeiçoamento profissional do obreiro, como fórmula para elevar sua produtividade e compensar o custo trabalhista percebido. Esse investimento na formação do indivíduo cumpre a fundamental faceta do papel social da propriedade e da função educativa dos vínculos de labor, potencializando, individual e socialmente, o ser humano que trabalha." (DELGADO, Mauricio Godinho. *Curso de Direito do Trabalho.* São Paulo: LTr, 2004. p. 209).

(481) "A terceira corrente de repercussões favoráveis da longa continuidade da relação de emprego situa-se na afirmação social do indivíduo favorecido por esse longo contrato. Aquele que vive apenas de seu trabalho tem neste, e na

Em face da maior durabilidade das relações trabalhistas, Otavio Calvet chega apontar, como benefício dessa forma negocial, a "eliminação de trabalho eventual"[482]. Acredita-se, no entanto, que a afirmação da eliminação do trabalho eventual é um pouco exagerada. A utilização do consórcio de empregadores reduz, mas não elimina o trabalho precário no âmbito urbano, dentre os quais o trabalho eventual é uma das espécies.

Aduz, ainda, que o uso do consórcio no meio urbano permite a criação de similitude de condições de trabalho "entre trabalhadores que antes laboravam de forma esparsa, fortalecendo, ainda que timidamente num primeiro momento, a coalizão de trabalhadores que, no futuro, poderão discutir de forma menos desigual com os seus empregadores"[483].

Com o resgate da representação de inúmeros trabalhadores que estavam excluídos do mercado formal ou desempregados, amplia-se o quadro de associados e, como consequência, fortalece-se a representatividade sindical, aumentando o poder de negociação coletiva direta com os empregadores consorciados, realizando, portanto, os princípios basilares do Direito Coletivo do Trabalho[484].

Ademais, a ampliação dos quadros de associados implica o crescimento global da arrecadação de contribuições sindicais, tanto de representados quanto de associados, mostrando ser um instituto vantajoso, também, para os sindicatos.

Outro benefício da aplicação do consórcio de empregadores é a possibilidade do empregado reclamar de qualquer um dos consorciados toda a dívida trabalhista, já que eles são solidariamente responsáveis. Aumenta, com isso, a probabilidade da quitação e cumprimento dos direitos laborais, garantindo à solvabilidade do crédito trabalhista, cumprindo assim a função social do contrato de trabalho e a boa-fé objetiva.

Vale consignar que as vantagens apresentadas até o momento não se restringem aos sujeitos que compõem a relação de emprego. Seus reflexos atingem de forma positiva os entes estatais.

Além de aumentar a arrecadação tributária e de contribuir para a pacificação social, ao retirar da informalidade inúmeros trabalhadores, o consórcio de empregadores favorece o desenvolvimento econômico da região.

---

renda dele decorrente, um decisivo instrumento de sua firmação no plano da sociedade. Se está submetido a contrato precário, provisório, de curta duração (ou se está desempregado), fica sem o lastro econômico e jurídico necessário para se impor no plano de suas demais relações econômicas na sociedade"(DELGADO, Mauricio Godinho. *Curso de direito do trabalho*. São Paulo: LTr, 2004. p. 209-210).

(482) CALVET, Otávio Amaral. *Consórcio de Empregadores urbanos:* uma realidade possível: redução dos custos e do desemprego. São Paulo: LTr, 2002. p. 35.

(483) CALVET, Otávio Amaral. *Consórcio de empregadores urbanos:* uma realidade possível: redução dos custos e do desemprego. São Paulo: LTr, 2002. p. 35.

(484) De acordo com Mauricio Godinho Delgado, os princípios do Direito Coletivo do Trabalho podem ser classificados em três grandes grupos. 1) princípios assecuratórios da existência do ser coletivo segundo a matéria e objetivo enfocados: a) princípio da liberdade associativa e sindical; b) princípio da autonomia sindical. 2) Princípios regentes das relações entre os seres coletivos trabalhistas: a) princípio da interveniência sindical na normatização coletiva, b) princípio da equivalência dos contratantes coletivos, c) princípio da lealdade e transparência na negociação coletiva. 3) Princípios regentes das relações entre normas coletivas negociadas e normas estatais; a) princípio da criatividade jurídica da negociação coletiva, b) princípio da adequação setorial negociada (DELGADO, Mauricio Godinho. *Curso de direito do trabalho*. São Paulo: LTr, 2004. p. 1.301-1.321). O consórcio de empregadores urbanos corrobora com a realização, principalmente, dos dois primeiros grupos de princípios.

Como explica Otavio Calvet, "incentiva a realização de parcerias entre as diversas empresas para, num local contíguo, desenvolverem verdadeiro polo econômico, tal como, se verifica em centros comerciais"[485].

O INSS e o MPT, assim como outros órgãos de fiscalização, v.g., DRT's[486], também são beneficiados. Para o INSS, por exemplo, a adoção do consórcio no meio urbano traz como consequências: i) o aumento global de arrecadação previdenciária pela formalização de contratos de trabalho; ii) a possibilidade de responsabilizar solidariamente os empregadores pelo não recolhimento das contribuições previdenciárias; iii) facilita a realização da fiscalização previdenciária, pois além de concentrar-se em apenas um nome coletivo, a documentação, normalmente, está reunida em um único espaço físico.

Da mesma forma, o MPT tem o cumprimento das suas funções e o atendimento das suas principais metas[487] facilitados com uso dessa forma negocial. Não só porque o consórcio de empregadores já garante os direitos sociais constitucionais[488], mas, também, por permitir que se realize a fiscalização e se combata as ilegalidades de forma mais simplificada, uma vez que os empregadores não estarão pulverizados na sociedade.

Como se percebe, além da viabilidade da aplicação imediata do consórcio de empregadores no meio urbano, ele pode trazer inúmeros benefícios para a sociedade como

---

(485) CALVET, Otávio Amaral. *Consórcio de empregadores urbanos:* uma realidade possível: redução dos custos e do desemprego. São Paulo: LTr, 2002. p. 35.

(486) Mário Campos de Oliveira Júnior e Sérgio Roberto Giatti, em seu artigo sobre o condomínio de empregadores, reafirmam a importância desse instituto para o Ministério do Trabalho e Emprego: "A nova modalidade de contratação de trabalhadores [...], aqui proposta, tem tido o apoio irrestrito do Ministério do Trabalho e Emprego que elegeu o combate a informalidade [...], como uma das suas prioridades para o ano em curso. Temos, inclusive, difundido, implantado, e acompanhado, mediante solicitação da Secretaria de Inspeção do Trabalho, do Ministério do Trabalho e Emprego, o modelo alternativo de contratação aqui tratado [...]" (OLIVEIRA JÚNIOR, Mário Campos de; RODRIGUES, Sérgio Roberto Giatti. Condomínio de empregadores: registro de empregados, em nome coletivo de empregadores, sem intermediação. Um novo modelo de contratação no meio rural. *Jus Navigandi*, Teresina, ano 4, n. 45, set. 2000. Disponível em: <http://www1.jus.com.br/doutrina/texto.asp?id=1196>. Acesso em: 15 abr. 2005). Coadunando com o disposto na Portaria n. 1.964/99 do referido órgão.

(487) Conforme Carlos Henrique Bezerra Leite, "O MPT tem priorizado cinco áreas de atuação institucional: a) erradicação do trabalho infantil e regularização do trabalho do adolescente [...]; b) combate a todas as formas de discriminação no trabalho, em especial as de raça e gênero, sendo também implementada a inserção da pessoa portadora de deficiência no mercado de trabalho; c) erradicação do trabalho escravo ou forçado e regularização do trabalho indígena; d) regularização das relações de trabalho, através de audiências públicas que visam orientar a sociedade e os administradores públicos para inúmeras temáticas, como o verdadeiro cooperativismo e a exigência constitucional do concurso público; e) defesa do meio ambiente do trabalho, mormente na área da segurança e medicina do trabalho" (LEITE, Carlos Henrique Bezerra. *Ministério Público do Trabalho:* doutrina, jurisprudência e prática. São Paulo: LTr, 2002. p. 135).

(488) Rodolfo Pamplona Filho questiona: "O que Ministério Público do Trabalho pode fazer contra o desemprego?". (PAMPLONA FILHO, Rodolfo. Tutela coletiva e desemprego: o que o Ministério Público do Trabalho pode fazer contra o desemprego? *Temas atuais de direito civil & direito do trabalho*. 2. ed. Belo Horizonte: Leiditathi, 2006. p. 136). O fomento e a defesa da aplicação do consórcio de empregadores no âmbito urbano, poderia ser umas das respostas a esta indagação, pois com a adoção desse instituto, estaria viabilizando a busca pelo pleno emprego (art. 170, VIII, da CF/88), valorizando o trabalho humano (art. 170, *caput*, da CF/88); incrementando o valor social do trabalho (art. 1º da CF/88) e o bem-estar e a justiça social (art. 193 da CF/88). Possui entendimento similar o ministro Vantuil Abdala, conforme notícia o *site* do TST em 15 ago. 2003.

um todo[489]. Os seus benefícios já foram comprovados no âmbito rural, não havendo razão para que não aconteça nas metrópoles.

4.3.3. Críticas à aplicação imediata

Dentro o universo de vantagens e elogios à aplicação do consórcio de empregadores no âmbito urbano, poucas críticas são colhidas. Todas elas, contornáveis.

Podem ser divididas em dois grupos. No primeiro, encontram-se os problemas relacionados à aplicação do consórcio, enquanto no segundo enquadram-se as supostas desvantagens da utilização desse negócio jurídico.

As encartadas no primeiro grupo partem do mesmo ponto: os problemas encontrados na adoção do consórcio de empregadores em face da diversidade de serviços prestados por um mesmo empregado ou da multiplicidade de locais onde esses serviços são realizados.

Esses problemas não estão atrelados a uma espécie especifica de consórcio de empregadores, mas sim ao seu gênero. Nesse sentido, vale consignar as dificuldades já vivenciadas no meio rural, para que, a partir das soluções encontradas no ambiente campesino, seja possível adaptá-las e utilizá-las no âmbito urbano.

Ao abordar o tema consórcio de empregadores rurais, Sérgio Pinto Martins pondera que:

> Haverá dificuldades na aplicação da norma coletiva, pois o empregado poderá trabalhar em diversas fazendas, em diversos Municípios. Existirão dúvidas

---

(489) Otavio Calvet expõe, em rol exemplificativo, os ganhos decorrentes da aplicação do consórcio de empregadores no meio urbano: "a) geração de postos de empregos formais com aumento de arrecadação para a previdência e fundos sociais; b) recebimento pelos trabalhadores da proteção inerente à relação de emprego, reduzindo as desigualdades sociais e aumentando o valor do trabalho humano, tão descuidado na atualidade; c) criação de similitude de condições de trabalho entre trabalhadores que antes laboravam de forma esparsa, fortalecendo, ainda que timidamente num primeiro momento, a coalizão de trabalhadores que, no futuro, poderão discutir de forma menos desigual com os seus empregadores; d) redução de custos para os empregadores, que poderão ratear as despesas com os empregados e utilizá-los de acordo com a sua estrita necessidade, otimizando o tempo de serviço dos obreiros e auferindo, com isso, maior rentabilidade; e) diminuição do impacto financeiro em rescisões contratuais, que seriam diluídas entre os diversos integrantes do consórcio; f) redução dos custos com o cumprimento das normas de higiene e segurança no trabalho, com o rateio de equipamentos de proteção individual; g) otimização da gestão da mão de obra, podendo o consórcio criar um órgão incumbido tão somente da contratação, fiscalização e gerenciamento dos empregados, eliminando muitas vezes o custo de terceirizações e mantendo o mesmo conceito básico de descentralização que informa a moderna estrutura empresarial, gerando mais postos de emprego para as pessoas envolvidas com tal gestão; h) incentivo à realização de parcerias entre as diversas empresas para, num local contíguo, desenvolverem verdadeiro polo econômico, tal como se verifica em centros comerciais, sem a necessidade de que haja co-propriedade de estabelecimentos; i) eliminação de trabalho eventual com incremento de contratações duradouras com os empregados, já que, no período de tempo em que os empregadores não utilizar a mão de obra, esta estará sendo utilizadas por outro dos patrões; j) possibilidade do empregado responsabilizar mais de uma empresa para a cobrança de seu crédito trabalhista (em determinados casos a serem examinados); k) aumento das categorias de trabalhadores, com possibilidade de proporcional aumento de números de associados de sindicatos e, em consequência, fortalecimento do movimento sindical, seja pela participação, seja pela maior arrecadação" (CALVET, Otávio Amaral. *Consórcio de empregadores urbanos*: uma realidade possível: redução dos custos e do desemprego. São Paulo: LTr, 2002. p. 35-36). Amauri Mascaro Nascimento reitera alguns dos benefícios supracitados: "Há vantagem no consórcio: 1) a formalização dos vínculos de trabalho; 2) a maior proteção do trabalhador; 3) a continuidade da relação de trabalho quando contratada sob a forma de emprego; 4) a garantia dos mesmos direitos trabalhistas previstos pela legislação para o empregado" (NASCIMENTO, Amauri Mascaro. *Curso de direito do trabalho*. 20. ed. São Paulo: Saraiva, 2005. p. 634).

quanto aos recebimentos das contribuições aos recolhimentos das contribuições sindicais, assistencial e confederativa, em razão do mesmo motivo[490].

Da mesma forma, assevera Nelson Mannrich que:

> A dificuldade maior refere-se à base de atuação do sindicato. Ou seja, quando a execução do contrato abranger mais de uma base territorial, pode haver dúvidas quanto ao sindicato a que os trabalhadores vão se filiar, principalmente para efeito de contribuição sindical e qual o instrumento normativo aplicável[491].

O consórcio de empregadores, ao ser utilizado nos grandes centros urbanos, sofrerá os mesmos problemas prenunciados por Nelson Mannrich e Sérgio Pinto Martins. Essa espécie de consórcio pode ser formada por empregadores que possuam estabelecimentos comerciais localizados em municípios distintos, não compreendidos na mesma região metropolitana, o que levaria os empregados contratados por este consórcio a laborar em cidades distintas.

A dificuldade quanto ao custeio sindical encontra resposta na negociação coletiva. Conforme Nelson Mannrich, "para enfrentar tais dificuldades, caberia aos diversos sindicatos envolvidos introduzir cláusulas com objetivo de apresentar soluções adequadas, principalmente por meio das respectivas federações"[492].

Portanto, o consórcio de empregadores urbanos e os sindicatos da categoria profissional que tenham base territorial nos municípios onde se localizam as empresas integrantes do consórcio, mediante acordo coletivo, poderiam estabelecer cláusulas de destinação das variadas contribuições sindicais, distribuindo a cada sindicato a receita de um determinado número de empregados do consórcio proporcional ao número de entes em sua base territorial[493].

Esta seria a solução mais simples, mas não a única. É possível, também, por intermédio de negociação coletiva, formar um fundo comum entre os sindicatos onde seriam depositadas as contribuições, com destinação atrelada ao número de trabalhadores residentes na base territorial de cada entidade[494].

Caso não seja possível alcançar uma solução negociada, que seria mais adequada — já que diminuiria a probabilidade de conflitos futuros, com redução de gastos públicos e desafogando o judiciário trabalhista —, os consórcios poderiam socorrer-se do pagamento em consignação e da declaração judicial[495].

Quanto à aplicação das normas coletivas, o consórcio de empregadores urbanos e os entes sindicais da categoria profissional que tenham base territorial nos municípios

---

(490) MARTINS, Sérgio Pinto. Consórcio de empregadores rurais. *Suplemento de Legislação, Jurisprudência e Doutrina*, São Paulo, n. 4/2000, p. 5-8, abr. 2000.

(491) MANNRICH, Nelson. Consórcio de empregadores rurais. *Repertório IOB de jurisprudência*, São Paulo, n. 20/2000, p. 394, out. 2000.

(492) MANNRICH, Nelson. Consórcio de empregadores rurais. *Repertório IOB de Jurisprudência*, São Paulo, n. 20/2000, p. 394, out. 2000.

(493) MAZUR, Mauricio. *Consórcio de empregadores rurais.* Curitiba: Juruá, 2002. p. 55.

(494) MAZUR, Mauricio. *Consórcio de empregadores rurais.* Curitiba: Juruá, 2002. p. 55.

(495) MAZUR, Mauricio. *Consórcio de empregadores rurais.* Curitiba: Juruá, 2002. p. 55.

onde se localizam as empresas integrantes do consórcio, mediante acordo coletivo podem solucionar essa questão. Isso não acorrendo, deve ser aplicada a norma coletiva mais benéfica[496].

Outra questão controvertida, apresentada por Nelson Mannrich[497], refere-se à competência para propor reclamação trabalhista contra o consórcio, quando o reclamante laborar em municípios distintos.

Essa controvérsia pode ser resolvida com a aplicação do art. 651 da CLT, o qual dispõe que:

> Art. 651 – A competência das Juntas de Conciliação e Julgamento é determinada pela localidade onde o empregado, reclamante ou reclamado, prestar serviços ao empregador, ainda que tenha sido contratado noutro local ou no estrangeiro.

Com intuito de facilitar o acesso ao Judiciário, a colheita e produção das provas e os demais atos processuais, adotou-se o critério do local da prestação do serviço como regra geral para estabelecer a competência territorial na Justiça do Trabalho.

No entanto, quando o empregado prestar serviços em locais diversos, duas posições se formam. Se o labor prestado não for simultâneo, a solução que tem prevalecido na jurisprudência, conforme Valton Pessoa[498], é de que o foro competente seria o último local da prestação do serviço. Assim, se o empregado, contratado em Salvador, presta serviço por três meses sucessivamente em Camaçari, Ilhéus e Aracaju, a ação deve ser ajuizada na capital de sergipana.

Sustenta Carlos Henrique Bezerra Leite no mesmo sentido:

> Caso o empregado tenha trabalhado em diversos estabelecimentos em locais diferentes, a competência territorial da Vara do Trabalho deve ser fixada em

---

(496) Existem três teorias centrais que se destacam no intento de encontrar a norma coletiva mais benéfica: teoria da acumulação ou da atomização, teoria do conglobamento e teoria do conglobamento por instituto. "A primeira (teoria da acumulação) implica extrair de cada uma das fontes, objeto de comparação, as disposições mais favoráveis ao empregado, e, reunidos esses 'retalhos' serão aplicados ao caso concreto. A teoria da acumulação sofre inúmeras críticas, entre as quais a de que transforma o juiz em legislador (Mario Pasco), pois a norma que aplica não existe, foi criada destruindo a harmonia interna das normas comparadas. A segunda teoria é a do conglobamento, segundo a qual devem-se comparar as fontes e aplicar a que, no seu conjunto, for mais favorável ao empregado, excluindo-se as demais. Essa teoria, contrariamente à anterior, não 'atomiza' ou 'despedaça' as fontes objeto de confronto, entretanto, possui a desvantagem de conduzir ao subjetivismo do juiz quando da comparação das normas, para aferir qual é a mais vantajosa, em face da heterogeneidade que existe entre elas (Campos Ruiz, Alonso Olea e Antonio Ojeda Ovilés). Finalmente, a teoria do conglobamento por instituto, conglobamento orgânico ou conglobamento mitigado, segundo o qual o objeto da comparação extrai-se do conjunto de normas que se referem a um mesmo instituto, como por exemplo, o regime de férias, de despedida (Deveali). Considerando que cada instituto do Direito do Trabalho possui um regime unitário, não há como aplicá-lo parcialmente. Logo, a norma aplicada será um todo infindável, porém, só a respeito de um instituto de cada instituto.[...]" (BARROS, Alice Monteiro de. *Curso de direito do trabalho*. São Paulo: LTr, 2005. p. 123). Acredita-se que, na situação em tela, a teoria mais adequada é a do conglobamento por instituto.

(497) MANNRICH, Nelson. Consórcio de empregadores rurais. *Repertório IOB de Jurisprudência*, São Paulo, n. 20/2000, p. 394, out. 2000. Também, consigna tal controvércia Dárcio Guimarães de Andrade (ANDRADE, Dárcio Guimarães de. Consórcio de empregadores rurais – uma nova modalidade de contratação pode ser uma alternativa viável no combate à informalidade das relações trabalhistas entre produtores e trabalhadores rurais. *Revista Jurídica Consulex*, São Paulo, ano V, n. 111, p. 11-12, 31 ago. 2001).

(498) PESSOA, Valton. *Manual de processo do trabalho*. Salvador: JusPodivm, 2007. p. 69.

razão do derradeiro lugar da execução do contrato, e não de cada local dos estabelecimentos da empresa no qual tenha prestado serviços[499].

Todavia, quando o labor for prestado em locais diversos simultaneamente, o obreiro, com base no *caput* da norma supracitada, pode escolher onde a ação trabalhista será proposta. Em qualquer um dos municípios nos quais tenha laborado, poderá ajuizar a reclamação trabalhista.[500] Maurício Mazur assevera que:

> [...] a regra geral não está limitada pela singularidade do local da prestação de serviço. Ademais, as normas de competência em razão do lugar no processo do trabalho devem ser interpretadas em favor do trabalhador, em regra o reclamante, porque são concebidas para facilitar seu acesso à Justiça[501].

Corroborando o entendimento de Maurício Mazur e Sergio Pinto Martins, Valton Pessoa argumenta que, sendo lacunoso o art. 651, *caput*, da CLT, não regulando expressamente as hipóteses em que o empregado presta serviço em mais de uma lugar, ela deve ser interpretada em favor do empregado:

> [...] Se a norma é lacunosa, a melhor forma de interpretá-la é em favor do empregado, aplicando-se, neste caso, o princípio da proteção, que, mesmo com as ressalvas apresentadas, também se aplica no processo do trabalho. Esse é o entendimento compartilhado pela jurisprudência [...][502].

Portanto, por exemplo, quando o empregado trabalhar em Camaçari nas segundas e quartas feiras, em Salvador nas terças e quintas feiras, e em Valença na sexta feira, o empregado poderá propor a reclamatória trabalhista em qualquer uma dessas cidades.

É necessário consignar que a regra geral da competência territorial fixada em função do local da prestação do serviço comporta algumas exceções. Uma delas ocorre quando for parte na ação trabalhista o empregado agente ou viajante, estabelecida no § 1º do art. 651 da CLT:

> § 1º Quando for parte no dissídio agente ou viajante comercial, a competência será da Junta da localidade em que a empresa tenha agência ou filial e a esta o empregado esteja subordinado e, na falta, será competente a Junta da localização em que o empregado tenha domicílio ou a localidade mais próxima.

Parte da doutrina equipara o empregado do consórcio de empregadores ao agente ou viajante comercial, dada a sua movimentação na prestação do serviço entre diversas cidades.

Afirma Amauri Mascaro Nascimento que o foro competente seria o local da sede do consórcio. Não existindo sede ou não sendo possível determinar a quem o empregado

---

(499) LEITE, Carlos Henrique Bezerra. *Curso de direito processual do trabalho*. 2. ed. São Paulo: LTr, 2004. p. 161. Carlos Henrique Bezerra Leite emite a referida opinião sem justificar e fundamentar como chegou a tal entendimento.

(500) Nesse mesmo sentido, Sergio Pinto Martins (MARTINS, Sérgio Pinto. Consórcio de empregadores rurais. *Suplemento de Legislação, Jurisprudência e Doutrina*, São Paulo, n. 4/2000, p. 5-8, abr. 2000).

(501) MAZUR, Mauricio. *Consórcio de empregadores rurais*. Curitiba: Juruá, 2002. p. 56.

(502) PESSOA, Valton. *Manual de processo do trabalho*. Salvador: JusPodivm, 2007. p. 69.

está subordinado, a vara trabalhista competente seria a do domicílio do empregado ou da cidade mais próxima[503].

Já para Nelson Mannrich deve-se aplicar o § 3º do art. 651 da CLT, "cabendo ao empregado apresentar eventual reclamação no foro da celebração do contrato ou no da prestação dos serviços"[504].

Independentemente da posição adotada, em face da natureza relativa da competência territorial, a ação ajuizada em foro incompetente poderá ser prorrogada se a parte a quem ela aproveita não manifestar oportunamente o seu inconformismo, mediante exceção de incompetência. Caso seja declarada a incompetência territorial, o processo continua tramitando na Justiça do Trabalho. O magistrado apenas remeterá os autos do processo à Vara que entender competente, sem prejuízo para nenhuma das partes nem para o processo, enaltecendo os princípios da economia e celeridade processual[505].

No segundo grupo de críticas, enquadram-se as supostas desvantagens da utilização desse negócio jurídico.

A primeira delas é a alegação de que o consórcio de empregadores reduziria postos de trabalho, pois a mão de obra compartilhada entre as diversas pessoas componentes do consórcio impediria a geração de novos empregos, ainda que informais.

É uma afirmação plausível, no entanto, não foi essa a consequência que se verificou no âmbito rural, não existindo motivo para que outro efeito seja sentido no meio urbano. A grande parte dos empregadores que se consorciam não possui a capacidade econômica ou o interesse de contratar empregados de forma individualizada. Apenas realizam contratações de empregados pelos benéficos que o consórcio de empregadores lhes oferece.

A adoção do consórcio de empregadores no âmbito urbano não impedirá a geração de novos empregos, pelo contrário, gerará diversos postos de trabalho digno. A não utilização dessa forma negocial implicará na sua substituição por cooperativas fraudulentas ou terceirizações ilícitas, como vem ocorrendo nas grandes cidades.

---

(503) A regra, na Justiça do Trabalho, é a competência fixada em razão do local da prestação de serviços. Ora, os serviços serão prestados perante jurisdições diferentes. Enfrentaríamos uma geografia judicial complicada, a menos que o consórcio tenha uma sede e a lei disponha que a competência será fixada pelo domicílio do empregador (NASCIMENTO, Amauri Mascaro. *Curso de direito do trabalho*. 20. ed. São Paulo: Saraiva, 2005. p. 635).

(504) MANNRICH, Nelson. Consórcio de empregadores rurais. *Repertório IOB de Jurisprudência*, São Paulo, n. 20/2000, p. 394, out. 2000.

(505) "INCOMPETÊNCIA *EX RATIONE LOCI* — PREJUIZO NÃO DEMONSTRADO — NULIDADE NÃO DECRETADA [...] Embora a interpretação da referida norma induza a inelutável conclusão pela nulidade doa atos processuais praticados, quando ajuizada a reclamação no foro da celebração do contrato, os princípios da economia e celeridade processual, que informam o Processo do Trabalho, autorizam a manutenção da sentença proferida por juiz relativamente incompetente quando não for constatado manifesto prejuízo à parte que arguiu a nulidade, em face da aplicação do disposto no art. 794 da CLT. Com efeito, em se tratando de incompetência relativa, e não tendo sido demonstrada a existência de qualquer prejuízo ao Reclamado, porque ouvidas as testemunhas por carta precatória, impõe-se a manutenção do julgado recorrido, evitando-se, assim, o desperdício de recursos materiais e humanos para a repetição desnecessária de atos processuais que a declaração de nulidade ocasionaria [...]." (TST – RR 655792 – 4ª T. – Rel. Min. Ives Gandra Martins Filho – *DJU* 9.3.2001 – p. 606).

Aduz Mascaro Nascimento, como deficiência do consórcio de empregadores urbanos, a possibilidade de sua utilização como instrumento fraudatório. Conforme o referido doutrinador:

> [...] ninguém pode assegurar que o consórcio não pratica fraudes, talvez as mesmas das cooperativas, para burlar os direitos dos trabalhadores. A fraude não depende do tipo de tomador de serviço, mas da sua disposição de usar a lei de modo abusivo. O consórcio não é uma exceção[506].

Complementa Mauro Schiavi que:

> Também o consórcio poderá ser utilizado como simples fachada, formado por tomadores sem patrimônio e se furtar, principalmente, na execução, do cumprimento das sentenças trabalhistas. Poderíamos também ter problemas em saber qual o real empregador, pois todos os tomadores, principalmente se o consórcio for informal, poderiam negar a relação de emprego e, muitas vezes, tornar muito difícil saber quem é, efetivamente, o real empregador. Também o consórcio poderia realizar inúmeros contratos por prazo determinado, sendo cada contrato registrado em face de um tomador diferente componente do consórcio[507].

Não resta dúvida de que o consórcio de empregadores urbanos não está a salvo das mentes doentias dos fraudadores. Os institutos trabalhistas estão sujeitos a ser usados como mecanismo para burlar os direitos laborais.

Entretanto, a possibilidade de desvirtuamento deles não pode servir de argumento para negar a sua aplicação. A adoção do consórcio de empregadores nas metrópoles possui como escopo justamente o oposto, ou seja, evitar a ilicitude e precarização dos direitos trabalhistas.

Para isso, deve existir uma forte fiscalização do trabalho realizado pelo MPT, INSS, e pelos DRTs. Os ilícitos não evitados pela fiscalização devem ser combatidos pelo magistrado, o qual utilizará os princípios trabalhistas e o art. 9º da CLT para garantir os direitos laborais dos empregados do consórcio.

Acredita-se, portanto, que os riscos mencionados por Amauri Mascaro Nascimento e Mauro Schiavi não são inerentes à figura do consórcio, mas sim da própria relação jurídica de emprego, a qual já possui um arcabouço protetivo apto a solucionar tais problemas.

Há, ainda, quem afirme que a aplicação imediata do consórcio no âmbito urbano, sem normatização específica, diminuirá a garantia dos créditos trabalhista, em razão da ausência de regra e contrato fixando a responsabilidade solidária dos empregadores consorciados. A demonstração do equívoco da afirmação será realizada no tópico seguinte.

---

(506) NASCIMENTO, Amauri Mascaro. *Curso de direito do trabalho*. 20. ed. São Paulo: Saraiva, 2005. p. 634.

(507) SCHIAVI, Mauro. Consórcio de empregadores urbanos. Disponível em: <http://www.amatra2.org.br/artjuri2.asp?documento=57>. Acesso em: 2 mar. 2007.

Diante do exposto, entende-se que as críticas apresentadas à aplicação do consórcio de empregadores urbanos são inconsistentes, sendo contornáveis, como demonstrado.

4.3.4. Responsabilidade dos consorciados

Este tópico tem como finalidade demonstrar que, independentemente de lei ou contrato, cada consorciado é "responsável e/ou obrigado" pela totalidade da dívida trabalhista.

Para isso, adotam-se como premissas duas verificações doutrinárias expostas em itens anteriores. A primeira delas é a existência do princípio da solidariedade inerente à pluralidade de empregadores no polo passivo da relação de emprego. Já a segunda refere-se ao papel prescritivo dos princípios jurídicos e à eficácia dos direitos fundamentais.

Preliminarmente, é interessante distinguir débito (*debitum*) de responsabilidade (*obligatio*), uma vez que os fundamentos para se exigir o adimplemento total dos créditos laborais por parte do consorciado estão relacionados a cada uma dessas categorias jurídicas.

Conforme Orlando Gomes, a obrigação deve ser entendida como "um vínculo jurídico do qual uma pessoa fica adstrita a satisfazer uma prestação em proveito de outra"[508]. Por esse vínculo, uma pessoa é constrangida a dar, fazer ou não fazer[509] alguma coisa economicamente apreciável, em proveito de outrem.

A obrigação como um vínculo de natureza pessoal, entre devedor e credor, tem como objeto uma prestação ou uma contraprestação de natureza econômica. A obrigação, no entanto, compõe-se de dois elementos: o débito (*debitum*) e a responsabilidade (*obligatio*).

Enquanto o débito (*debitum*), também conhecido como obrigação primária, corresponde ao dever do sujeito passivo de satisfazer a prestação positiva ou negativa em benefício do credor, a responsabilidade (*obligatio*) refere-se à autorização, dada pela norma, ao credor não satisfeito, de acionar o devedor, alcançando seu patrimônio, que responderá pela prestação. Apesar de ordinariamente estarem atrelados, é possível a existência de *obligatio* sem *debitum* e vice-versa[510].

Portanto, pode-se afirmar que a obrigação trabalhista deve ser entendida, em seu sentido mais amplo, como a relação jurídica pessoal por meio da qual uma parte [devedor — empregador(es)] fica obrigada a cumprir, espontânea ou coativamente, uma

---

(508) GOMES, Orlando. *Obrigações*. 8. ed. Rio de Janeiro: Forense, 1988. p. 11.

(509) Classicamente, as obrigações podem ser classificadas em prestações *positivas* ou *negativas*. As *positivas* são subdivididas em obrigações *de fazer* e *de dar*, sendo que esta última pode ser de dar *coisa certa* ou *coisa incerta*. Já as negativas são as obrigações de *não fazer*.

(510) Ressaltam Rodolfo Pamplona Filho e Pablo Stolze que: "Em geral, toda obrigação descumprida permite a responsabilização patrimonial do devedor, não obstante existam obrigações sem responsabilidade (obrigações naturais – *obligatio* sem *debitum*), como as dívidas de jogo e pretensões prescritas. Por outro lado, poderá haver responsabilidade sem obrigação (*obligatio* sem *debitum*), a exemplo do que ocorre com o fiador, que poderá ser responsabilizado pelo inadimplemento de devedor, sem que a obrigação seja sua".GAGLIANO, Pablo Stolze; PAMPLONA FILHO, Rodolfo. *Novo curso de direito civil:* obrigações. 7. ed. São Paulo: Saraiva, 2006. v. II, p. 10.

prestação patrimonial (adimplir os créditos laborais) em proveito da outra (credor – empregado)[511].

É interessante consignar, antes de adentrar nas modalidades de obrigações, que as fontes das obrigações não se limitam à lei e aos contratos. Outros atos jurídicos também possuem essa natureza, tais como: negócios jurídicos, atos jurídicos não negociais e atos ilícitos. Acredita-se que, com base no paradigma pós-positivista, as obrigações também decorrem de princípios. Nesse sentido, os Códigos, elaborados no período positivista ou que possuírem influência desse paradigma, devem ser interpretados de forma evolutiva, lendo-se, nos seus dispositivos, *norma* no lugar do termo *lei*.

As obrigações são classificadas com base nos critérios subjetivo e objetivo. Considerando o elemento subjetivo (os sujeitos), as obrigações podem ser: fracionárias, conjuntas, disjuntivas e solidárias. Considerando o elemento objetivo (a prestação) — além da classificação básica, que também utiliza esse critério (prestações de dar, fazer e não fazer), podem apresentar-se nas seguintes modalidades especiais de obrigações: alternativas, facultativas, cumulativas, divisíveis e indivisíveis, líquidas e ilíquidas[512]. Para a análise da obrigação dos consorciados em face do empregado, limitar-se-á ao exame das obrigações solidárias, divisíveis e indivisíveis.

Na modalidade obrigações solidárias, a solidariedade pode ser ativa ou passiva. Na solidariedade ativa, cada credor tem o direito de cobrar a dívida na sua totalidade; já na passiva, cada devedor está obrigado a quitar a dívida por inteiro.

Apesar de ter entrado em vigor em 2003, o novo Código Civil foi elaborado sobre um paradigma positivista. Percebe-se a veracidade dessa afirmativa ao analisar o art. 265[513], que dispõe que a solidariedade nas obrigações decorre de *lei ou da vontade das partes*.

Acredita-se, no entanto, que, no âmbito trabalhista, a solidariedade pode derivar de princípio. Esse entendimento toma por base uma interpretação pós-positivista do art. 265 do CC/2002.

Tendo a solidariedade fundamento em norma (regra ou princípio) ou na vontade das partes, reforça-se o entendimento de que o princípio da solidariedade, regente das relações obrigacionais entre uma pluralidade de empregadores (consórcio de empregadores — devedores) e o empregado (credor), autorizaria a cobrança da dívida de qualquer um dos consorciados[514].

---

(511) A relação obrigacional é composta por três elementos fundamentais: 1) subjetivo ou pessoal: sujeito ativo (credor) e sujeito passivo (devedor); 2) objetivo ou material – a prestação; 3) ideal – imaterial ou espiritual – vínculo jurídico.

(512) GAGLIANO, Pablo Stolze; PAMPLONA FILHO, Rodolfo Pamplona. *Novo curso de Direito Civil*: obrigações. 7. ed. São Paulo: Saraiva, 2006. v. II, p. 10.

(513) Art. 265 do CC/2002: A solidariedade não se presume; resulta da lei ou da vontade das partes.

(514) Como asseverado, a norma solidariedade tem natureza de direito fundamental, garantindo a patamar civilizatório mínimo dos empregadores e solucionando o problema inevitável da concentração de empresas. Nesse sentido salienta Silvio Rodrigues: "[...] Sua garantia aumenta, indiscutivelmente, pois só deixará de receber a prestação inteira de todos os devedores solidários ficarem insolventes" (RODRIGUES, Silvio. *direito civil*: Parte geral das Obrigações. 30. ed. São Paulo: Saraiva, 2002. p. 65-66).

Outro argumento utilizado tem como fundamento a indivisibilidade da prestação laboral. Para expor esse argumento, faz-se necessário distinguir as obrigações divisíveis das indivisíveis[515].

As obrigações divisíveis são aquelas que admitem o cumprimento fracionado ou parcial da prestação; as indivisíveis, por sua vez, só podem ser cumpridas por inteiro. A indivisibilidade pode ser material, quando decorrer da natureza da prestação; legal, quando derivar de norma; convencional, quando tiver fundamento na vontade das partes; ou judicial, quando for proclamada pelos tribunais.

As principais obrigações da relação de emprego são, para o empregado, a prestação do labor de forma subordinada, pessoal, não eventual e onerosa; e para o(s) empregador(es), a contraprestação *in pecunia* ou em utilidades. A depender da forma como a energia laboral é despendida pelo empregado aos consorciados, a obrigação (prestação do serviço) pode classificada em divisível ou indivisível.

Assim, não sendo possível identificar para qual consorciado o empregado está prestando serviço, uma vez que o benefício é sentido por todos simultaneamente, afirmar-se-á que essa obrigação é indivisível por natureza e, por via de consequência, qualquer consorciado pode ser cobrado pela dívida toda[516]. São exemplos de prestação indivisível:

> [...] o trabalho do vigia de rua contratado por vários moradores de um mesmo bairro; o faxineiro que limpa o ambiente de uma loja *fast-food* que se situa no interior de uma lanchonete que se encontra em um posto de gasolina; o porteiro que atende em mesma portaria dois condomínios os com entrada comum etc.[517].

Nessas hipóteses, há uma multiplicidade de poderes empregatícios. Todos os consorciados detêm, ao mesmo tempo, os direitos inerentes à figura do empregador, não configurando uma pluralidade de relações de emprego. Essa impossibilidade decorre da própria natureza indivisível do labor prestado.

No entanto, quando for possível identificar para qual consorciado o empregado está laborando, estar-se-á diante de uma prestação divisível. São exemplos dessa prestação:

> [...] o trabalho prestado por um contador que parte da manhã labora para uma empresa A e, na parte da tarde, para a empresa B; o trabalho contratado usualmente no consórcio de empregadores rurais; o labor de profissional de

---

(515) De acordo com Maria Helena Diniz, [...] obrigação indivisível é aquela cuja prestação só pode ser cumprida por inteiro, não comportando sua cisão em várias obrigações parceladas distintas, por uma vez cumprida parcialmente a prestação, o credor não obtém nenhuma utilidade ou obtém a que não representa a parte exata da que resultaria do adimplemento integral. (DINIZ, Maria Helena. *Curso de direito civil brasileiro:* teoria geral das obrigações. 16. ed. São Paulo: Saraiva, 2002. p. 180).

(516) Este entendimento é possível com a aplicação do parágrafo único do art. 8º da CLT, combinado com o art. 259 do CC/2002 (Art. 259: Se, havendo dois ou mais devedores, a prestação não for divisível, cada um será obrigado pela dívida toda).

(517) CALVET, Otavio Amaral. *Consórcio de empregadores urbanos:* uma realidade possível: redução dos custos e do desemprego. São Paulo: LTr, 2002. p. 41.

propaganda para pequenas empresas que quinzenalmente (ou semanalmente) necessitam confeccionar material publicitário; as diaristas que passariam à empregada doméstica, laborando um dia em cada casa de família diferente etc. A bem da verdade, os exemplos nesse ponto são infinitos[518].

Nesses exemplos, há a divisão do poder empregatício entre os consorciados. Cada empregador utiliza o seu poder apenas pelo lapso temporal em que o empregado está a sua disposição.

Sendo uma obrigação divisível, cada empregador deveria responder proporcionalmente pelo período de tempo que utilizou o serviço do empregado. Todavia, pelo fato de a prestação em tela também configurar-se como uma obrigação solidária[519], mesmo nessas hipóteses de divisibilidade da prestação laboral, qualquer consorciado poderá ser cobrado pela dívida total.

Há quem afirme que as obrigações oriundas da relação entre consorciados e seu empregado são indivisíveis[520] em face da unidade do vínculo empregatício. Segundo Otávio Brito Lopes:

> [...] a solidariedade é consequência natural da **indivisibilidade do vínculo empregatício, que é apenas um**, já que não existem tantos contratos de trabalho quantos são os membros do consórcio, mas uma única relação de emprego com todos, que por isso mesmo são solidariamente responsáveis tanto para fins trabalhistas quanto previdenciários[521]. (grifos nossos)

Apesar da argumentação apresentada por Otávio Brito Lopes produzir os efeitos defendidos neste trabalho, a sua fundamentação possui duas pequenas falhas. A primeira refere-se à indivisibilidade, que não está atrelada à solidariedade. São classificações distintas que não se excluem, mas também não se vinculam[522].

---

(518) CALVET, Otávio Amaral. *Consórcio de empregadores urbanos:* uma realidade possível: redução dos custos e do desemprego. São Paulo: LTr, 2002. p. 42.

(519) As classificações não se excluem, complementam-se. Uma obrigação pode ser divisível e solidária, uma vez que não há impedimento lógico. Ressalta Pablo Stolze e Rodolfo Pamplona: "[...] é preciso que se tenha firme a ideia de que, em Direito, nem sempre uma classificação especial exclui a outra, de forma que se poderá ter, por exemplo, uma obrigação de dar, solidária, divisível e a termo [...] o único enquadramento que não se pode, a priori, conceber é a existência de obrigações contraditórias em seus próprios termos (divisível e indivisível, liquidas e ilíquidas etc)." (GAGLIANO, Pablo Stolze; PAMPLONA FILHO, Rodolfo. *Novo curso de direito civil:* obrigações. 7. ed. São Paulo: Saraiva, 2006. v. II, p. 62).

(520) Há quem defenda a indivisibilidade da obrigação original com base na infungibilidade da prestação laboral, já que a pessoalidade seria elemento inerente ao empregado. Acredita-se, no entanto, que esse entendimento não é adequado, pois não se pode confundir a infungibilidade do objeto da prestação laboral com a infungibilidade da pessoa do empregado.

(521) LOPES, Otávio Brito. Uma nova modalidade de contratação pode ser uma alternativa viável no combate à informalidade das relações trabalhistas entre produtores rurais. *Revista Consulex,* v. 5, n. 111, p. 11, ago. 2001.

(522) Caio Mário da Silva Pereira apresenta caracteres distintos dessas duas espécies obrigacionais: a) a causa da solidariedade é o título, e a da indivisibilidade é, normalmente, a natureza da obrigação; b) na solidariedade, cada devedor paga por inteiro, porque deve integralmente, enquanto na indivisibilidade solve a totalidade, em razão da impossibilidade jurídica de se repartir em quotas a coisa devida; c) a solidariedade é uma relação subjetiva, e a indivisibilidade objetiva, em razão de que, enquanto a indivisibilidade assegura a unidade da prestação, a

A segunda consiste no foco da observação. A análise não deve ter como fulcro a relação jurídica de emprego, mas sim o objeto da obrigação, ou seja, a prestação. Esta pode ser divisível ou não, como demonstrado anteriormente.

Uma vez não adimplida naturalmente as obrigações trabalhistas, o empregado pode utilizar-se da ação trabalhista para reclamar de qualquer um dos empregadores a dívida total, já que todos os consorciados são solidariamente responsáveis.

A responsabilidade é um dever jurídico sucessivo derivado do não cumprimento da obrigação originária. Segundo Sérgio Cavalieri:

> [...] Obrigação é um dever jurídico originário; responsabilidade é um dever jurídico sucessivo, consequente à violação do primeiro. [...] E sendo a responsabilidade uma espécie de sombra da obrigação (a imagem é de Larenz), sempre que quisermos saber quem é o responsável teremos de observar a quem a lei imputou a obrigação ou dever originário[523].

O não cumprimento de uma obrigação solidária traz como consequência a responsabilização daqueles que possuíam o dever originário. A responsabilidade adquire a mesma natureza da obrigação primária. Nesse sentido, consigna Rodolfo Pamplona Filho, ao tratar da responsabilidade dos devedores solidários, que: "se a prestação se impossibilita por dolo ou culpa de um dos devedores, todos permanecerão solidariamente obrigados ao pagamento do valor equivalente".

Portanto, os consorciados podem ser acionados pelo não adimplemento das verbas trabalhistas, uma vez que são devedores e responsáveis solidários. Esse entendimento harmoniza-se com a legislação laboral, uma vez que tal legislação "quer que a responsabilidade das empresas grupadas pelos efeitos da relação de emprego seja alcançada pela solidariedade"[524].

A aplicação do princípio da solidariedade não se limita à obrigação originária, rege também a responsabilidade no âmbito das hipóteses de pluralidade de empregadores (devedores). Assim, esse princípio apresenta-se como mais um fundamento da responsabilidade solidária dos consorciados pelos créditos laborais.

Nas hipóteses em que houver a fraude, a responsabilidade dos consorciados também será solidária, conforme dispõe Otávio Calvet:

> O importante é fixar, desde logo, que em qualquer caso de fraude aos preceitos trabalhistas, pela utilização do instituto em questão, haverá de ser aplicado

---

solidariedade visa facilitar a satisfação do crédito; d) a indivisibilidade justifica-se com a própria da prestação, quando o objeto é, em si mesmo, insusceptível de fracionamento, quando a solidariedade é sempre de origem técnica; e) a solidariedade cessa com a morte dos devedores, enquanto a indivisibilidade subsiste enquanto a prestação suportar; f) a indivisibilidade termina quando a obrigação se converter em perdas e danos, enquanto a solidariedade conserva este atributo (PEREIRA, Caio Mário da Silva. *Instituições de direito civil*. 19. ed. Rio de Janeiro: Forense, 2002. v. 2, p.199).

(523) CAVALIERI FILHO, Sérgio. *Programa de responsabilidade civil*. 2. ed. São Paulo: Malheiros, 2000. p. 20.

(524) PINTO, José Augusto Rodrigues. Noção e alcance da solidariedade empresarial no direito do trabalho brasileiro. *Revereor*, São Paulo: Saraiva, 1981. p. 312.

o art. 9º da CLT, considerando-se nulos os atos assim praticados e, em consequência, atribuir-se a todos os corresponsáveis pela fraude (ato ilícito) a responsabilidade de reparar o dano de forma solidária com fulcro nos arts. 159 e 1.518 do CC c/c art. 8º, parágrafo único da CLT[525].

Conclui-se, portanto, pelos fundamentos apresentados, que os consorciados possuem o dever jurídico de satisfazer, na totalidade, os direitos laborais de seus empregados. Isso não acontecendo, o ordenamento jurídico autoriza que o empregado acione qualquer um dos seus empregadores. Aquele que for acionado responderá solidariamente pela prestação não cumprida, independentemente da ocorrência de fraude, já que os consorciados são devedores e responsáveis solidários.

4.4. Benefícios de uma regulamentação específica

Aqueles que defendem a aplicação imediata do consórcio de empregadores no âmbito urbano, não negam que uma regulamentação específica traria benefícios[526]. Diversas são as vantagens típicas da positivação de uma necessidade socialmente sentida, e grande parte delas se aplicam à regulamentação do consórcio de empregadores urbanos.

A primeira delas seria a segurança jurídica. Pelo fato de o consórcio de empregadores ser um instituto novo no âmbito urbano, os empregadores ainda ficam receosos em utilizá-lo. Com a positivação dessa forma negocial, tanto o empregado quanto os empregadores passariam a conhecer, de forma mais clara, quais são as normas regentes deste instituto, o que facilitaria o seu manejo.

Permitiria, também, o esvaziamento dos argumentos contrários à adoção do consórcio nas grandes cidades. Regras dispondo acerca da competência, do enquadramento sindical e da responsabilidade dos consorciados, apresentariam, de forma expressa, as soluções para as críticas já anunciadas. Todavia, vale consignar que com as normas existentes no ordenamento trabalhista brasileiro é possível encontrar saída para os falsos problemas apontados pela doutrina.

Além de facilitar o uso do consórcio de empregadores, a regulamentação específica promoveria a divulgação desse instituto e a sua generalização no âmbito urbano, ampliando o número de pessoas que se beneficiariam com as vantagens referidas em tópico anterior.

Apesar de não evitar, dificultaria as manobras fraudulentas que buscassem esvaziar o conteúdo da relação de emprego. Parâmetros positivados facilitam a fiscalização dos órgãos estatais, dos atores sociais e, principalmente, da magistratura trabalhista.

Percebe-se, portanto, que o revestimento legal de uma realidade já existente seria extremamente benéfico para a adoção e divulgação do consórcio e, por via indireta, para toda a sociedade.

---

(525) CALVET, Otavio Amaral. *Consórcio de empregadores urbanos:* redução dos custos e do desemprego. São Paulo: LTr, 2002. p. 49.

(526) *V.g.*: Otavio Calvet, José Augusto Rodrigues Pinto, Daniel Botelho Rabelo etc.

No entanto, não se pode olvidar que a positivação restritiva poderia limitar a aplicação desse instituto nas metrópoles, o que, por si só, já é motivo suficiente para combatê-la. Nesse sentido, defende-se que a sua regulamentação seja bem aberta, no modelo proposto nesta obra, de forma que seja possível adaptar este negócio jurídico às necessidades mutantes da sociedade moderna.

A regulamentação restritiva do consórcio de empregadores fatalmente perderia a eficácia social, pois como bem ressalta José Augusto Rodrigues Pinto

> [...] a lógica da realidade social é muito mais forte do que a do direito laboratorial da norma — motivo pelo qual, aliás, Anatole France testemunhou, com grande acuidade, ter visto muitas vezes a sociedade revogar o direito, mas nunca ter visto o direito revogar a sociedade[527].

O Projeto de Lei n. 3.811, que altera a Lei n. 5.889/73, busca redefinir o conceito de empregador rural, incluindo a figura do consórcio de empregadores rurais. Todavia, sofre duas críticas contundentes.

A primeira delas é a restrição quanto à natureza dos entes consorciados, sendo possível apenas a consorciação de pessoas físicas. Como exposto anteriormente, não há razão plausível para tal limitação, sendo apenas uma questão de tempo para que ocorra a ampliação das espécies consorciáveis. Tanto as pessoas físicas e jurídicas quanto os entes despersonalizados podem constituir um consórcio de empregadores.

Outra crítica é quanto a sua natureza precarizante. O projeto de lei em questão dispõe sobre quatro assuntos diferentes: alteração da natureza do empregador rural, com a introdução da figura do consórcio de empregadores; alteração da definição do contrato de safra; não incorporação ao salário de parcelas *in natura*; e a possibilidade específica de não haver registro em carteira profissional.

Sob a ótica do governo federal, esse Projeto de Lei trata de assuntos diferentes, mas que se articulam como um conjunto de propostas que, supostamente, visam reduzir a "intervenção estatal no âmbito das relações de trabalho", prestigiar a "negociação coletiva" e incentivar a "formalização dos vínculos empregatícios".

No entanto, dentre os temas tratados, o único que não segue a lógica precarizante é o consórcio de empregadores rurais. Por esse motivo, é aconselhável que este instituto seja regulado em norma específica, o que viabilizaria a sua aprovação pelo Poder Legislativo.

Acredita-se que o mais adequado seria a regulamentação, em lei específica, do instituto consórcio de empregadores, independentemente do seu âmbito de aplicação. Como a CLT é fonte subsidiária da Lei n. 5.889/73, a positivação desse instituto na referida norma celetista permitiria que o dispositivo definidor do consórcio de empregadores fosse aplicado, também, à espécie campesina[528].

---

(527) PINTO, José Augusto Rodrigues. *Curso de direito individual do trabalho:* noções fundamentais de direito do trabalho, sujeitos e institutos de direito individual. São Paulo: LTr, 2004. p. 617.

(528) A Associação dos Magistrados da Justiça do Trabalho (Amatra) do TRT da 3ª Região, no bojo das propostas de "Reforma Trabalhista", propõe a modificação da redação do § 1º e o acréscimo do § 3º no art. 2º da CLT; "3. Consórcio

É válido ressaltar que o que se pretende é a aplicação do consórcio de empregadores de forma imediata no âmbito urbano, não se olvidando que a regulamentação específica facilitaria a realização desse escopo.

No entanto, a positivação desse negócio jurídico não significa torná-lo solene, pois não se pode esquecer que o Direito do Trabalho é marcado pela informalidade e regido pelo princípio da primazia da realidade; que o contrato de trabalho é tipicamente consensual, podendo ser tácito ou expresso, não sendo necessário o preenchimento de solenidades especiais para a sua formação; e que não há impedimento para que múltiplos empregadores se reúnam com o intuito de contratar um empregado.

Nesse sentido, acredita-se que é desnecessária a contratação por escrito ou mesmo o registro em cartório do suposto documento para a formalização do consórcio. Não há necessidade de qualquer solenidade, pois:

> [...] exigir-se qualquer formalidade para a formação do consórcio é fechar os olhos para a realidade social e contrariar o princípio da primazia da realidade que informa o Direito do Trabalho, pois em inúmeras ocasiões o que existe é efetivamente a verdadeira repartição entre mais de um tomador da mão de obra adquirida, sendo esta a intenção das partes, muito embora atualmente se faça tal expediente de forma mascarada, seja pela eleição de um dos empregadores para a efetuação do registro do empregado (limitando-se, ou ao menos dificultando--se, a responsabilização pelo inadimplemento das obrigações trabalhistas), seja pela simples ausência de formalização da relação de emprego, empurrando-se o trabalhador para o mercado informal[529].

Conclui-se, portanto, que a formalização aberta do consórcio de empregadores, por intermédio de lei específica, facilitará a utilização desse instituto, mas a inexistência de regulamentação específica ou a ausência de comprimento de formalidades não impedirá a sua aplicação no âmbito urbano.

---

de Empregadores: Introdução de nova redação ao § 1º, art. 2º da CLT, acrescentando-se, ainda mais um parágrafo. a) Incluir no § 1º do art. 2º da CLT, como empregador "por equiparação", para efeitos da relação de emprego, o consórcio de empregadores, em caso de contratação de trabalhadores com empregados. b) Definir do § 3º do art. 2º da CLT, como consórcio de empregadores, 'o ajuste voluntário realizado entre pessoas físicas ou jurídicas com o fim de admissão de empregados'". Acredita-se que a esta proposta poderia ser acrescido o termo "ente despersonalizado" entre os entes consorciáveis, como também deixar expressa a responsabilidade solidária dos consorciados, na forma da definição de consórcio de empregadores proposta nessa obra (Relatório de proposta da Amatra III sobre a "Reforma Trabalhista". Disponível em: <www.anamatra.org.br/downloads/reforma_trabalhista_amatra3.pdf>. Acesso em: 22 dez. 2005).

(529) CALVET, Otavio Amaral. *Consórcio de empregadores urbanos:* uma realidade possível: redução dos custos e do desemprego. São Paulo: LTr, 2002. p. 52.

Conclusões

Cumpre, ao final desta obra, de forma sintética, apresentar as conclusões alcançadas. Tais conclusões serão, nesse momento, agrupadas de acordo com o capítulo e a ordem em que apareceram ao longo da exposição.

No entanto, ressalta-se que serão pontuadas apenas as deduções principais, necessárias para demonstrar a possibilidade da aplicação imediata do consórcio de empregadores no âmbito urbano.

Feitas as ressalvas necessárias, passa-se às conclusões:

I – Visão pós-moderna do Direito

1. Os princípios possuem múltiplas funções, as quais são exercidas de forma cumulada, tanto na fase pré-jurídica como na jurídica propriamente dita, influenciando os legisladores na elaboração das leis, servindo como norte interpretativo e como norma contida no ordenamento, apta a ser aplicada, como fonte imediata, ao caso concreto.

2. Os princípios, no paradigma pós-positivista, tornaram-se fonte primária de normatividade, corporificando os valores da ordem jurídica. Perderam o caráter supletivo, passando a ser utilizados como fonte imediata do Direito e aplicados a diversos casos concretos, uma vez que possuem natureza de norma jurídica efetiva, e não de simples enunciado programático não vinculante.

3. Tanto os princípios quanto as regras trabalhistas garantidoras do patamar civilizatório mínimo do trabalhador podem possuir a natureza de norma jusfundamental, produzindo os efeitos típicos dessa categoria, desde quepreencham os requisitos formais e materiais dos direitos fundamentais.

4. Em regra, os princípios trabalhistas preenchem os requisitos supracitados, uma vez que, assim como os direitos fundamentais, podem ser encontrados positivados na Constituição, em normas infraconstitucionais, tratados internacionais ou até de forma implícita no sistema (aspecto formal); e possuem o escopo de garantir o mínimo existencial e a dignidade do trabalhador (aspecto material).

5. Por possuírem natureza de direitos fundamentais, algumas normas trabalhistas, em especial os princípios que regulam o Direito do Trabalho, passam a possuir eficácia imediata, dirigindo a atuação do Poder Público e dos sujeitos componentes das relações laborais.

II – Relação de emprego

6. A relação de emprego é caracterizada tanto pelo seu objeto — a prestação de trabalho humano de forma não eventual, subordinada, pessoal e com onerosidade — como também pelos entes que ocupam os polos passivo e ativo: empregado e empregador.

7. Empregado e Empregador são figuras complementares. Enquanto empregado é todo aquele trabalhador que presta serviço de forma subordinada, não eventual, pessoal e com intuito oneroso, o empregador é toda pessoa física, jurídica ou ente despersonalizado que contrata um empregado para lhe prestar serviços.

8. Não há um pressuposto especial caracterizador do empregador. Basta que o tomador do serviço utilize-se da energia de um empregado para que seja considerado empregador.

9. A despersonalização do empregador e a alteridade são os principais efeitos da figura do empregador.

10. A despersonalização do empregador viabiliza não só a formação do grupo empregador, como também a concentração, no polo passivo da relação empregatícia, de uma pluralidade de empregadores.

11. São respostas ao fenômeno da concentração econômica as figuras do grupo empregador e da pluralidade de empregadores, que passaram a ocupar, ao lado das pessoas físicas, jurídicas, e de outros entes despersonalizados, o polo passivo da relação de emprego.

12. Consórcio de empregadores e grupo empregador não se confundem. O consórcio de empregadores não gera a formação de um grupo empregador, pois a união dos consorciados possui como único objetivo: a contratação coletiva de empregados para prestar serviços aos contratantes. Cada empregador continua a exercer a sua atividade independentemente dos demais. O que leva à consorciação não é o interesse de que as atividades exercidas pelos consorciados sejam vinculadas por uma relação de coordenação ou de complementaridade, nem a intenção de colaboração empresarial dos empregadores, mas, sim, o intuito de contratação coletiva de um mesmo trabalhador.

III – Consórcio de empregadores

13. Na contemporaneidade, as relações de trabalho são caracterizadas pela heterogeneidade das formas de labor, notadamente com o declínio da sua espécie clássica: o emprego. Formas atípicas de trabalho, subemprego e o trabalho informal passaram a possuir *status* de maioria na nova organização do trabalho.

14. O consórcio de empregadores é uma das formas atípicas de contrato de trabalho existentes na sociedade brasileira, emergente do fenômeno da *flexissegurança*. Diferentemente das demais formas atípicas contratuais trabalhistas, reafirma a proteção trabalhista, ajudando a superar a crise do emprego.

15. O consórcio de empregadores é um negócio jurídico (acordo) celebrado por empregadores de diversas naturezas (pessoas físicas, pessoas jurídicas e entes despersonalizados), todos responsáveis solidariamente pelos créditos laborais, sem a constituição de ente jurídico com personalidade jurídica própria, com a finalidade única de contratar empregado(s) para prestar(em) serviços aos componentes desse consórcio de forma indistinta, formando uma única relação jurídica de emprego compartilhada entre os empregadores consorciados e o empregado.

16. O consórcio de empregadores, apesar de possuir similitudes com outras figuras jurídicas — sociedade, associação, condomínio, grupo econômico trabalhista, consórcio empresarial ou administrativo e contratos de trabalho em regime de tempo parcial —, não pode ser equiparado a nenhuma delas.

17. A terminologia "consórcio de empregadores" é a mais adequada dentre as existentes, pois é a única denominação que consegue veicular a ideia de reunião solidária de empregadores, sem personalidade jurídica, que contratam conjuntamente empregados para laborarem exclusivamente para os mesmos. Ademais, é sintética, de usual pronúncia e fácil lembrança, servindo para melhor divulgação do modelo.

18. Sob o viés negocial, o consórcio de empregadores configura-se como um *acordo* e faz parte de um *negócio jurídico coligado*. Já sob a óptica dos sujeitos da relação de emprego, caracteriza-se como um *empregador plúrimo*.

IV – Aplicação do consórcio de empregadores no âmbito urbano

19. A aplicação do consórcio de empregadores no âmbito urbano mostra-se necessária em face da sua aptidão em solucionar ou atenuar os problemas existentes nas grandes cidades, oriundos das crises vivenciadas pelo Estado Contemporâneo.

20. A utilização do consórcio de empregadores é recomendada em inúmeras situações urbanas. Por não ser viável enumerá-las, afirma-se que sempre que dois ou mais empregadores urbanos necessitarem de empregados para prestar serviço de forma subordinada e compartilhada, será possível constituir o consórcio de empregadores.

21. É possível a aplicação imediata do consórcio de empregadores no âmbito urbano, sendo desnecessária a edição de lei específica. Apresentam-se como fundamentos da utilização imediata deste instituto:

a) A compatibilidade da figura do consórcio de empregadores com o ordenamento trabalhista. Essa assertiva tem alicerce no princípio da legalidade privada (art. 5º, II, da CF/88), cominado com art. 444 da CLT; no efeito da despersonalização do empregador e no princípio da igualdade (art. 5º, *caput*, da CF/88) cominado com o art. 7º, caput da CF/88;

b) A existência de uma base normativa de natureza jusfundamental. Esta fundamentação está consubstanciada função na normativa dos princípios laborais e na eficácia dos direitos fundamentais trabalhistas que fazem parte da base normativa do consórcio de empregadores urbanos.

Fazem parte da base normativa do consórcio de empregadores: i) Princípio da dignidade da pessoa humana; ii) Valorização do trabalho humano (art. 170, *caput* da CF/88); iii) Justiça social (art. 170, *caput*, da CF/88); iv) Busca pelo pleno emprego (art. 170, VIII, da CF/88); v) Incremento do bem-estar e a justiça social (art. 193, *caput*, da CF/88); vi) Princípio da função social da empresa e do contrato; vii) Princípio da boa-fé objetiva; viii) Princípio da razoabilidade; ix) Princípio da solidariedade; x) Princípio da proteção; xi) Princípio da continuidade da relação de emprego; xii) Princípio da primazia da realidade; xiii) Princípio da irrenunciabilidade dos direitos laborais; xiv) Princípio da não discriminação.

c) A utilização de processos hermenêuticos: interpretação extensiva, associada à interpretação teleológica e equitativa dos dispositivos contidos na Lei n. 8.212/91; aplicação analógica da Lei n. 8.212/91.

i. A interpretação extensiva é o método mais adequado para a aplicação imediata do consórcio de empregadores nas metrópoles. Não só por inexistir a lacuna necessária à analogia, mas, principalmente, por se harmonizar com o proposto ao longo de todo o trabalho, ou seja, a existência de normas, princípios e regras, que fundamentam o consórcio de empregadores.

22. O consórcio de empregadores trata-se de genuíno instituto jurídico emergente do fenômeno da *flexissegurança*. Harmoniza os interesses de empregados e empregadores, patrocinando evidentes benefícios, decorrentes da formalização da relação empregatícia, a diversos atores sociais urbanos: empregado, empregador, Estado, MPT, MTE, INSS e sociedade.

23. O consórcio de empregadores é um instituo apto a atenuar e reduzir os índices de desemprego e de trabalho informal.

24. As críticas apontadas pela doutrina à aplicação dos consórcios de empregadores no âmbito urbano são inconsistentes, solucionadas com a utilização das normas trabalhistas existentes no ordenamento jurídico brasileiro e com a atuação dos agentes estatais.

25. A solidariedade, no âmbito trabalhista, possui natureza principiológica e jusfundamental, sendo aplicado ao consórcio de empregadores urbanos como mecanismo de efetividade e garantia dos direitos sociais fundamentais e servindo como fundamento para a aplicação imediata desse instituto.

26. Na qualidade de norma fundamental, o princípio da solidariedade trabalhista, em face da sua dimensão objetiva, deve servir de parâmetro de aplicação e interpretação, dirigindo não só a atuação do Poder Público como também as relações privadas trabalhistas.

27. Independentemente de lei ou contrato, cada consorciado é "responsável e/ou obrigado" pela totalidade da dívida trabalhista.

28. Os consorciados possuem o dever jurídico de satisfazer, na totalidade, os direitos laborais de seus empregados. Isso não acontecendo, o ordenamento jurídico autoriza que o empregado acione qualquer um dos seus empregadores. Aquele que for acionado responderá solidariamente pela prestação não cumprida, independentemente da ocorrência de fraude, já que os consorciados são devedores e responsáveis solidários. Nas hipóteses de fraude, a responsabilidade dos consorciados também será solidária.

29. A regulamentação do consórcio de empregadores, em legislação específica, além de facilitar o uso desse instituto e da fiscalização pelos órgãos estatais, atores

sociais e magistratura trabalhista, promoveria a divulgação dessa figura jurídica e a sua generalização no âmbito urbano, ampliando o número de pessoas que se beneficiariam com as vantagens decorrentes dessa forma negocial.

30. A regulamentação do consórcio de empregador deve ser aberta, de forma que seja possível adaptar esse negócio jurídico às necessidades mutantes da sociedade moderna.

31. A formalização aberta do consórcio de empregadores, por intermédio de lei específica, facilitará a utilização do instituto. Todavia, a inexistência de regulamentação específica ou ausência de comprimento de formalidades não impedirá a sua aplicação no âmbito urbano, haja vista que essa forma negocial já possui base normativa jusfundamental.

Referências Bibliográficas

ABREU FILHO, José. *O negócio jurídico e sua teoria geral*. 5. ed. São Paulo: Saraiva, 2003.

ALARCÓN CARACUEL, Manuel Ramón. La vigencia del principio "pro operário". *In:* MELGAR, Alfredo Montaya et al. *Cuestiones actuales de derecho del trabajo*. Estúdios ofrecidos por los catedráticos españoles de Derecho del Trabajo al profesor Manuel Afonso Olea. Madrid: Centro de Publicaciones Ministério de Trabajo y Seguridad Social, 1990.

ALEXY, Robert. *Constitucionalismo discursivo*. Tradução de Luís Afonso Heck. Porto Alegre: Livraria do Advogado, 2007.

_____. *Teoría de los derechos fundamentales*. Tradução de Ernesto Garzón Valdés. 1. ed. 3. reimpr. Madrid: Centro de Estudios Políticos y Constitucionales, 2002.

ALMEIDA NETO, João Alves de. O princípio da solidariedade como mecanismo de efetividade dos direitos fundamentais. *Revista Jurídica dos Formandos em Direito da UFBA*, v. 7, n. 10, p.79-94, Salvador: EDUFBA, 2007.

ALMEIDA, Isis de. *Manual de direito individual do trabalho*. São Paulo: LTr, 1998.

AMARAL, Anemar Pereira. Condomínio de empregadores: uma alternativa para a contratação no meio rural. Disponível em: <http://www.prt15.gov.br>. Acesso em: 22 dez. 2005.

ANDRADE, Dárcio Guimarães de. Consórcio de empregadores rurais – uma nova modalidade de contratação pode ser uma alternativa viável no combate à informalidade das relações trabalhistas entre produtores e trabalhadores rurais. *Revista Jurídica Consulex*, São Paulo, ano V, n. 111, p. 11-12, 31 ago. 2001.

ANDRADE, José Carlos Vieira de. *Os direitos fundamentais na Constituição Portuguesa de 1976*. Coimbra: Almedina, 1998.

ANTUNES, Ricardo. *Adeus ao trabalho?* São Paulo: Cortez/Universidade Estadual de Campinas, 2003.

ARAÚJO, Alan Pereira de. Breves anotações sobre o consórcio simplificado de produtores rurais. *Jus Navigandi*, Teresina, ano 7, n. 66, jun. 2003. Disponível em: <http://jus2.uol.com.br/doutrina/texto.asp?id=4154>. Acesso em: 20 jul. 2007.

ÁVILA, Humberto. *Teoria dos princípios:* da definição à aplicação dos princípios jurídicos. 2. ed. São Paulo: Malheiros, 2003.

AZEVEDO, Antônio Junqueira de. *Negócio jurídico*. Existência, validade e eficácia. 3. ed. São Paulo: Saraiva, 2000.

BARRASSI, Ludovico. *Il diritto del lavoro*. Milano: Giuffrè, 1949.

BARROS, Alice Monteiro de. *Curso de direito do trabalho*. 2. ed. São Paulo: LTr, 2006.

_____. (Coord.). *Curso de direito do trabalho:* estudos em memória de Célio Goyatá. São Paulo: LTr, 1994.

BARROSO, Luís Roberto. *A nova interpretação constitucional*. ponderação, direitos fundamentais e relações privadas. Rio de Janeiro/São Paulo: Renovar, 2003.

BASTOS, Celso Ribeiro; MARTINS, Ives Gandra Martins. *Comentários à Constituição do Brasil*. São Paulo: Saraiva, 1995. v. 4, t. I.

BATALHA, Wilson de Souza; BATALHA, Silvia Marina Labate. *Sindicatos*. Sindicalismo. 2. ed. São Paulo: LTr, 1994.

BOBBIO, Norberto. *A era dos direitos*. Rio de Janeiro: Campus, 1992.

_____. *Teoria do ordenamento jurídico*. 10. ed. Brasília: Editora Universitária de Brasília, 1999.

BONAVIDES, Paulo. *Curso de direito constitucional*. 13. ed. 2. tir. São Paulo: Malheiros, 2003.

BRASIL. Ministério do Trabalho e Emprego. *Condomínio de empregadores:* um novo modelo de contratação no meio rural. Brasília: MTE, SIT, 2000.

BRASIL. Ministério do Trabalho e Emprego. Portaria n. 1.964, de 1º de dezembro de 1999. Disponível em: <http://www.mte.gov.br>. Acesso em: 21 jun. 2007.

BRASIL. Ministério do Trabalho e Emprego. Portaria n. 107, de 6 de julho de 1999. Disponível em: <http://www.mte.gov.br>. Acesso em: 21 jun. 2007.

CAIRO JÚNIOR, José. *Direito do trabalho*. Salvador: JusPodivm, 2006. v. 1.

CALVET, Otávio Amaral. *Consórcio de empregadores urbanos:* uma realidade possível: redução dos custos e do desemprego. São Paulo: LTr, 2002.

_____. *Direito ao lazer nas relações de trabalho*. São Paulo: LTr, 2006.

CANARIS, Claus-Wilhelm. *Pensamento sistemático e conceito de sistema na ciência do direito*. Introdução e tradução de A. Menezes Cordeiro. 2. ed. Lisboa: Fundação Calouste Gulbenkian, 1996.

CANOTILHO, José Joaquim Gomes. *Direito constitucional e teoria da Constituição*. 6. ed. Coimbra: Almedina, 2002.

CARELLI, Rodrigo de Lacerda. *Cooperativas de mão de obra* — manual contra a fraude. São Paulo: LTr, 2002.

_____. *Formas atípicas de trabalho*. São Paulo: LTr, 2004.

CARVALHO FILHO, José dos Santos. *Manual de direito administrativo*. 4. ed. Rio de Janeiro: Lumens Juris, 1999.

CASTRO, Rubens Ferreira de. *A terceirização no direito do trabalho*. São Paulo: Malheiros, 2000.

CATHARINO, José Martins. *Compêndio de direito do trabalho*. São Paulo: Saraiva, 1981. v. 1.

_____. *Neoliberalismo e sequela*. São Paulo: LTr, 1997.

CAVALIERI FILHO, Sérgio. *Programa de responsabilidade civil*. 2. ed. São Paulo: Malheiros, 2000.

COELHO, Fábio Ulhoa. *Manual de direito comercial*. 13. ed. São Paulo: Saraiva, 2002.

CORREIA, Marcus Orione Gonçalves. O contrato individual do trabalho no contexto neoliberal: uma análise crítica. *Revista LTr*, São Paulo, v. 67, n. 4, p. 422-29, abr. 2003.

DALLEGRAVE NETO, José Affonso. *Responsabilidade civil no direito do trabalho:* dano moral e material, acidente e doença de trabalho, dano pré e pós-contratual, responsabilidade subjetiva e objetiva, dano causado pelo empregado, assédio moral e sexual. São Paulo: LTr, 2005.

DELGADO, Gabriela Neves. *Direito fundamental ao trabalho digno*. São Paulo: LTr, 2006.

DELGADO, Mauricio Godinho. *Curso de direito do trabalho*. 3. ed. São Paulo: LTr, 2004.

DI PIETRO, Maria Sylvia Zanella. *Direito administrativo*. 5. ed. São Paulo: Atlas, 1995.

DINIZ, Maria Helena. *Curso de direito civil brasileiro:* teoria geral das obrigações. 16. ed. São Paulo: Saraiva, 2002.

DINIZ, Maria Helena. *Tratado teórico e prático dos contratos*. São Paulo: Saraiva, 2003. v. 4.

DONATO, Messias Pereira. *Curso de direito do trabalho*. 3. ed. São Paulo: Saraiva, 1979.

DUARTE NETO, Bento Herculano. *Tempos modernos de processo e direito do trabalho*. São Paulo: LTr, 1994.

DWORKIN, Ronald. *Levando os direitos a sério*. Tradução de Nelson Boeira. São Paulo: Martins Fontes, 2002.

_____. *Uma questão de princípio*. Tradução de Luís Carlos Borges. São Paulo: Martins Fontes, 1999.

ESPÍNDOLA, Ruy Samuel. *Conceitos de princípios constitucionais* — elementos para uma dogmática constitucional adequada. São Paulo: Revista dos Tribunais, 1999.

ESTIGARA, Adriana. A viabilidade do pacto da solidariedade no âmbito urbano. Disponível em: <http://sisnet.aduaneiras.com.br/lex/doutrinas/arquivos/210207.pdf>. Acesso em: 13 abr. 2007.

FELDMAN, Isaias. *El contrato de trabajo por equipo y el trabajo por equipo*. Buenos Aires: Ediciones Pannedille, 1971.

FERRAJOLI, Luigi. *Derechos y garantias*. La ley Del Más Débil. Madri: Trotta, 1999.

FERRARA, Luigi Cariota. *El negocio jurídico*. Madri: Aguilar, 1956.

FERRARI, Carolina Ferreira. *A disciplina jurídica da parassubordinação*. 2006. 120 f. Monografia (Graduação em Direito) — Faculdade de Direito, Universidade do Salvador. Bahia, 2006.

FERRAZ JUNIOR, Tercio Sampaio. *Introdução ao estudo do direito*: técnica, decisão, dominação. 4. ed. São Paulo: Atlas, 2003.

FONSECA, José Júlio Borges da. *Direito antitruste e regime das concentrações empresariais*. São Paulo: Atlas, 1997.

FONSECA, Ricardo Tadeu Marques da. Consórcio de empregadores: uma alternativa imediata para a empregabilidade. *Repertório IOB de jurisprudência*, v. 2, n. 2, jan. 2000.

FONSECA, Ricardo Tadeu Marques da. Modalidades de contratação no meio rural e o consórcio de empregadores. *Repertório IOB de jurisprudência*, n. 2, caderno 2, segunda quinzena de out. 2000, São Paulo.

FREITAS, Carlos Eduardo. *Precarização e leis do trabalho na era FHC*. São Paulo: CUT, 2001.

GAGLIANO, Pablo Stolze; PAMPLONA FILHO, Rodolfo. *Novo curso de direito civil*: parte geral. São Paulo: Saraiva, 2002.

_____. *Novo curso de direito civil*: obrigações. 7. ed. São Paulo: Saraiva, 2006. v. II.

GALDINO, Dirceu. Uma forma vantajosa de registrar empregados sem intermediação. *Revista LTr*, São Paulo, v. 61, n. 2, fev. 2003.

_____; LOPES, Aparecido Domingos Errerias. *Manual do direito do trabalhador rural*. 3. ed. São Paulo: LTr, 1995.

GALLART FOLCH, Alejandro. *Derecho español del trabajo*. Barcelona: Labor, 1936.

GIGLIO, Wagner. Contratos temporários na visão da OIT e na visão oficial do Brasil. In: FRANCO FILHO, Geogenor de Sousa (Coord.). *Presente e futuro das relações de trabalho*. São Paulo: LTr, 2000.

GOMES, Ana Virgínia Moreira. *A aplicação do princípio protetor no direito do trabalho*. São Paulo: LTr, 2001.

GOMES, Gilberto. *Sucessão de empresas*. São Paulo: LTr, 1994.

GOMES, Orlando. *Contratos*. 25. ed. Rio de Janeiro: Forense. 2002.

_____. *Introdução ao Direito civil*. 15. ed. Rio de Janeiro: Forense, 2000.

_____. *Obrigações*. 8. ed. Rio de Janeiro: Forense, 1988.

_____; GOTTSCHALK, Elson. *Curso de direito do trabalho*. 17. ed. Rio de Janeiro: Forense, 2005.

GONÇALVES, Carlos Roberto. *Direito civil brasileiro:* parte geral. São Paulo: Saraiva, 2003.

GRAU, Eros Roberto. A ordem econômica na Constituição de 1988 (interpretação e critica). 3. ed. São Paulo: Malheiros, 1997.

GUERRA FILHO, Willis Santiago. *Processo constitucional e direitos fundamentais*. São Paulo: Celso Bastos Editor, Instituto Brasileiro de Direito Constitucional, 1999.

HART, Herbert L. A. *O conceito de direito*. Tradução de A. Ribeiro Mendes. 4. ed. Lisboa; Fundação Calouste Gulbenkian, 2005.

KOURY, Suzy Elizabeth Cavalcante. *A desconsideração da personalidade jurídica* (disregard doctrine) *e os grupos de empresa*. Rio de Janeiro: Forense, 1993.

KRELL, Andréas J. *Direitos sociais e controle judicial no Brasil e na Alemanha:* os (des)caminhos de um direito constitucional "comparado". Porto Alegre: Sergio Antonio Fabris Editor, 2002.

LARENZ, Karl. *Metodologia da ciência do direito*. 4. ed. Tradução de José Lamego. Lisboa: Calouste Gulbenkian, 2005.

LEDUR, José Felipe. *A realização do direito do trabalho*. Porto Alegre: Sérgio Antônio Fabris, 1998.

LEITE, Carlos Henrique Bezerra. Cooperativismo. Enfoques trabalhistas. *Revista Trabalho & Doutrina*, n. 17, São Paulo: Saraiva, dez. 1998.

_____. *Curso de direito processual do trabalho*. 2. ed. São Paulo: LTr, 2004.

_____. *Direito do trabalho: primeiras linhas*. Curitiba: Juruá, 1997.

_____. *Ministério Público do Trabalho:* doutrina, jurisprudência e prática. São Paulo: LTr, 2002.

LEMES, Viviane Aparecida. *A figura jurídica do consórcio de empregadores rurais:* reflexões teóricas a partir de exemplos práticos. São Paulo: LTr, 2004.

LIMA, Francisco Meton Marques de. Os princípios do direito do trabalho diante da reforma neoliberal. *Revista LTr*, São Paulo, maio 1997, p. 623.

LOPES, Otávio Brito. Uma nova modalidade de contratação pode ser uma alternativa viável no combate à informalidade das relações trabalhistas entre produtores rurais. *Revista Consulex*, v. 5, n. 111, p. 11-12, ago. 2001.

MACHADO, Hugo de Brito. *Curso de direito tributário*. 25. ed. São Paulo: Malheiros, 2004.

MAGALHÃES FILHO, Glauco Barreira. *Hermenêutica jurídica clássica*. Belo Horizonte: Mandamentos, 2002.

MAGANO, Octávio Bueno. *Os grupos de empresas no direito do trabalho*. São Paulo: LTr, 1974.

_____. *Manual de direito do trabalho*. 4. ed. São Paulo: LTr, 1993. v. II.

MANNRICH, Nelson. *A modernização do contrato de trabalho*. São Paulo: LTr, 1998.

_____. Consórcio de empregadores rurais. *Repertório IOB de Jurisprudência*, São Paulo, n. 20/2000, p. 396, out. 2000.

MARANHÃO, Délio. *Direito do trabalho*. Rio de Janeiro: Fundação Getúlio Vargas, 1987.

MARTINS, Sérgio Pinto. *A terceirização e o direito do trabalho*. 3. ed. São Paulo: LTr, 1997.

_____. Consórcio de empregadores rurais. *Suplemento de Legislação, Jurisprudência e Doutrina*, São Paulo, n. 4/2000, p. 5-8, abr. 2000.

_____. *Direito da seguridade social*. Custeio da seguridade social. Benefícios — acidente do trabalho — assistência social saúde. 18. ed. São Paulo: Atlas, 2002.

_____. *Direito do trabalho*. 22. ed. São Paulo: Atlas, 2006.

_____. *Manual do trabalho doméstico*. São Paulo: Malheiros, 1996.

MAXIMILIANO, Carlos. *Hermenêutica e aplicação do direito*. 9. ed. Rio de Janeiro: Forense, 1979.

MAZUR, Mauricio. *Consórcio de empregadores rurais*. Curitiba: Juruá, 2002.

MEIRELES, Edilton. *Grupo econômico trabalhista*. São Paulo: LTr, 2002.

MEIRELLES, Hely Lopes. *Direito administrativo*. 17. ed. São Paulo: Malheiros, 1992.

MELLO, Celso Antônio Bandeira de. *Curso de direito administrativo*. 11. ed. São Paulo: Malheiros, 1999.

MENDONÇA, Paulo Roberto Soares. *A tópica e o Supremo Tribunal Federal*. Rio de Janeiro: Renovar, 2003.

MIRANDA, Jorge. *Manual de direito constitucional*. 2. ed. Coimbra: Coimbra Editora, 1993. v. IV.

MONTEIRO, Alice de Barros. *Curso de direito do trabalho*. São Paulo: LTr, 2005.

MORAES FILHO, Evaristo de. *Do contrato de trabalho como elemento da empresa*. São Paulo:LTr, 1993.

_____. *Introdução ao direito do trabalho*. 4. ed. São Paulo, LTr, 1986.

NAKAGAWA, Lídia Matico; LIMA, Neusa Maria Cordona, MARUMO, Neusa. *Conhecendo tudo sobre empregado doméstico*. 2. ed. São Paulo: LTr, 1996.

NASCIMENTO, Amauri Mascaro. *Curso de direito do trabalho*: história e teoria geral do direito do trabalho: relações individuais e coletivas do trabalho. 20. ed. São Paulo: Saraiva, 2005.

_____. *Iniciação ao direito do trabalho*. 20 ed. São Paulo: LTr, 1993.

_____. *Iniciação ao direito do trabalho*. 2. ed. São Paulo: Saraiva, 2007.

NASCIMENTO, Carlos Valder do. *Curso de direito tributário*. Rio de Janeiro: Forense,1999.

NEVES, André Luiz Batista. *A interpretação conforme a Constituição e seus limites*. 2007. 170 f. Dissertação (Mestrado em Direito) — Faculdade de Direito, Universidade Federal da Bahia. Salvador, 2007.

NOGUEIRA, Rubens. *Curso de introdução ao estudo do direito*. São Paulo: Bushatsky, 1979.

NOTÍCIAS DO TST de 15.8.2003. Disponível em: <http://www.tst.gov.br/noticias>. Acesso em: 24 jul. 2007.

NOTÍCIAS DO TST de 19.3.2007. Disponível em: <http://www.tst.gov.br/noticias>. Acesso em: 24 jul. 2007.

OLIVEIRA JÚNIOR, Mário Campos de; RODRIGUES, Sérgio Roberto Giatti. Condomínio de empregadores: registro de empregados, em nome coletivo de empregadores, sem intermediação. Um novo modelo de contratação no meio rural. *Jus Navigandi*, Teresina, ano 4, n. 45, set. 2000. Disponível em: <http://www1.jus.com.br/doutrina/texto.asp?id=1196>. Acesso em: 15 abr. 2005.

OLIVEIRA, Murilo Sampaio Carvalho. *Repensando o princípio da proteção na contemporaneidade*. 2006. 200 f. Dissertação (Mestrado em Direito) — Faculdade de Direito, Universidade Federal da Bahia. Salvador, 2006.

PAMPLONA FILHO, Rodolfo. Terceirização e responsabilidade patrimonial da administração pública. *Temas atuais de direito civil & direito do trabalho*. 2. ed. Belo Horizonte: Leiditathi, 2006.

_____. Tutela coletiva e desemprego: o que o ministério público do trabalho pode fazer contra o desemprego? *Temas atuais de direito civil & direito do trabalho*. 2. ed. Belo Horizonte: Leiditathi, 2006.

_____; VILLATORE, Marco Antônio César. *Direito do trabalho doméstico*. São Paulo: LTr, 1997.

PECES-BARBAS MARTINEZ, Gregório. *Curso de derechos fundamentales*. Madri: Universidad Carlos III, Boletín Oficial del Estado,1999.

PEDREIRA. Luiz Pinho. *Direito do trabalho:* principiologia. São Paulo: LTr, 1997.

PEREIRA, Adilson Bassalho. Fraudoperativas (?). *Revista LTr*, v. 59, n. 11, nov. 1995.

PEREIRA, Ana Beatriz Lisboa. *A interpretação conforme a Constituição e seus limites*. 2007. 170 f. Dissertação (Mestrado em Direito) — Faculdade de Direito, Universidade Federal da Bahia. Salvador, 2007.

PEREIRA, Caio Mário da Silva. *Instituições de direito civil*. 19. ed., v. 2. Rio de Janeiro: Forense, 2002.

PERELMAN, Chaïm. *Ética e direito*. Tradução de Maria Ermantina Galvão. São Paulo: Martins Fontes, 1999.

PERIUS, Virgílio. As cooperativas de trabalho — alternativas de trabalho e renda. *Revista LTr*, v. 60, n. 3, mar. 1996.

PESSOA,Valton. *Manual de processo do trabalho*. Salvador: JusPodivm, 2007.

PINTO, José Augusto Rodrigues. *Curso de direito individual do trabalho:* noções fundamentais de direito do trabalho, sujeitos e institutos de direito individual. 5 ed. São Paulo: LTr, 2003.

_____. O trabalho como valor. Salvador: *Revista Jurídica da Unifacs*, 2000.

_____. Noção e alcance da solidariedade empresarial no direito do trabalho brasileiro. *Revereor*. São Paulo: Saraiva, p. 305-327, 1981.

_____; PAMPLONA FILHO, Rodolfo. *Repertório de conceitos trabalhistas*. São Paulo: LTr, 2000. v. 1.

PIOVESAN, Flávia. *Proteção judicial contra omissões legislativas*. São Paulo: RT, 1995.

PIRES, Aurélio. Consórcio de empregadores rurais. *Revista LTr*, v. 65, n. 10, São Paulo, out. 2001.

RABELO, Daniel Botelho. Consórcio de empregadores — contraponto jurídico à desarticulação do direito do trabalho. In: PIMENTA, José Roberto Freire Pimenta *et al*. (Coords.). *Direito do trabalho — evolução, crise, perspectivas*. São Paulo: LTr, 2004.

RAMALHO JÚNIOR, Álvaro. Aspectos sobre o mercado de trabalho rural no Brasil – notas comparativas com o caso europeu. *Revista Análise & Conjuntura*, v. 1, n. 1, p. 28-41, jan/abr. 1996.

RAO, Vicente. *O direito e a vida dos direitos*. 6. ed. São Paulo: Revista dos Tribunais, 2004.

REALE, Miguel. *Lições preliminares de direito*. 27. ed. São Paulo: Saraiva, 2003.

REUNIÃO PARA IMPLANTAÇÃO, NO ESTADO DE SÃO PAULO, DO CONSÓRCIO DE EMPREGADORES RURAIS. *Síntese dos anais*. Campinas: Ministério Público do Trabalho — Procuradoria Regional do Trabalho da 15. Região, 25 set. 1999. Disponível em: <http://www.prt15.gov.br>. Acesso em: 15 abr. 2005.

RIPPER, Willian Walter. Consórcio de empregadores em meio urbano: possibilidade analógica e equitativa. *Revista LTr*, v. 127, n. 41, maio 2006.

RIVA SANSEVERINO, Luiza. *Curso de direito individual do trabalho*. São Paulo: LTr, 1976.

ROBUSTI, João Cláudio. O estrago da informalidade. Disponível em: <http://clipping.planejamento.gov.br/Noticias.asp?NOTCod=215452>. Acesso em: 15 abr. 2007.

RODRIGUES, Fábio Luís de Araújo. Consórcio de empregadores domésticos. *Jus Navigandi*, Teresina, ano 6, n. 54, fev. 2002. Disponível em: <http://www1.jus.com.br/doutrina/texto.asp?id=2631>. Acesso em: 15 abr. 2005.

RODRIGUES, Silvio. *Direito civil:* parte geral das obrigações. 30. ed. São Paulo: Saraiva, 2002.

RODRIGUEZ, Américo Plá. *Princípios de direito do trabalho.* Tradução de Wagner D. Giglio. São Paulo: LTr, 1978.

ROMITA, Arion Sayão. *A subordinação no contrato de trabalho.* Rio de Janeiro: Forense, 1979.

ROTHENBURG, Walter Claudius. *Princípios constitucionais.* Porto Alegre: Sergio Antonio Fabris Editor, 2003.

RUPRECHT, Alfredo J. *Os princípios do direito do trabalho.* Tradução de Eldilson Alkmim Cunhal. São Paulo: LTr, 1995.

RUSSOMANO, Mozart Victor. *Comentários à Consolidação das Leis do Trabalho.* 13 ed. Rio de Janeiro: Forense, 1990. v. I.

SAAD, Eduardo Gabriel. Cooperativas e contrato de trabalho. *Suplemento Trabalhista da LTr,* jul. 1995.

SANCHEZ, Juan Manoel de los Rios. *Comunidad de bienes y empresa.* Madri: MC-Graw-Hill, 1997.

SANTOS, Aloysio. *Manual de contrato de trabalho doméstico.* São Paulo: LTr, 1989.

SANTOS, Boaventura de Souza. *Pela mão de Alice:* o social e político na pós-modernidade. 6. ed. São Paulo: Cortez, 1999.

SANTOS, Hermelino de Oliveira. Contrato individual do trabalho rural. In: GIORDANI, Francisco Alberto da Motta Peixoto; MARTINS, Melchíades Rodrigues; VIDOTTI, Tarcio José (Coords.). *Direito do trabalho rural:* estudos em homenagem a Irany Ferrari. São Paulo: LTr, 1998.

SANTOS, Reinaldo. *Empregado doméstico.* Rio de Janeiro: Edições Trabalhistas, 1986.

SANT'ANNA, Renato Henry. Flexibilização no direito do trabalho rural. *In:* GIORDANI, Francisco Alberto da Motta Peixoto; MARTINS, Melchíades Rodrigues; VIDOTTI, Tarcio José (Coords.). *Direito do trabalho rural:* estudos em homenagem a Irany Ferrari. São Paulo: LTr, 1998.

SANTORO-PASSARELLI, Francesco. *Teoria geral do direito civil.* Tradução de Manoel de Alarcão. Coimbra: Atlântica, 1967.

SARAIVA, Renato. *Direito do trabalho.* São Paulo: Método, 2005.

SARLET, Ingo Wolfgang. *Dignidade da pessoa humana e direitos fundamentais.* 5. ed. Porto Alegre: Livraria do Advogado, 2005.

SARLET, Ingo Wolfgang. Direitos fundamentais e direito privado: algumas considerações em torno da vinculação dos particulares aos direitos fundamentais. *A Constituição concretizada — construindo pontes para o público e privado.* Porto Alegre: Livraria do Advogado, 2000.

_____. *Eficácia dos direitos fundamentais.* 3. ed. Porto Alegre: Livraria do Advogado, 2003.

SARMENTO, Daniel. *Direitos fundamentais e relações privadas.* Rio de Janeiro: Lumen Jures, 2004.

SARTRE, Jean-Paul. *L'existentialisme est un humanisme.* Saint-Armand: Gallimard, 1996.

SCHIAVI, Mauro. Consórcio de empregadores urbanos. Disponível em: <http://www.amatra2.org.br/artjuri2.asp?documento=57>. Acesso em: 13 abr. 2007.

SENTO-SÉ, Jairo Lins de Albuquerque. *Trabalho escravo no Brasil na atualidade.* São Paulo: LTr, 2000.

SICHES, Luis Recaséns. *Introducción al estudio del derecho.* 13. ed. México, DF: Porrúa, 2000.

SILVA, Ciro Pereira da. *A terceirização responsável:* modernidade e modismo. São Paulo: LTr, 1997.

SOARES, Ricardo Maurício Freire. Reflexos sobre o princípio constitucional da dignidade da pessoa humana. *In:* ALMEIDA NETO, João Alves de (Coord.). *As novas faces do direito do trabalho:* estudos em memória de Gilberto Gomes. Salvador: Quarteto, 2006.

SOUZA, Luis Fernando Duque de; GONÇALVES, Sônia Toledo. *Condomínio de empregadores:* um novo modelo de contratação no meio rural — breves considerações e análise de legalidade. Disponível em: <http://www.mte.gov.br>. Acesso em: 21 abr. 2006.

SÜSSEKIND, Arnaldo. *Curso de direito do trabalho.* Rio de Janeiro: Renovar, 2002.

_____. *História e prespectiva do direito do trabalho.* São Paulo: LTr, 2002.

_____ et al. *Instituições de direito do trabalho.* 11. ed., São Paulo: LTr. v. 1.

TAVARES, Marcelo Leonardo. *Direito previdenciário.* São Paulo: Impetus, 2006.

TOLEDO, Claúdia. A argumentação jusfundamental em Robert Alexy. *In:* MERLE, Jean-Cristophe; MOREIRA, Luiz (Org.). *Direito e legitimidade.* São Paulo: Landy, 2003.

TRINDADE, Washington Luiz da. *O super direito nas relações de trabalho.* Salvador: Distribuidora de Livros, 1982.

_____. *Regras de aplicação e interpretação no direito do trabalho.* São Paulo: LTr, 1995.

URIARTE, Oscar Ermida; ALVAREZ, Oscar Hernández. Apuntes sobre los cuestionamentos al concepto de subordinación. *Revista de Direito do Trabalho*, v. 27, n. 103, p. 201-217, jul./set. 2001.

VIANA, Márcio Túlio. Trabalhador Rural. *In:* BARROS, Alice Monteiro de (Coord.). *Curso de direito do trabalho:* estudos em memória de Célio Goyatá. São Paulo: LTr, 1994.

_____. A proteção social do trabalhador no mundo globalizado. *In:* PIMENTA, José Roberto Freire *et al.* (Coords.). *Direito do trabalho – evolução, crise, perspectivas.* São Paulo: LTr.

_____. A proteção social do trabalhador no mundo globalizado. O direito do trabalho no limiar do século XXI. *Revista LTr*, São Paulo, v. 63, n. 7, p. 885, jun. 1999.

VIEIRA DE ANDRADE, José Carlos. *Os direitos fundamentais na Constituição portuguesa de 1976.* Coimbra: Almedina, 1998.

VILHENA, Paulo Emílio Ribeiro de. *Relação de emprego:* estrutura legal e supostos. 3. ed. São Paulo: LTr, 2005.

WOLKMER, Antônio Carlos. *Pluralismo jurídico:* fundamentos de uma nova cultura no direito. 2. ed. São Paulo: Alfa-Ômega, 1997.

WRIGHT, Georg Henrik von. *Normas, verdad y lógica.* Prólogo e tradução de Carlos Alarcón Cabrera. 2. ed. México, DF: Fontamara, 2001.

WRÓBLEWSKI, Jerzy. *Constitución y teoría general de la interpretación jurídica.* Tradução de Arantxa Azurza. 1. ed. reimp. Madrid: Civitas, 2001.

ZOLLINGER, Márcia Brandão. *Proteção processual aos direitos fundamentais.* Salvador: JusPodivm, 2006.

ZYLBERSTAJN, Hélio. Consórcio de empregadores pode ser saída para informalidade. Disponível em: <http://construbusiness.itsmall.com.br/.../azul/not_cias/cons_rcio_de_empregadores_pode_ser_sa_da_para_informalidade.>. Acesso em: 7 abr. 2007.